第10卷

中国税务律师评论

中华全国律师协会财税法专业委员会◎编

CHINA TAX LAWYERS

REVIEW

法律出版社 | LAW PRESS

北京

图书在版编目(CIP)数据

中国税务律师评论. 第10卷 / 中华全国律师协会财税法专业委员会编. -- 北京 : 法律出版社, 2023
ISBN 978-7-5197-8153-8

Ⅰ. ①中… Ⅱ. ①中… Ⅲ. ①税法-基本知识-中国
Ⅳ. ①D922.22

中国国家版本馆CIP数据核字(2023)第218856号

中国税务律师评论(第10卷)
ZHONGGUO SHUIWU LÜSHI PINGLUN(DI-10 JUAN)

中华全国律师协会财税法专业委员会 编

策划编辑 林 蕊
责任编辑 林 蕊
装帧设计 汪奇峰

出版发行 法律出版社
编辑统筹 司法实务出版分社
责任校对 张翼羽
责任印制 胡晓雅
经　　销 新华书店

开本 710毫米×1000毫米 1/16
印张 19.75 **字数** 301千
版本 2023年12月第1版
印次 2023年12月第1次印刷
印刷 唐山玺诚印务有限公司

地址:北京市丰台区莲花池西里7号(100073)
网址:www.lawpress.com.cn
投稿邮箱:info@lawpress.com.cn
举报盗版邮箱:jbwq@lawpress.com.cn
销售电话:010-83938349
客服电话:010-83938350
咨询电话:010-63939796

书号:ISBN 978-7-5197-8153-8
定价:78.00元

《中国税务律师评论》(第10卷)

编辑委员会

序

Preface

党的二十大报告提出：到2035年“基本建成法治国家、法治政府、法治社会”“基本实现国家治理体系和治理能力现代化”，“未来五年是全面建设社会主义现代化国家开局起步的关键时期”“国家治理体系和治理能力现代化深入推进”“推进多层次多领域依法治理，提升社会治理法治化水平”“加强财政政策和货币政策协调配合”“健全现代预算制度，优化税制结构，完善财政转移支付体系”等。2023年是全面贯彻落实党的二十大精神的开局之年，只有大力发展涉税专业服务，聚力推进涉税服务创新和升级，才能适应新时代税法服务市场的新定位、新形势和新业务。

此外，随着国家税务总局、公安部、最高人民检察院、最高人民法院、海关总署、中国人民银行、国家外汇管理局七部门常态化打击虚开骗税违法犯罪工作机制的建立，国家税收征管形势也正经历着深刻的变化。在此过程中，各类市场主体面临的税务法律风险呈行业性、周期性爆发，对税法专业服务的需求更大、提出的专业性要求更高。在新时代财税改革的大背景以及市场需求的推动下，我国涉税专业服务市场正面临深刻转型、升级。

税务律师作为复合型高级涉税专业服务人员，在这场转型、升级中面临的机遇与挑战并存。在许多发达国家，税务律师作为法律服务行业的一项专业化分支，在诉讼和非诉领域都扮演着十分活跃的角色，为企业提供税法咨询、税务规划、税务争议解决等方面提供专业涉税法律服务。

而在我国,税务律师是律师行业中一个较新的种类,其业务类型也较新,在执业律师规模、专业水准、服务能力等方面明显滞后于社会经济的发展。近年来,随着市场对税务法律服务的需求不断加大,一些大型律师事务所纷纷成立了专业的税务部门,同时专业化的税务律师事务所也实现了业务的跨越性发展。随着近几年税法实务的深刻变化,不同行业对涉税服务的差异化需求逐步凸显,税务律师不应止步于"税法专家",其只有深入行业,成为某一、某几个领域的"行业专家",才能更加贴合细分市场的需求。现阶段,中国税务律师可以在税收立法、执法、纳税人权益救济、行业税收制度改革等方面发挥更加重要的作用。

第一,协助纳税人综合考虑每一笔交易的经济实质和税法适用标准,向纳税人指明纳税义务和涉税风险,在降低纳税人涉税风险及税务成本、维护纳税人合法权益的同时提高纳税人的税法遵从意识。

第二,在税收征管过程中与税务机关积极沟通、协调,帮助税务机关明确商业行为中的经济实质并剖析税收协定、法律、行政法规、规范性文件的各项规定及其内部层级关系。

第三,在立法层面上为国家法律法规的制定、税收规范性文件的出台提供合理建议,就税收法规不明确的地方向有权机关发出呼吁,请求有权机关对类似问题做出明确的解释或说明答复。

第四,对于特定行业存在的不合理税收制度,协同企业、行业协会向有权机关建议献策,请求有权机关对相关税收政策进行修改,并在办理特定行业企业涉税案件时能够体察行业的现实困境,避免行政、刑事打击扩大化。

自2011年以来,由中华全国律师协会和中国注册税务师协会联合主办的中国税务律师(中国税务师和注册税务师/中国税务律师和税务师)论坛已成功举办了11届,对引领提升广大律师、税务师从事涉税专业服务和推动国家法治建设发挥了积极作用。作为由中华全国律师协会财税法专业委员会编发的、全国第一本连续性税法实务出版物,《中国税务律师评论》至今已出版9卷,选录的是中国税务律师论坛及"全国十佳优秀税法案例论文"评选活动的优秀作品,反映了当前税务律师业务领域遇到的部分典型问题和实务操作的成功经验与有益借鉴，不仅是近年来我国重大涉税案件的集中展示，从不同的角度反映中国税法领域的热点、难点问题，更是中国财税体制改革、税收法治建设推进的大时代下有志之士不懈努力的一个缩影。衷心希望本书能激励更多的优秀学子、青年律师投身税法服务领域，继续探索中国税收法治建设中的重大课题和前沿问题，聚力推进涉税专业服务创新与升级，适应税收治理现代化和法治化的新形势，更好地承担起中国税务律师的历史使命，维护纳税人合法权益，更好地服务现代国家治理和法治中国建设，进一步促进依法纳税。

最后，《中国税务律师评论》（第10卷）的出版得到了中华全国律师协会、中国注册税务师协会、部分省市税务机关及学术研究机构等诸多单位领导和业界同人的关心和支持，在此一并表示衷心的感谢！

是为序。

中华全国律师协会财税法专业委员会

2023年9月于北京

目　录

Contents

增值税立法的若干问题

——基于《增值税法(草案)》的分析[*]

刘天永　杨胜明[**]

2022 年 12 月 27 日,《增值税法(草案)》提请十三届全国人大常委会第三十八次会议首次审议,并于 12 月 30 日正式公布,向社会公开征求意见。在此之前,我国现行 18 个税种中已有 12 个税种制定了法律。随着《增值税法(草案)》的首次审议和公开征求意见,我国税收法定原则加快落实,税收立法再进一程。总结归纳《增值税法(草案)》的进步和缺憾,并提出相应的修改建议,对完善增值税立法、落实税收法定原则具有重要意义。

一、《增值税法(草案)》的重大进步

增值税立法是增值税改革的关键历史节点。在落实税收法定原则的背景下,增值税立法需要建立优良的税法制度,包括强化对纳税人抵扣权的保护、进一步简并税率和征收率以维护税收中性原则、调整因税法规定不合理而给纳税人造成的额外负担、对征税范围等税制要素规定更加清晰明确等。在简化税率、优化增值税制度的背景下,增值税立法需要巩固前期税率减并、留抵退税的改革成果,同时参考国际经验并结合我国现状,进一步调整优化税制。本次公开征求意见的《增值税法(草案)》在四个方面取得了较大进步,对完善增值税

---

* 本文发表于《税务研究》2023 年第 5 期,收录于本书时,文字略有改动。

** 刘天永,北京华税律师事务所主任,中华全国律师协会财税法专业委员会主任;杨胜明,北京华税律师事务所律师。

制度具有重要意义。

(一)视同销售规则回归立法本意

增值税视同销售规则的立法目的主要有两点:一是反避税。以无偿赠与货物为例,若不作视同销售处理,市场主体可能采取互赠等价值货物的方式规避应税交易。二是防止抵扣链条断裂。仍以无偿赠与货物为例,若不作视同销售处理,赠与方不因赠与货物产生销项税,此时对赠与方的进项税处理有两种选择:(1)允许赠与方在其他销项税中抵扣赠与货物的进项税,将导致赠与方其他销售业务本应负担的增值税纳税额降低,减损国家税收利益;(2)要求赠与方就赠与货物作进项税转出,将导致赠与方承担赠与货物在之前流转环节的全部增值税,而受赠方因无法确认进项税,在后续销售受赠货物时,将承担受赠货物在之前流转环节和本环节的全部增值税,即对货物在流转到赠与方之前的全部环节的增值额重复征税。

无论是反避税还是防止抵扣链条断裂,视同销售规则的设置必须具有必要性,以实现上述目的为限,防止被滥用成征税规则。现行《增值税暂行条例实施细则》中关于交付代销、代销、机构间移送等行为均作视同销售处理,超越了视同销售的本意,不当增加了纳税人义务。尤其是非包销的代销行为,代理方在取得销售款项后转付给委托方,完全可以适用代收代付款项免于计入销售额的规定,不就销售款项确认应税收入。总体而言,对视同销售规则的调整回归了视同销售原则的立法本意,减少了因税法规定不合理给纳税人造成的额外负担。

(二)简并征收率维护税收中性

《增值税暂行条例》第12条规定,小规模纳税人增值税征收率为3%,国务院另有规定的除外。同时,在其他规范性文件中,对销售不动产、出租不动产、劳务派遣服务及安全保护服务等应税交易规定了5%的征税率。《增值税法(草案)》第8条规定,“适用简易计税方法的增值税征收率为百分之三”,并未授权国务院作出例外规定。对征收率的简并一方面可以降低原适用5%征收率项目的税负,另一方面也实现了小规模纳税人征收率的统一,维护了增值税的税收中性原则。此外,目前对出租住房、销售自用的固定资产、二手车经销等应税交易规定了5%征收率减按1.5%、3%征收率减按2%、3%征收率减按0.5%等征收率优惠,这些情形均属于减免税优惠,并非其他档次的征收率,在增值税立法后仍可继续保留,支持相关行业、交易的发展。总体而言,简并征收率降低了小规模纳税人的间接税负担,维护了税收中性。

(三)明确纳税人留抵退税权

《增值税法(草案)》第16条第1款规定,"当期进项税额大于当期销项税额的部分,可以结转下期继续抵扣或者予以退还",将留抵退税调整为一种常态化机制。实施留抵退税的理论前提是解决进项税额的权利归属,对这一问题主要存在两种不同观点:一种观点认为,留抵税额是国家税收权益的组成部分,不能直接退还给纳税人;另一种观点认为,留抵税额是纳税人的权利范畴,应当允许纳税人处分。就征税原理而言,纳税人应当就货物、服务在本环节产生的增值额缴纳增值税,但纳税人承担的进项税额系货物、服务在之前全部环节产生的增值额所应缴纳的增值税,即"代为负担"之前环节全部纳税人的纳税义务,而与其自身的纳税义务无关。正因如此,进项税额代表了纳税人对国家的税收债权,这种债权当然也应当允许以退税的方式实现。此外,留抵退税本质上是将货物、服务流转至本环节前负担的全部增值税先退还给纳税人,待本环节发生应税交易时再就销售额全额征收增值税,纳税人取得留抵退税仅仅是获取了进项税额的时间价值。

实践中,纳税人期末出现留抵税额往往是由于产品积压、前期基础建设投入高、政策变动等,当市场好转、产出稳定、政策运行平稳后,纳税人即可承担相应的纳税义务,前期退还的留抵税额最终还是会归属于国家。即便纳税人最终破产,在剩余财产处置和分配时,也会产生销项税额,且破产环节新增纳税义务属于破产费用和共益债务的范畴,可以即时受偿,国家税收利益不会受到严重影响。总体而言,留抵退税常态化降低了纳税人承担的间接税时间成本,增强了市场主体信心,体现了以人民为中心的发展思想。

(四)不得抵扣项目更加合理

增值税制度中关于不得抵扣进项税额的相关规定系对纳税人抵扣权的限

制,这一限制应当主要基于三种情形:其一,未真实发生采购支出;其二,抵扣凭证不合法;其三,进项税额与纳税人生产经营行为无关。其中,前两种情形由其他条款规制,不得抵扣项目条款主要关涉第三种情形。有学者指出,对于进项税与生产经营相关性的判断,又可以进一步细分为三个步骤:第一,进项税是否与某一特定的销项交易相关联;第二,进项税是否与纳税人经济活动中的部分活动相关联;第三,进项税是否与纳税人的整体经济活动相关联。

《营业税改征增值税试点实施办法》(财税〔2016〕36号)第27条第1款第6项规定:"购进的旅客运输服务、贷款服务、餐饮服务、居民日常服务和娱乐服务"的进项税额不得从销项税额中抵扣(其中,关于购进的旅客运输服务进项税不得抵扣的规定已于2019年废止)。这种"一刀切"式的立法主要考虑购进这些服务很难与企业某一特定销项交易建立关联,而先入为主将其作为企业自身消费项目对待,但忽略了这些服务在现实中可能与企业部分或整体经济活动相关联。例如,企业采购餐饮服务通常情况下系提供给员工就餐,构成企业自身消费项目,但对于酒店业等特殊行业,企业采购餐饮服务可能系用于向客人提供餐食,并将餐饮服务一并计入住宿服务当中核算,与企业整体经济活动相关联。《增值税法(草案)》将贷款服务从不得抵扣项目中剔除,并将不得抵扣的餐饮服务、居民日常服务和娱乐服务限制为"直接用于消费"的情形,更加符合企业经济活动的需要,也反映出立法者对"进项税相关性"的基本态度,即除最终消费者负担的进项税与生产经营无关外,货物、服务流通链条上的各类主体负担的进项税原则上都与生产经营相关。总体而言,这种立法选择在一定程度上保障了纳税人进项抵扣权,减少了因税法规定不合理给纳税人造成的额外负担。

二、对《增值税法(草案)》的修改建议

尽管《增值税法(草案)》取得了上述进步,但仍存在纳税人抵扣权未得到充分保护、视同销售规则可能给纳税人造成额外负担、金融商品定义不明确导致实践中对征税范围可能存在争议、税率档次仍然偏多不利于税收中性、预缴制度不尽合理增加纳税人义务等不足。对此,我们提出如下修改建议:

（一）强化对纳税人抵扣权的保障

现行《增值税暂行条例》对进项抵扣的规定主要见于第 8 条、第 10 条，即采用“正面列举 + 反面列举”的立法模式，明确列举哪些进项税额可以抵扣、哪些进项税额不得抵扣。《增值税法（草案）》对进项抵扣的相关规定见于第 11 条第 2 款、第 16 条第 2 款和第 17 条，相比之下，将“正面列举”的部分改为“正面概括”，即“纳税人应当凭法律、行政法规或者国务院税务主管部门规定的增值税扣税凭证从销项税额中抵扣进项税额”，对“反面列举”的部分糅合了《增值税暂行条例》和财税〔2016〕36 号文件的相关规定，并进行了部分调整。然而，“正面概括”并不意味着《增值税法（草案）》放松了对抵扣凭证的监管，这种调整主要因为随着经济社会发展，很多票据被赋予了抵扣功能，如收费公路通行费增值税电子普通发票等，在增值税法中难以穷尽。“正面概括”意味着目前进项抵扣仍然采用“法律形式 + 经济实质”的双重规制模式，即经济实质上必须真实发生了采购行为，法律形式上必须取得合规抵扣凭证。

从税法原理看，税收法律关系是一种债权债务关系，纳税义务意味着纳税人对国家负担税收债务，而抵扣权则意味着纳税人对国家享有税收债权，抵扣权和纳税义务在增值税法中同等重要。《增值税法（草案）》在保障国家征税权方面规定得非常充分，包括但不限于视同销售规则、不得抵扣规则、纳税义务发生时间方面的种种细化规定，但是在抵扣权方面则显得过于粗糙。首先，在总则中没有明确纳税人的抵扣权利，没有将抵扣权和纳税义务提升到同等地位；其次，对抵扣凭证的限制意味着即便发生了真实采购行为，也可能无权抵扣，而在实践中，货、票、款分离是很常见的现象，正常交易模式也可能不满足合规抵扣凭证的要求；最后，在抵扣权利发生时间方面，没有任何具体规定。

基于此，本文建议对《增值税法（草案）》作出以下修改：第一，在总则中明确抵扣权是纳税人基本权利，纳税人采购货物、服务、无形资产、不动产的，享有抵扣权。第二，对于取得不合规抵扣凭证的情形，允许纳税人予以补正，或通过其他材料佐证采购真实性并据以扣除。对此，有观点认为这将会助长虚开违法犯罪活动。但从虚开犯罪发展历史看，虚开犯罪在 20 世纪 90 年代的爆发，源于国家赋予了增值税专用发票抵扣功能。如果弱化抵扣凭证功能，减轻税收征管对抵扣凭证的依赖,虚开发票的风险将远远高于收益,反而会遏制虚开势头,也与“以票控税”向“以数治税”转变的政策导向契合。此外,对合规抵扣凭证的限制本质上减轻税务机关责任,增加纳税人义务。例如,上游销售方未开具发票、未依法纳税,下游采购方从第三方购买发票抵扣的,因第三方发票构成虚开,下游采购方需作进项转出,即便上游销售方长期未被查处,也可通过限制下游抵扣权的方式保障国家税收利益。但事实上,增值税纳税义务源于销售行为而不是开票行为,国家税款损失是销售方逃税造成的,不是开票方代开行为更不是采购方抵扣行为导致的,代开和接受代开只是为了满足法律形式要求。提供合规抵扣凭证,属于纳税人的协力义务,纳税人不履行协力义务的,不能免除税务机关的调查职责,更不能因此要求纳税人承担不利后果,否则等同于将行政处理阶段的举证责任转嫁给纳税人,违背纳税人权利保护的基本原则。第三,在抵扣权利发生时间上,作出同等于纳税义务发生时间的规定,明确采购行为一经完成即可享有抵扣权。

(二)视同销售情形以进项税作为销项税

现行增值税制度中,视同销售规则在销项税额的确定上存在两大问题,《增值税法(草案)》没有就这两个问题作出规定。

一是销售额可能难以确定。《增值税法(草案)》没有明确视同销售情形下销售额的确定方法。根据现行《增值税暂行条例实施细则》和财税〔2016〕36 号文件的相关规定,销售额的确定主要以纳税人、其他纳税人最近时期同类货物平均销售价格及组成计税价格等为依据,但现实中,大量视同销售行为缺少可比价格,而组成计税价格成本利润率的规定过于陈旧、简单,导致这一规则难以适用或不尽合理。

二是容易给企业增加税收负担。视同销售适用于无偿赠送、集体福利、个人消费等情形,在视同销售环节,货物、服务并没有实现增值。但如果按照视同销售的特殊规则确认销售额,可能出现销售额超过成本的现象,导致市场主体在未获取增值的情况下,还需要多承担纳税义务,超出了视同销售的立法目的。

基于此,本文建议在视同销售情形下,直接以进项税额确定销项税额。一方面可以避免增加企业税负,另一方面也可以实现增值税抵扣链条的延续。尽管如此调整不利于实现反避税目的，但反避税本身也应当由专门条款予以规定，不应赋予视同销售规则过多功能，且反避税不宜采取“宁枉勿纵”的态度，如无偿赠与货物的，原则上不应加重纳税人的纳税义务，只有确实发现纳税人以互赠方式避税的，才需要作出相应调整，否则将对经济活动造成扭曲。

（三）明确金融商品的范围

在2019年11月公开的《增值税法（征求意见稿）》中，将销售金融商品列为征税范围之一，赋予了金融商品独立地位。但本次征求意见的《增值税法（草案）》却将销售金融商品从征税范围剔除，预计仍将采取财税〔2016〕36号文件的做法，继续将销售金融商品作为提供金融服务。一方面，金融商品转让与货物、无形资产、不动产转让具有同一性，属于物权转移的范畴，列入金融服务中与其法律性质不符；另一方面，无论采取何种立法模式，随着金融市场的高速发展，对金融商品的范围都需要进一步明确。《营业税改征增值税试点实施办法》在关于销售服务、无形资产、不动产的注释中对金融商品的规定主要采取“正面列举 + 兜底”的立法模式，将金融商品定义为“外汇、有价证券、非货物期货和其他金融商品”，其他金融商品又包括“基金、信托、理财产品等各类资产管理产品和各种金融衍生品”。这种“大而化之”的定义在税收执法中容易产生争议，也可能导致执法机关作出扩大解释，将不属于金融商品转让的行为也纳入征税范围，不当增加纳税人负担。

目前，在其他部门法中尚未对金融商品作出法律定义，而在实践中对金融商品的定义也争论颇多，增值税法宜从征税原理角度，对金融商品作出独有定义。本文认为，金融商品应当包含两大特征：一是必须在金融市场中进行交易，对于金融市场以外借助一般民事法律行为即可实现交易的（如有限公司股权），不能纳入金融商品范畴；二是必须具有商品性，表现为其价格可以受市场环境、供需结构影响产生较大增值，对于价格主要以固定价值为基础浮动的（如应收账款债权），不能纳入金融商品范畴。

基于此，本文建议对金融商品作出抽象性定义，明确其税法概念，同时考虑到实践中的具体情形，有必要参照《增值税法（草案）》第5条不属于“应税交易”的规定，对争议高发的、不属于金融商品转让范畴的行为加以明确。

(四)进一步简并税率档次

《增值税法(草案)》平移了一般纳税人13%、9%、6%、0四档基本税率,将小规模纳税人征收率简并为3%一档,共计保留五档税率。从国际增值税立法情况看,截至2022年6月,世界上152个国家(地区)中仅有13个国家的增值税税率档次超过四档,税率档次在二档到四档的有131个国家(地区),占比高达86.18%,税率档次在二档到三档的有103个国家(地区),占比达67.76%。相比之下,《增值税法(草案)》确定的税率档次仍然偏多。

税收中性原则是增值税制度风靡世界的立足之本,对经济运行的最小干预、对纳税人的公平课税,是税收中性原则的基本要求,而保持税率统一,是税收中性原则的重要外在表现。现阶段,出于对服务业、出口企业等第三产业,小规模纳税人的倾向性调整,允许四档税率存在,符合国家宏观调控的目标。抛开财政部、国家税务总局《关于简并增值税税率有关政策的通知》(财税〔2017〕37号)对于简并税率的影响,我国现行增值税税率结构主要源自"营改增"时期,当时的税率设计主要考虑两方面因素。其一,"营改增"后,原营业税应税项目的税负应当与营改增前基本持平,保障国家财政收入平稳过渡。其二,对部分行业考虑其性质作出区别规定:如有形动产租赁,若其税率低于销售货物的税率,可能出现"以租代售"避税的情形;又如电信业,其进项税主要产生于前期基础设施建设投入,若电信业的税率低于销售不动产,将出现税率倒挂。但在优化税制结构的政策导向下,对相关行业增值税税率可以适当下调。此外,税率属于税制要素的内容,税率档次不宜过多,避免削弱税收中性。

基于此,本文建议对增值税税率进一步简并,将销售服务、无形资产、不动产的税率统一,设置13%、6%、0三档税率及3%一档征收率。同时,在未来还要更多参考国际普遍做法,进一步将货物、服务税率统一,并对部分货物、服务实施低税率,低税率档次可与小规模纳税人征收率保持一致,将税率档次简并为标准税率、低税率、零税率三档。

(五)取消增值税预缴制度

在现行增值税制度中,仅提供建筑服务等特殊情形适用增值税预缴制度。

《增值税法(草案)》第 29 条规定“纳税人应当按照规定预缴增值税”,将预缴调整为普遍适用,有违增值税基本原理。“预缴—汇算清缴”是一种特殊的征管制度。以企业所得税为例,企业的各类收入、各项成本很难实现一对一归集核算,应纳税所得额必须基于一段期间的整体生产、经营情况予以确定,因此需要设置较长的计税期间,考虑到对国家税收利益的保障,需要引入预缴制度。增值税则不存在上述问题,取得收入即可正常核算销项税,增值税计税期间的设置主要是基于征管效率的考虑,而不影响增值税进销项税额实现一对一或多对一的对应关系。而且,《增值税法(草案)》第 28 条规定的增值税计税期间分别为 10 日、15 日、1 个月或者 1 个季度,相较于企业所得税、土地增值税等期间税仍然很短,没有预缴的必要。

基于此,本文建议取消增值税预缴制度,避免纳税人在有充足进项税抵扣的情形下仍需要先缴纳预缴税款、承担间接税时间成本的不合理现象,也防止出现纳税人先预缴税款,又申请退税的情形,有利于提高税收征管效率。

企业破产，历史未申报税款是否属于税收债权？*

刘天永　张　倩**

一、前言

万物皆有始终，企业的运转也是如此。在企业破产程序中涉税问题不可避免，妥善处理破产企业历史税费、破产程序中的新生税费及破产后的税费核销问题，对于破产机制的平稳高效运行具有重要意义。国家税务总局《关于税收征管若干事项的公告》（国家税务总局公告2019年第48号，以下简称48号文）是目前税收征管领域处理企业破产涉税问题的主要问题，对《企业破产法》与税收征管的部分衔接问题作出了回应，但实践中仍存在不少适用问题。48号文规定税务机关应当在破产企业债权申报期内向管理人申报企业所欠税款，但未对"所欠税款"的内涵给出明确的界定，"所欠税款"的范围决定了税务机关债权申报的界限。实践中对"所欠税款"争议颇多，如扣缴义务人未履行扣缴义务导致的未缴、少缴税款是否属于所欠税款、教育费附加及地方教育附加是否属于所欠税款等，本文将"所欠税款"的时间点前移，以纳税人历史未申报的税款为切入点进行剖析，展开分析"历史未申报税款"是否属于"所欠税款"、税务机关能否据此进行税收债权的申报并参与破产财产的分配以及在债权申报、财产拍卖中应当关注的问题。

---

* 本文已定于《中国税务》2024年第1期发表，收录于本书时，文字略有改动。

** 刘天永，北京华税律师事务所主任，中华全国律师协会财税法专业委员会主任；张倩，北京华税律师事务所合伙人律师。

二、基本案情

2020年6月13日，位于G市A区的甲企业因经营不善向当地人民法院申请破产，法院裁定受理甲企业的破产申请后，向甲企业所属主管税务机关发出债权申报通知，告知其已经受理甲企业的破产申请，并请税务机关在规定期限内向管理人申报税收债权。

税务机关在收到债权申报通知后，核实清查甲企业的纳税情况。经查询金税三期系统，税务机关发现甲企业对其名下的房产及土地一直未申报房产税和城镇土地使用税，系统中对此未产生欠税信息。

在此种情形下，主管税务机关能否就甲企业历史未申报税款进行债权申报并据此参与破产财产分配存在诸多争议。一方面，要厘清何为《企业破产法》中的破产人“所欠税款”、破产人历史未申报税款是否属于税收债权等问题尚无定论；另一方面，税务机关对破产人历史未申报税款的处理会影响后续财产处置环节的税费承担问题，若处理不当，将引发更多的争议，影响破产程序的推进。

三、税务机关能否就未申报税款能否申报税收债权？

《企业破产法》第113条规定了清算程序中破产财产的清偿顺序，其中对税收债权的表述是破产人“所欠税款”。如何理解《企业破产法》中规定的“所欠税款”直接关系税务机关能够进行债权申报的范围。

（一）什么是破产人“所欠税款”？

48号文是目前处理企业破产程序中涉税问题主要参照的文件，对企业破产程序与税收征管的衔接问题起到了定分止争、统一执行口径的作用。48号文第4条规定，“税务机关在人民法院公告的债权申报期限内，向管理人申报企业所欠税款（含教育费附加、地方教育附加，下同）、滞纳金及罚款。因特别纳税调整产生的利息，也应一并申报”。48号文第1条关于欠税滞纳金的规定指出，“本条所称欠税，是指依照《欠税公告办法（试行）》（国家税务总局令第9号公布，第44号修改）第三条、第十三条规定认定的，纳税人、扣缴义务人、纳税担保人超过税收法律、行政法规规定的期限或者超过税务机关依照税收法律、行政法规规定确定的纳税期限未缴纳的税款”。从48号文的体系上看,第1条关于欠税滞纳金的规定对“欠税”作出了概念界定,位于同一文件的第4条所称的“所欠税款”可以参照“欠税”的概念进行解释。

《欠税公告办法(试行)》第3条规定,欠税,是指纳税人超过税收法律、行政法规规定的期限或者纳税人超过税务机关依照税收法律、行政法规规定确定的纳税期限未缴纳的税款,包括:(1)办理纳税申报后,纳税人未在税款缴纳期限内缴纳的税款;(2)经批准延期缴纳的税款期限已满,纳税人未在税款缴纳期限内缴纳的税款;(3)税务检查已查定纳税人的应补税额,纳税人未在税款缴纳期限内缴纳的税款;(4)税务机关根据《税收征收管理法》的规定核定纳税人的应纳税额,纳税人未在税款缴纳期限内缴纳的税款;(5)纳税人的其他未在税款缴纳期限内缴纳的税款。由此可知,《企业破产法》及48号文中的“所欠税款”即是“欠税”,是指纳税人超过税款缴纳期限的未缴税款。

(二)未申报税款是否属于“所欠税款”?

1. 历史未申报税款是否属于所欠税款存在争议

在《企业破产法》与税收征管的衔接问题上,实践中对破产人应申报而未申报的税款是否属于《企业破产法》规定的“所欠税款”存在较大争议,有观点认为,破产人所欠税款仅包括已实际产生的欠税,如破产人已申报但未缴纳的税款或者经稽查查补应缴纳而未缴纳的税款等,而不应包括应申报而未申报的税款,此种未申报税款并未形成欠税。如《欠税公告办法(试行)》中所规定的“欠税”均为超过税款缴纳期限形成。还有观点认为:一方面,纳税人发生应税行为,自纳税义务发生时起便负有完税义务,在税款解缴期限内未完成纳税申报及税款的缴纳,从实质重于形式的角度看已构成欠税;另一方面,如房产税、城镇土地使用税等税种由于计算简单明确,在纳税人没有进行申报的情况下,税务机关可以直接获取其确切的应缴未缴税款,进而以欠税的形式进行债权申报。因此,从履行纳税义务及保护国家税款足额征收的角度看,未申报税款属于所欠税款。

2. 税务机关不能直接就历史未申报税款进行债权申报

笔者认为,在破产程序中,税务机关不能直接就纳税人历史未申报税款进

行税收债权的申报,主要有以下三个方面的原因:

(1)“所欠税款”指超过税款缴纳期限的未缴税款

从文义解释上看,前已述及,《企业破产法》与48号文均规定“所欠税款”应为超过税款缴纳期限的未缴税款,不应包括破产人应申报而未申报的税款,将“所欠税款”的概念延伸到未申报税款是对法律条文的扩大解释,有违税收法定原则。如前述案例中,甲企业从未就其名下的房产申报过房产税及城镇土地使用税,属于未申报的税款而非已申报而逾期未缴纳的税款,不构成欠税,因此,主管税务机关不能就其历史未申报的房产税及城镇土地使用税进行税收债权的申报。

(2)未经纳税人自行申报,税局难以确定“所欠税款”金额

我国绝大部分税种采取纳税人自行申报的征管方式,在纳税人未主动申报的情形下,应税行为的计税依据、税款金额等尚不明确,税务机关不能以此种具有不确定性的“税收债权”进行申报并参与破产财产分配。前述案例中甲企业未申报的税款为房产税和城镇土地使用税,这两个税种的计算简单,税务局可通过获取土地使用权证、相关合同等资料自行计算,但若涉及如企业所得税、土地增值税等需要计算复杂的成本扣除项的税种,则难以通过掌握的资料核算出准确的税额进行债权申报。

(3)税款的追征还需考虑追征期限

税务机关是否有权对历史未申报税款进行债权申报还取决于该笔税款是否已过追征期,对于已过税款追征期的未申报税款,税务机关不能进行追征,税收债权申报也无从谈起。如本案中,若税务机关没有证据证明甲企业构成偷税,则无权对已超过3年或5年税款追征期的历史未申报税款进行追缴,自然也不存在税收债权的申报问题。

四、税务机关申报税收债权需要关注的问题

(一)未申报税款如何形成欠税?

1. 税务机关应在追征期内追缴税款

税务机关对破产人所欠税款申报债权并就破产财产进行受偿实质上是在破产情形下追征税款的一种形式,而未申报税款如何形成欠税进而完成申报则

需要考虑税款的追征期问题。《税收征收管理法》规定了三种情形下的税款追征期:因税务机关的责任,致使纳税人未缴或者少缴税款的,追征期为3年;因纳税人计算错误等失误造成未缴或者少缴税款的,税务机关在3年内可以追征税款、滞纳金,特殊情形下可以延长到5年;对偷税、抗税、骗税的,无追征期限的限制。《税收征收管理法》第64条第2款规定,“纳税人不进行纳税申报,不缴或者少缴应纳税款的,由税务机关追缴其不缴或者少缴的税款、滞纳金,并处不缴或者少缴的税款百分之五十以上五倍以下的罚款”。目前《税收征收管理法》未对“未进行纳税申报”的追征期适用作出明确规定,实践中主要参考国家税务总局《关于未申报税款追缴期限问题的批复》(国税函〔2009〕326号,以下简称326号批复)之规定,“税收征管法第六十四条第二款规定的纳税人不进行纳税申报造成不缴或少缴应纳税款的情形不属于偷税、抗税、骗税,其追征期按照税收征管法第五十二条规定的精神,一般为三年,特殊情况可以延长至五年”。由此可见,未进行纳税申报与偷税存在本质区别,未进行纳税申报尚未达到偷税情形中“经通知申报而拒不申报”的法益侵害程度,不能将其与偷税画等号,税务机关不能就纳税人未申报税款适用无期限的追征期。

然而,在实践中,326号批复的合法性受到质疑。有观点认为326号批复与《税收征收管理法》第64条第2款明显相抵触,应视为无效,国家税务总局无权对《税收征收管理法》作出具体解释。笔者认为,326号批复是对《税收征收管理法》的解释与补充,具有一定的实践指导意义,主要理由如下:

(1)国家税务总局有权作出该批复,且与上位法不冲突。全国人民代表大会常务委员会《关于加强法律解释工作的决议》第3条规定,“不属于审判和检察工作中的其他法律、法令如何具体应用的问题,由国务院及主管部门进行解释”。国家税务总局属于国务院主管部门,具有依法对行政执法中法律、法规如何具体应用进行行政解释的职权。由于现行《税收征收管理法》未对“不进行纳税申报,不缴或少缴应纳税款”情形的税款追征期进行规定,因此该情形如何适用税款追征期即属于税款追征期的规定在实践中具体应用的问题,对于此问题,国家税务总局有权作出解释。同时,国家税务总局批复对此所作出的解释与《税收征收管理法》第52条、第64条第2款等上位法规定并不抵触,不属于因违反上位法规定而应归于无效的情形。

(2)326号批复体现了有利于纳税人原则,符合合法行政原则要求。税收征管除满足国家财政需要外,还应当充分保障纳税人的财产权,以维护纳税人的生产生活权益。同时,在税收征纳关系中,纳税人处于相对弱势的地位,税务机关作为握有公权力的一方依照法律法规之规定对纳税人行使征收的权力。因此,从保护纳税人合法权益及维护税收征管秩序的角度出发,对于税收法律法规在适用中产生的疑义,应当作出有利于纳税人的解释,此即有利于纳税人原则产生的原因及含义。及至税款追征期的适用问题,当根据《税收征收管理法》等法律法规无法对"不进行纳税申报,不缴或少缴应纳税款"行为如何适用税款追征期得出一致结论时,即发生税收法律法规适用的疑义,对此,应当遵守有利于纳税人原则,作出对纳税人有利的解释。因此,国家税务总局的批复认定该情形不属于偷税,进而应受到税款追征期的限制,税务机关不可对此情形下未缴、少缴税款进行无限期追征,这一批复体现了有利于纳税人原则。同时,在没有明确法律依据支撑税务机关对纳税人未缴或少缴税款追征时,批复规定对纳税人不予追征,符合"法无明文规定不可为"的合法行政原则要求。

(3)实践中有不少法院参照326号批复作出认定,如山东省淄博市中级人民法院审理的张某与国家税务总局淄博市税务局第二稽查局税务行政管理(税务)二审[(2021)鲁03行终52号]案中,法院认为,"刘某某夫妻未对转让股权收入进行申报纳税的行为,属于《中华人民共和国税收征收管理法》第六十四条第二款规定的纳税人不进行纳税申报,不缴或者少缴应纳税款的情形,不属于该法第五十二条第三款规定的可无限期追征的偷税、抗税、骗税情形,对该未进行纳税申报导致不缴或者少缴应纳税款情形的追征期限应为三年,特殊情况可以延长至五年"。因此,对于未申报的税款,税务机关的追征期限为3年或者5年。税务机关在追征破产人历史未申报税款时,应当注意是否已过追征期;若认定破产人对该笔未申报税款具有主观的偷税故意,符合偷税构成要件的,没有追征期限的限制;若不构成偷税,则应当适用3年或5年追征期。

2. 纳税人未缴纳税款形成欠税的,税务机关可以就此申报税收债权

对于尚在追征期内的未申报税款,税务机关若要以税收债权的形式进行申报,则需要证实纳税人历史未申报税款已形成欠税。但在实践中,对于税务机关能否在破产程序中启动税务检查,各地存在不同的规定。如上海市高级人民

法院、上海市税务局于2020年联合颁布的《关于优化企业破产程序中涉税事项办理的实施意见》指出,"企业进入破产程序后,税务机关一般不再启动税务检查程序,但发现重大违法线索必须查处的情形除外",深圳市的《企业破产涉税事项办理指南》也作出类似规定;而衢州、温州等地的破产程序有关税费问题的规定则指出,"管理人在破产程序中发现债务人企业涉嫌未足额申报纳税的,应及时报告受理破产案件的法院和主管税务分局,并由地税部门依法对债务人企业进行税务检查,争取在破产财产最后分配前做好税收(费)债权的补充申报工作"。

在前述案例中,税务机关若通过稽查程序查补甲企业未申报税款的,需要先向甲企业下发税务文书,对其进行税务检查,确定应纳税额,责令其限期缴纳税款及滞纳金。在税款缴纳期限届满后,甲企业仍未缴纳相应税款的,待到复议等救济期限届满、救济权利灭失后,该笔税款即形成确定的欠税,税务机关可以据此对甲企业该笔欠税进行债权申报。

(二)应在债权申报期内申报欠税

在明确破产人"所欠税款"的范围后,税务机关若要将未申报税款形成的欠税进行债权申报,还需在债权申报期限内进行,才能在清偿程序中参与破产财产的分配。《企业破产法》第48条规定了债权人应在债权申报期限内向管理人申报债权,48号文进一步在税收领域规定,"税务机关在人民法院公告的债权申报期限内,向管理人申报企业所欠税款(含教育费附加、地方教育费附加)、滞纳金及罚款"。

同时,《企业破产法》第56条规定了补充申报的情形,"在人民法院确定的债权申报期限内,债权人未申报债权的,可以在破产财产最后分配前补充申报;但是,此前已进行的分配,不再对其补充分配。为审查和确认补充申报债权的费用,由补充申报人承担"。具体到税收领域,对于案情复杂、需耗费较长时间稽查的案件,部分地方的法院及税务局联合出台了更为细致的税收债权补充申报规定,如浙江省高级人民法院、国家税务总局浙江省税务局《关于优化企业破产涉税事项办理的纪要》规定,"由于案件复杂、查清税费债权耗时较长等原因导致税务机关错过债权申报期限的,可以在破产财产分配方案最后提交债权人会议表决前补充申报税费债权。在重整程序或和解程序中,税费债权补充申报期限为重整计划草案或和解协议表决前”。对于未申报税款而言,税务机关通过启动稽查程序确定所欠税款的,需要注意稽查期限与债权申报期限的衔接,避免错过申报期。

五、破产财产处置环节的涉税问题

一般情况下,破产财产应以货币形式进行分配,通常通过拍卖来实现破产财产的变现。在前述案例中,若对案涉土地及房产进行拍卖,将涉及拍卖程序中买卖双方的税费承担问题。“拍卖标的物所有权转移过程中产生的一切税费由买受人承担”等“包税”约定常见于拍卖公告、拍卖须知中,虽然其效力存在一定争议,但仍是目前拍卖交易中的常见条款。在实践中,如前文所述,部分地方规定进入破产程序后税务机关一般不再启动税务检查程序,再加上债权申报期限的限制,为了保障国家税源,在发现破产人存在历史未申报税款后,大多数税务机关可能会选择在不动产过户环节进行追征,要求交易双方在清税完成、取得完税凭证后办理不动产所有权权属变更登记。在前述包税条款下,拍卖环节中的税费通常由买受人承担,买受人在竞买成功后还需要再承担拍卖标的物历史未申报税款才能够顺利办理过户手续。此种情形不仅额外增加了买受人的经济负担,若买受人无法接受,还会阻碍破产程序的进行,影响债权人权益。对此,实践中亦争议不断。例如,税务机关是否有权在过户环节追溯历史未申报税款、过去未申报的税款应由出卖人还是买受人承担等,下文将进行简要的分析。

(一)过户环节的税费应限于财产转让行为

破产财产的拍卖交易实质上是破产企业的财产转让行为,拍卖过程所涉及的税费应仅为财产转让环节的税费,不应包括拍卖标的物历史未申报、未缴纳税费。在前述案例中,无论税费条款如何约定,税款范围都应局限于不动产转让环节所涉税费,即基于该转让行为产生的税费,而不应延伸到过去取得、使用该标的物或前手交易等环节的未缴税费。

(二)应充分保障买受人对标的物的知情权

前已述及,为保障国家税款,税务机关通常会主张在不动产过户环节清缴历史未申报缴纳的税款,而现有大多数拍卖条款均约定由买受人承担税费,对历史未缴税款如何分担的争议将会阻碍破产财产的变现以及破产程序的推进。由于拍卖参与各方对拍卖标的物的了解程度存在信息差,笔者认为,买受人应主动了解标的物详细信息,而出让人应当履行披露标的物瑕疵等信息的义务,保障买受人对标的物的知情权。

1. 买受人应充分调查拍卖标的物的具体情况

买受人在拍卖前应尽量对拍卖标的物进行尽职调查,与出让方约定好税费的承担范围,包括应承担的税种、所涉及的环节等,同时应当了解标的物的计税依据、扣除成本项目金额等信息。

2. 管理人应详尽披露拍卖标的物的状况

在拍卖程序中,管理人应当充分保障买受人的知情权,以网络司法拍卖为例,最高人民法院《关于人民法院网络司法拍卖若干问题的规定》第14条规定,"实施网络司法拍卖的,人民法院应当在拍卖公告发布当日通过网络司法拍卖平台对下列事项予以特别提示……(三)拍卖财产已知瑕疵和权利负担……"管理人应在拍卖公告中充分告知竞买人拍卖标的物的瑕疵,包括历史未申报、未缴纳税款及拍卖环节可能涉及的税款等,给予竞买人充分的知情权与选择权,避免出现买受人后续因对承担税费存在重大误解而解除合同的情形,影响破产程序的推进。

公司法人人格否认制度在欠税追缴中的适用案例评析

戴 芳 谢 磊*

一、前言

公司法人人格否认制度,又称“刺破公司面纱”制度,是指当股东滥用公司独立人格和股东有限责任,损害债权人利益时,否认公司的独立人格和股东有限责任,要求股东对公司债务承担责任的法律措施。我国《公司法》于 2005 年正式确立了公司法人人格否认制度,经多年补充,形成了涵盖《公司法》第 20 条第 3 款〔1〕和第 63 条〔2〕、最高人民法院《关于适用〈中华人民共和国公司法〉若干问题的规定(二)》(以下简称《公司法司法解释(二)》)第 18 条第 2 款〔3〕和第 19 条〔4〕等一系列法律规范的完备的法律制度。

近几年,一些股东滥用公司独立人格和股东有限责任,企图操控公司逃避

---

* 戴芳,西北政法大学经济法学院教授,硕士生导师;谢磊,西北政法大学经济法学院硕士研究生。

〔1〕《公司法》第 20 条第 3 款规定:“公司股东滥用公司法人独立地位和股东有限责任,逃避债务,严重损害公司债权人利益的,应当对公司债务承担连带责任。”

〔2〕《公司法》第 63 条规定:“一人有限责任公司的股东不能证明公司财产独立于股东自己的财产的,应当对公司债务承担连带责任。”

〔3〕《公司法司法解释(二)》第 18 条第 2 款规定:“有限责任公司的股东、股份有限公司的董事和控股股东因怠于履行义务,导致公司主要财产、账册、重要文件等灭失,无法进行清算,债权人主张其对公司债务承担连带清偿责任的,人民法院应依法予以支持。”

〔4〕《公司法司法解释(二)》第 19 条规定:“有限责任公司的股东、股份有限公司的董事和控股股东,以及公司的实际控制人在公司解散后,恶意处置公司财产给债权人造成损失,或者未经依法清算,以虚假的清算报告骗取公司登记机关办理法人注销登记,债权人主张其对公司债务承担相应赔偿责任的,人民法院应依法予以支持。”

应纳税款,而公司法人人格否认制度在解决此类问题方面具有天然的优势。税务机关为了防止此类不法行为侵蚀税基,保障税收收入,开始尝试运用公司法人人格否认制度追缴税款。因公司法人人格否认制度属于传统的私法制度,而税法是传统的公法部门且税法并没有规定该制度,故理论界和实务界就公司法人人格否认制度能否适用于税法存在一定的争议。笔者以某市税务局向股东C追缴A公司的欠缴税款税务处理决定为例,首先在分析税务机关处理决定的过程中明确了以下两个问题,以期回应理论界和实务界的争议:第一,在税法未规定公司法人人格否认制度的前提下,该制度能否在税法领域适用呢?第二,任何一项法律制度均有具体的适用条件,如若公司法人人格否认制度能够适用于税法,则税务机关在具体适用时应符合怎样的条件呢?其次根据以上的分析结论,笔者提出相应的完善建议,助力税务机关合法、合理、有效地追缴税款。

二、案情简介

A公司在经营期间,与B农贸市场摊主签订摊位租赁协议,收缴摊位租赁费。2021年10月8日,A公司申请了简易注销登记,注销时全体股东签署《全体投资人承诺书》,承诺"企业申请注销登记前债权债务已清算完结""企业不存在未交清的应缴纳税款,清算工作已全面完结"。2022年1月12日至5月31日,某市税务局对A公司2016年1月1日至2021年8月5日的纳税情况进行检查,查明A公司对取得的租赁费按照其他综合管理服务,适用3%的税率申报增值税,属于适用税率错误,应当按照不动产租赁服务,适用5%的税率申报增值税;此外,A公司2018年取得租赁费1 797 100元,在申报2018年增值税时,少申报收入173 814.15元。某市税务局认为A公司少申报收入造成少缴税款的行为属于偷税。

股东C在A公司的投资比例为80%,是A公司的法定代表人、经营期间实际控制人。因A公司是双注销企业,某市税务局根据《公司法司法解释(二)》第19条"有限责任公司的股东……未经依法清算,以虚假的清算报告骗取公司登记机关办理法人注销登记,债权人主张其对公司债务承担相应赔偿责任的,人民法院应依法予以支持"、《公司法司法解释(二)》第20条第2款"公司未经依法清算即办理注销登记,股东或者第三人在公司登记机关办理注销登记时承诺对公司债务承担责任，债权人主张对其公司债务承担相应民事责任的，人民法院应予支持”的规定主张按照股东 C 的投资比例向股东 C 追缴 A 公司相应的税款，股东 C 应缴纳增值税 264 831.64 元及相应滞纳金、城市维护建设税 13 073.46 元及相应滞纳金、教育费附加和地方教育附加 9338.20 元。

三、法理评析

某市税务局适用《公司法司法解释(二)》第 19 条和第 20 条第 2 款[1]向股东 C 追缴 A 公司的欠缴税款是否合法系本案的争议焦点。因行文篇幅有限，本文仅就某市税务局适用《公司法司法解释(二)》第 19 条向股东 C 追缴 A 公司的欠缴税款是否合法进行分析。

《公司法司法解释(二)》第 19 条是公司法人人格否认制度的重要内容，公司法人人格否认制度规定于公司法之中，而我国税法并未规定该制度，故分析该案中某市税务局的行为是否合法必须先厘清两大基本问题：第一，在税法未规定公司法人人格否认制度的情况下，该制度能否在税法领域适用？第二，如若公司法人人格否认制度能够适用于税法领域，则税务机关在具体适用时应符合怎样的条件？

(一)公司法人人格否认制度能否在税法领域适用

《公司法》第 20 条第 3 款是公司法人人格否认制度的原则性规定，根据该条文，当股东滥用公司法人独立地位和股东有限责任损害债权人之债权时，公司法人人格否认制度得以适用。可以看出，公司法人人格否认制度保护的是债权。在本案中，某市税务局运用公司法人人格否认制度意欲保护的是税收，故界定税收是否属于公司法人人格否认制度保护的“债权”对于分析本案中某市税务局的行为是否合法具有决定性意义。具体而言，若税收属于该制度保护的“债权”，则本案中某市税务局有资格适用公司法人人格否认制度，在此基础上，我们还需进一步分析某市税务局适用该制度应符合的具体条件；若税收不属于

[1] 《公司法司法解释(二)》第 20 条第 2 款规定：“公司未经依法清算即办理注销登记，股东或者第三人在公司登记机关办理注销登记时承诺对公司债务承担责任，债权人主张其对公司债务承担相应民事责任的，人民法院应依法予以支持。”

该制度保护的“债权”,则某市税务局不具有适用公司法人人格否认制度的法理基础,其运用该制度向股东C追缴A公司的欠缴税款不具有合法性。这一界定过程需要明确特定法律术语的内涵、范畴等,是典型的法律解释问题。法律解释是解释者价值判断的体现,具有主观性,但解释者的价值判断应符合法律解释公共性之要求,即法律解释活动必须以法学界普遍认可的理论、实践等为基础。[1] 就法学理论、实践等发展背景而言,以往的法学研究和法律实践强调公法和私法的明确界限,而当今公法和私法之间的壁垒逐渐被打破并且呈现相互借鉴、相互渗透的趋势。[2] 在此背景下,笔者认为,税收属于公司法人人格否认制度保护的“债权”,理由如下:首先,税收债权债务关系说的盛行为税收之债的成立提供了坚实的理论基础。税收债权债务关系说已经成了税收理论通说,该理论认为纳税人纳税并非无偿,政府征税是“取之于民,用之于民”。具体而言,政府享有征税的权力,承担提供公共产品的义务;而纳税人承担纳税的义务,享有使用公共产品的权利。[3] 从这一角度来看,税收法律关系本质上是债权债务法律关系,将税收解释为债权具有法理基础。其次,民商事法律制度的社会本位理念充分地扩展了债权之范围,使税收之债能够纳入公司法人人格否认制度保护的范畴。法的本位是指法自身的性质和目的,它体现了法的价值导向,指引着法律的发展。[4] 随着社会的发展,民商事法律制度已经由传统的权利本位转向社会本位。[5] 社会本位强调保护社会整体利益,这就意味着,在社会本位理念的指引下,作为民商事法域的重要组成部分,公司法人人格否认制度在适用时,不仅需要保护私权利,还要兼顾社会整体利益,将更多涉及社会公共利益的“债权”纳入保护范畴。税收具有组织财政收入、调节收入分配、调控经济等职能,在国家治理中具有基础性、支柱性、保障性作用,[6] 是典型的涉及社会公共利益的“债权”,故将税收纳入公司法人人格否认制度的保护范围是该制度贯

---

〔1〕 参见焦宝乾、赵岩:《法律解释观念的论证转向与方法转型》,载《法学论坛》2022年第4期;郭春镇:《法律解释的公共性》,载《中国法学》2023年第1期。

〔2〕 参见张淑芳:《私法渗入公法的必然与边界》,载《中国法学》2019年第4期。

〔3〕 参见罗俊杰、刘霞玲:《税法私法化趋势理论探源》,载《税务研究》2010年第4期。

〔4〕 参见陈敏光:《法本位的方法论阐释》,载《法律方法》2018年第2期。

〔5〕 参见丁南:《中国民法典与社会本位》,载《政法论丛》2020年第4期。

〔6〕 参见熊伟、高苑丽:《税法促进发展职能与中国式现代化建设》,载《国际税收》2023年第2期。

彻社会本位理念的必然要求。

综上所述，一方面，在税收债权债务关系说成为税收理论通说的背景下，税收的性质变为债权；另一方面，在民商事法域由权利本位向社会本位转变的背景下，公司法人人格否认制度中“债权”的范围已经由狭义的私主体债权扩展为广义的包含公共利益的债权。[1] 以上双重趋势使税收能够为公司法人人格否认制度所保护，本案中某市税务局适用公司法人人格否认制度具有了相应的法理基础。

（二）税务机关适用公司法人人格否认制度应符合的条件

法律的作用是维护社会秩序，当出现破坏法律所保护的社会秩序的行为，法律将对其进行矫正和制裁，以确保社会秩序的平稳和有序。因法律手段对社会主体的影响是巨大的，故立法者规定了具体法律制度的适用条件，当现实生活中出现的问题符合具体法律制度所规定的条件时，静态的法律规范将转变为动态的法律实施。在现实生活中纳税人的行为千姿百态，为了防止不当适用，损害纳税人的权益，税务机关必须基于现实的税收问题，准确把握该制度的适用条件。反过来说，这一制度的适用条件也是判断税务机关的行为是否合法的决定性因素。

因税法未规定该制度，税务机关在适用时必须严格遵守公司法领域该制度的适用条件。本案涉及《公司法司法解释（二）》第 19 条的运用，该条是关于公司法人人格否认制度的具体适用情形的规定。根据法律条文的体系性适用的要求，分析某一制度的具体适用情形必须将其置于原则性规定的框架内。因此，笔者在公司法人人格否认制度基本适用条件的框架内，重点对《公司法司法解释（二）》第 19 条进行分析。在此基础上，判断本案中某市税务局适用《公司法司法解释（二）》第 19 条向股东 C 追缴 A 公司的欠缴税款是否合法。

1. 实体条件

（1）客观行为要件：股东实施了滥用公司法人独立地位和股东有限责任的

---

[1] 参见赵宇：《公法债权人得否适用公司法人人格否认制度》，载《甘肃政法学院学报》2019 年第 2 期。

行为。客观行为要件仅对行为人的客观违法行为进行描述,行为人的主观侧面不影响该要件的成立。[1] 具体到《公司法司法解释(二)》第19条规定的股东"未经依法清算,以虚假的清算报告骗取公司登记机关办理法人注销登记"的情形中,客观行为要件是在公司申请注销登记时,股东向公司登记机关出具了与实际的债权债务情况不符的清算报告。[2] 本案中,A公司在经营期间存在欠缴税款的情况,但股东C在办理注销登记时出具了A公司不存在未缴清应纳税款的清算报告,这与存在未履行债务的实际情况并不相符,属于虚假的清算报告。因此,适用公司法人人格否认制度的客观行为要件成立。

(2)主观故意要件:规避法律或契约义务的故意。滥用公司法人人格和股东有限责任的行为本质上是一种规避行为,股东利用受控的公司,去规避公司本应承担的法律或契约义务。[3] 具体到《公司法司法解释(二)》第19条规定的股东"未经依法清算,以虚假的清算报告骗取公司登记机关办理法人注销登记"的情形中,因股东可分配的财产是公司清偿债务后剩余的财产,故一些股东企图在清算期间,操控公司逃避未履行的债务,以获取更多可分配的财产,具体表现为进入清算程序后,股东明知公司存在未履行的债务而不通知对应的债权人,导致债权人难以知晓公司即将注销而不能及时主张债权。在本案中,需要从两方面证明股东C具有操控公司逃避应履行债务的故意:

一是股东明知公司存在未履行的债务。本案中,股东C持股比例为80%,对A公司享有绝对控制权,A公司的行为主要由股东C主导,若A公司欠缴税款是因A公司故意违法甚至犯罪造成的,其控股股东往往难逃其责,故A公司在欠缴税款形成方面的主观过错对于认定股东C是否明知A公司存在欠缴税款具有重要意义。基于此,在判定"股东明知公司存在未履行债务"这一要件时,应把握如下顺序:第一步,界定A公司在欠缴税款形成方面的主观过错。A公司的欠缴税款由两部分组成,一部分是由少申报收入造成的,另一部分是由

[1] 参见崔志伟:《不法是客观的,责任是主观的?——对当下归属理论的一种质疑》,载《法学家》2022年第1期。

[2] 《公司法》第188条规定:"公司清算结束后,清算组应当制作清算报告,报股东会、股东大会或者人民法院确认,并报送公司登记机关,申请注销公司登记,公告公司终止。"

[3] 参见张琼:《公司法人人格否认制度》,载《前沿》2011年第2期。

税率适用错误造成的。对于由 A 公司少申报收入造成的欠缴税款,某市税务局将其认定为偷税,笔者认为,该认定结果难以令人信服。在偷税的认定方面,应当考虑纳税人的主观故意已经成了税法学界的共识。在认定纳税人是否具有偷税的主观故意时,不应过于苛刻,应秉持善意推定的理念,注重保护纳税人的利益。具体而言,当现有证据难以证明纳税人具有偷税的主观故意时,应推定纳税人是善意的,其欠缴税款是由一般的过失造成的。[1] 某市税务局仅依据 A 公司少申报收入的情况便将其定性为偷税并不妥当,还应结合 A 公司的会计账簿和财务报表是否存在弄虚作假等情况综合判断其主观过错,[2] 故对于这部分欠缴税款,因某市税务局缺少证据证明 A 公司具有偷税的主观故意,应推定是基于 A 公司的主观过失造成的。对于因 A 公司适用税率错误造成的欠缴税款,笔者认为,仍应秉持善意推定的理念,因我国采用复合税制,税种繁多,每个税种又包含多种要素,纷繁复杂,尤其是在税率的确认方面,纳税人不仅需要厘清各类收入、成本、损失等,还要针对不同的收入选择对应的税率。[3] 对于那些缺乏税务知识的普通纳税人来说,很难保证在税务处理方面绝无"无心之失"。[4] 在此背景下,A 公司适用税率错误应先推定为善意,即这部分欠缴税款是基于 A 公司的主观过失而造成的,除非有充分证据证明 A 公司具有主观故意。第二步,界定股东 C 是否明知 A 公司存在欠缴税款。税务处理具有专业性和复杂性,对于因过失造成的税务处理错误,纳税人通常难以自行发现并改正,而纳税申报制度为纳税人发现并改正其错误提供了绝佳的途径。纳税申报制度是连接纳税人和税务机关的"桥梁":一方面,纳税人根据其收入、成本、损失等情况将涉税信息申报至税务机关;另一方面,税务机关针对纳税人提交的申报资料,指出其中的错误并告知纳税人如何改正。在 A 公司纳税申报时,某市税务局并未指出其错误,导致 A 公司内心确信其纳税申报不存在错误。根据《税收征收管理法》(以下简称《税

[1] 参见刘剑文、陈立诚:《迈向税收治理现代化——〈税收征收管理法修订草案(征求意见稿)〉之评议》,载《中共中央党校学报》2015 年第 2 期。

[2] 参见蒋辉宇、宋莹莹:《对一起偷税违法行为认定案例的思考与建议》,载《税务研究》2021 年第 12 期。

[3] 参见李文:《认知偏差与税收遵从意愿——一个行为经济学视角》,载《税务研究》2021 年第 6 期。

[4] 参见杨迎春:《公司注销税款追征制度研究》,中国政法大学 2020 年硕士学位论文,第 8 页。

收征管法》)第34条[1]的规定,纳税人缴纳税款后,税务机关将开具完税凭证。[2] 在清算过程中,股东C基于税务机关开具的完税凭证有理由相信A公司不存在欠缴税款的情况,除非有相反证据,如税务机关曾通知A公司存在欠缴税款。

二是进入清算后,股东不通知债权人。通知债权人的主要目的是使债权人知晓公司即将退出市场,便于债权人及时主张债权,防止公司注销后其债权无法实现。根据《税务登记管理办法》第26条第1款[3]和第29条[4]的规定,在A公司办理注销登记前,必须先向税务机关申请办理注销税务登记,在此阶段,税务机关将审查A公司是否结清税款。这就意味着,因A公司申请办理注销税务登记,税务机关已经知晓A公司将要注销,而且税务机关将审查A公司是否存在欠缴税款的情况,若A公司存在欠缴税款的情况,税务机关能够及时向A公司追缴税款。

综上所述,因股东C不知晓A公司存在欠缴税款的情况,且履行了注销税务登记的程序,某市税务局知晓A公司即将注销,能够追缴A公司的欠缴税款,故应当认为股东C不具有控制A公司逃避缴纳未结清税款的故意,适用公司法人人格否认制度的主观故意要件不成立。

(3)损害结果要件:严重损害公司债权人的债权。公司法人人格否认制度毕竟突破了现代公司制度的基石,即公司人格独立和股东有限责任制度,故应控制该制度的适用范围,只有给债权人利益造成了严重损害时,该制度才得以适用。关于"严重损害债权"的判断标准,现行公司法并未明确界定,学界的主

---

[1] 《税收征管法》第34条规定:"税务机关征收税款时,必须给纳税人开具完税凭证。扣缴义务人代扣、代收税款时,纳税人要求扣缴义务人开具代扣、代收税款凭证的,扣缴义务人应当开具。"

[2] 华税:《已注销企业存在欠缴税款,税局能刺破公司面纱追究股东责任吗?》,载微信公众号"华税"2022年9月16日,https://mp.weixin.qq.com/s/EkbjfybDXljP8ojl76E9OA。

[3] 《税务登记管理办法》第26条第1款规定:"纳税人发生解散、破产、撤销以及其他情形,依法终止纳税义务的,应当在向工商行政管理机关或者其他机关办理注销登记前,持有关证件和资料向原税务登记机关申报办理注销税务登记;按规定不需要在工商行政管理机关或者其他机关办理注册登记的,应当自有关机关批准或者宣告终止之日起15日内,持有关证件和资料向原税务登记机关申报办理注销税务登记。"

[4] 《税务登记管理办法》第29条规定:"纳税人办理注销税务登记前,应当向税务机关提交相关证明文件和资料,结清应纳税款、多退(免)税款、滞纳金和罚款,缴销发票、税务登记证件和其他税务证件,经税务机关核准后,办理注销税务登记手续。"

流观点是公司丧失清偿债务的能力,即公司财产不足以清偿债权人的债权。[1]本案中,A公司在清算阶段未能结清全部的欠缴税款,经清算、注销程序后,其财产已被分配、处理完毕,已无剩余财产,无法清偿某市税务局的税收债权。因此,适用公司法人人格否认制度的损害结果要件成立。

(4)法人资格要件:公司法人人格并未真正消亡。现代公司制度以法人人格的存在为基石,公司法人人格否认制度也不例外,若法人人格不存在,就谈不上否认法人人格。根据《公司法》第188条[2]的规定,公司法人人格经清算、注销等程序而消亡。值得注意的是,为了防止实践中一些股东为了逃避债务、转移财产而恶意注销公司,法学理论和法律实践通常认为,法人人格的终止必须经过实质的退出程序,即公司只有在依法清算,妥善处理公司的债权债务关系后,才能真正得以注销。换句话说,公司经过形式清算而未经实质清算的,即使经过公司注销程序,依然推定公司的法人人格尚存,此时,公司法人人格否认制度仍存在适用的基础。具体到《公司法司法解释(二)》第19条规定的股东"未经依法清算,以虚假的清算报告骗取公司登记机关办理法人注销登记"的情形中,因股东以虚假的清算报告掩盖公司理应履行的清理债权债务的义务,故公司的清算行为不符合实质清算的要求,其法人人格并未消亡。在本案中,结合公司法人人格否认制度的客观行为要件和主观故意要件的判断结论可知,因股东C不具有虚假清算的故意,故A公司的清算过程并非虚假清算,A公司的法人人格已经消亡。因此,适用公司法人人格否认制度的法人资格要件不成立。

综上所述,在本案中,虽然股东C具有虚假清算的外观,但其不具有控制A公司逃避缴纳未结清税款的故意,故股东C的行为不构成虚假清算,A公司法人人格已经终止。因此,某市税务局适用公司法人人格否认制度的实体条件不成立。

---

[1] 参见李建伟:《关联公司法人人格否认的实证研究》,载《法商研究》2021年第6期;赵旭东:《法人人格否认的构成要件分析》,载《人民司法》2011年第17期;宋建立:《法人人格否认理论的实际应用》,载《人民司法》2008年第16期。

[2] 《公司法》第188条规定:"公司清算结束后,清算组应当制作清算报告,报股东会、股东大会或者人民法院确认,并报送公司登记机关,申请注销公司登记,公告公司终止。"

2. 程序条件

公司法人人格否认制度旨在实现股东、公司和债权人之间的利益平衡，只有在公司独立人格被滥用，导致债权人利益被侵害，三方利益失衡时才能适用。随意地、不当地否认公司法人人格会直接损害公司制度，给公司发展带来灾难性损害。[1] 故现行公司法律制度贯彻严谨、审慎的理念，规定适用公司法人人格否认制度必须经过法院的司法判断，债权人运用该制度要求股东承担责任，必须以诉讼的方式进行。在本案中，某市税务局在运用公司法人人格否认制度向股东C追缴A公司的欠缴税款时，并没有以债权人的身份向股东C提起诉讼，而是以行政机关的身份发布《税务处理决定书》。因此，适用公司法人人格否认制度的程序条件不成立。

四、结论与启示

在公法和私法相互借鉴、相互融通的趋势下，公司法人人格否认制度适用于税法具有了正当性。应对公司股东滥用公司独立人格和股东有限责任操控公司逃避缴纳税款的问题，公司法人人格否认制度具有无可比拟的优势，但因该制度在税法中的缺位使税务机关在具体适用时难以准确把握其适用条件。在纳税人逃避缴纳税款的行为逐渐多样和税务机关的规范治税能力亟须提升的背景下，笔者认为，有必要在税法中规定公司法人人格否认制度，并明确其适用条件。

(一)在税法中规定公司法人人格否认制度的必要性

在税法中规定公司法人人格否认制度对于我国税收法治建设具有至关重要的意义：第一，从立法层面来看，规定公司法人人格否认制度能够弥补实质课税原则的不足。实质课税原则和公司法人人格否认制度均旨在实现实质正义，但二者侧重点不同。实质课税原则的含义是在判断课税要件是否成立时，不能仅根据外观和形式，而应注重经济实质。但对于股东滥用法人人格使公司无法

---

[1] 参见梅奕敏：《正当程序为公司法人格否认制度具体适用之必要》，载《商丘师范学院学报》2008年第4期。

履行税收债务的行为，如恶意注销公司以逃避欠缴税款，仅运用实质课税原则难以解决，而公司法人人格否认制度能够有效应对此类问题，保障国家税收收入。第二，从执法层面来看，规定公司法人人格否认制度能够规范税务机关运用该制度追征税款的行为。税务机关在运用公司法人人格否认制度时可能因实体要件理解不当、程序适用错误等将“善意纳税人”认定为“恶意纳税人”。造成这一现象的根本原因在于公司法人人格否认制度在税法中的缺位，在税法中规定该制度能够使税务机关严格依照该制度的适用条件征税，保障纳税人的权益。

（二）在税法中规定公司法人人格否认制度的立法建议

在税法中规定公司法人人格否认制度属于立法论的范畴，原则上可以不受公司法领域的公司法人人格否认制度的约束。但是，笔者认为，公司法领域的公司法人人格否认制度经过多年的理论沉淀和实践检验，其核心制度已经趋于完善，在具体运用时具有较为良好的法律效果和社会效果，故税法在规定公司法人人格否认制度时可以在公司法领域的公司法人人格否认制度的基础上，总结其运用中的经验和不足，并结合税法的原则和理念予以进一步完善。规定公司法人人格否认制度的目的是提供税款征收的途径，属于税收征管的范畴，应将其规定于《税收征管法》当中，具体而言：

首先，引入公司法人人格否认制度。一项法律制度由一系列法律规范组成，[1]其中，基本规范[2]是明确其他法律规范的基础，在众多法律规范中居于首要地位。在立法活动中，基本规范的确立，标志着该项制度的正式确立。[3]因此，在税法中引入公司法人人格否认制度，必须先规定该制度的基本规范。笔者建议，在借鉴《公司法》第 20 条第 3 款的基础上，将税法领域的公司法人人格否认制度规定为：公司股东滥用公司法人独立地位和股东有限责任，逃避税

〔1〕 参见陈信勇：《法律规范的结构分析》，载《杭州大学学报》1993 年第 1 期。

〔2〕 美籍奥地利法学家汉斯·凯尔森将法律规范分为基本规范与其他规范。基本规范在法律中处于主导地位，是其他规范产生的基础；其他规范在法律中处于从属地位，具有补充、细化基本规范的作用。

〔3〕 参见许中缘、刘宇：《论宪法对私法的规范效力》，载《中共中央党校学报》2008 年第 2 期。

收债务,严重损害国家税收债权的,应当对税收债务承担连带责任。

其次,明确规定公司法人人格否认制度的适用条件。一项法律制度的有效实施不仅需要基本规范,还需要其他法律规范予以配合,[1]尤其是涉及制度适用条件的法律规范。明确公司法人人格否认制度的适用条件,对于保障税务机关适用该制度的准确性、提高纳税人对该制度的可预测性起着至关重要的作用,能够真正发挥公司法人人格否认制度在税法领域的功能。[2] 在税法中明确公司法人人格否认制度的适用条件时,可以从实体和程序两个层面入手:

1. 实体条件

(1)法人资格要件:只有公司具有法人资格,税务机关才能适用公司法人人格否认制度。在长期国库中心主义的影响下,税务机关将追求税收收入最大化作为工作目标,[3]甚至通过不规范的途径保障税收收入,如在公司经过实质清算[4]和注销程序后,[5]税务机关错误地运用公司法人人格否认制度向股东追缴欠税。为了防止税务机关在适用公司法人人格否认制度时发生类似情形,有必要将法人资格存续明确规定为该制度的适用要件。

(2)主观故意要件:股东应具有滥用公司法人独立人格和股东有限责任损害税收债权的故意。长期以来,我国的税务执法注重纳税人的外在行为,而忽视纳税人的主观过错。诚然,这样的执法倾向在一定时期内具有合理性,但随着社会的发展,重外在而轻内在的执法理念应当被改变。过去,在经济亟须发展、国库收入紧张的背景下,保障征税效率是税法的首要理念。如今,我国经济迅速发展、国库收入不再紧张,保障征税公平逐渐成为税法的首要理念。征税公平的基本要求之一就是根据纳税人涉税行为对税收征管秩序的危害性选择对应的征管方式,而纳税人的主观过错不同,其行为对税收征管秩序的危害也

[1] 参见陈信勇:《法律规范的结构分析》,载《杭州大学学报》1993年第1期。

[2] 参见顾博、田巍:《论民事补偿制度的适用条件》,载《河北法学》2013年第6期。

[3] 参见刘剑文、陈立诚:《迈向税收治理现代化——〈税收征收管理法修订草案(征求意见稿)〉之评议》,载《中共中央党校学报》2015年第2期。

[4] 实质清算与形式清算是一组相对的概念:形式清算是指未对公司财产及债权债务进行实质的清理,仅出具形式上的清算报告以满足公司登记机关办理注销登记的要求,这种清算程序不具有清算的法律效果;实质清算是指公司对既有的债权债务进行了实际清理,不具有逃避债务的行为。

[5] 参见旷逸:《形式清算不具有合法清算的法律效力》,载《人民司法》2019年第26期。

就不同。公司法人人格否认制度规制的是股东恶意地操控公司损害税收债权、严重危害税收征管秩序的行为，为了落实征税公平的理念，防止纳税人正常的或者过失的经营行为被纳入公司法人人格否认制度的规制范围，必须将主观故意要件纳入公司法人人格否认制度的适用条件之中。

（3）客观行为要件：股东客观上实施了滥用公司法人独立人格和股东有限责任损害税收债权的行为。中共中央办公厅、国务院办公厅印发的《关于进一步深化税收征管改革的意见》指出，要不断提升税务执法精准度。欲得善治，必依良法。为了实现精准执法的目标，立法机关必须强化制度供给，这就要求立法机关在制定税收法律制度时不仅要符合法律制度本应具备的灵活性要求，即能够应对可能出现的新事物或新情形，还应当符合明确性的要求，即尽量明确常见的事物或情形。在规定公司法人人格否认制度的客观行为要件时，为了平衡该要件在具体运用时的确定性与灵活性，客观行为要件的规则文本应采用列举式规范与兜底式规范相结合的方式。[1] 列举式规范主要根据各级税务机关运用公司法人人格否认制度追征税款的成功经验，对股东滥用公司法人独立人格和股东有限责任损害税收债权的常见表现形式进行列举规定，以便增强全国各地税务机关判断客观行为要件的可操作性和确定性。但在现实生活中，股东滥用公司法人独立人格和股东有限责任损害税收债权的行为多种多样，纷繁复杂，仅依赖列举式规范不足以应对全部可能出现的情形，故需要兜底式规范弥补列举式规范的不足，确保客观行为要件运用的灵活性。

（4）损害结果要件：严重损害税收债权。我们可以总结在适用公司法领域的公司法人人格否认制度时该要件运用的经验和不足，以完善税法领域公司法人人格否认制度的损害结果要件。具体而言，笔者建议：第一，税法领域的公司法人人格否认制度务必明确“严重损害税收债权”的标准，否则容易留下太多的自由裁量空间，甚至造成该制度在追缴税款时的滥用。第二，将“严重损害税收债权”这一要件的内涵明确规定为“公司丧失缴纳税款的能力”。第三，明确规定判断公司是否丧失缴纳税款能力的因素，包括但不限于公司短期内是否能够

〔1〕 参见蒋辉宇、宋莹莹：《对一起偷税违法行为认定案例的思考与建议》，载《税务研究》2021 年第 12 期。

恢复缴纳税款的能力、税收债权是否存在担保等。

2. 程序条件

程序条件是指税务机关运用公司法人人格否认制度主张税收债权所采取的模式,包括行政模式和司法模式。行政模式是指由税务机关主导公司法人人格否认制度的适用,包括各实体条件的认定、税款的执行等均由税务机关作出。[1] 司法模式是指税务机关运用公司法人人格否认制度主张税收债权应向人民法院提起诉讼,经法院的司法审查,税收债权才能得以实现。

笔者建议,公司法人人格否认制度的程序条件应规定为司法模式,理由如下:第一,从法理上看,公司人格独立、股东承担有限责任是原则,人格否认系例外,与例外相对应的是严格的适用条件,[2] 包括实体和程序条件。税法领域的公司法人人格否认制度突破了原有的纳税主体,使股东承担公司的纳税义务,增加了股东的税收负担,理应严格限制其适用。司法模式将公司法人人格否认制度的裁判权交予法院,更利于控制该制度的具体适用。第二,从公司法人人格否认制度的宗旨上看,其旨在维持股东与债权人之间的平衡,当股东滥用权利损害债权人的利益时,该制度得以运用,以保护处于弱势地位的债权人。税收之债的独特之处在于,其债权人是税务机关,它可以成为法律关系上的平等主体,也可以成为权力的拥有者。[3] 在选择程序适用模式时,必须将这一特点考虑进去。若采取司法模式,税务机关的身份只是债权人,当股东滥用权利损害税收债权时,税务机关处于弱势地位,可以通过公司法人人格否认制度保护其利益;若采取行政模式,税务机关既是债权人,又是行政权力的拥有者,这将使税务机关在运用公司法人人格否认制度实现税收债权时处于绝对优势地位,有违公司法人人格否认制度设置的初衷。

---

〔1〕 参见杨省庭:《论我国税法引入公司法人人格否认制度》,载《法学杂志》2011年第1期。

〔2〕 参见李建伟:《关联公司法人人格否认的实证研究》,载《法商研究》2021年第6期。

〔3〕 参见杨省庭:《论我国税法引入公司法人人格否认制度》,载《法学杂志》2011年第1期。

我国“走出去”企业税务争议解决路径案例评析

王　海　曾傅雯　贾　康*

一、前言

党的二十大报告提出“推动共建‘一带一路’高质量发展”。为实现“一带一路”高质量发展，我国政府通过签订“一带一路”沿线国家双边税收协定、出台“走出去”税收指引、制定国别投资税收指南等方式，鼓励和推动中国企业“走出去”。由于国家之间经济发展阶段、国家治理能力、历史传统等的差异，“走出去”企业频频面临跨境税收争议问题。跨境税收争议问题既影响“走出去”企业的实际利益，又危害我国的税收主权，更不利于新发展格局的构建。尽管我国已初步建立跨境税收争议解决机制，但在实际运行过程中，存在重重阻碍。

本文通过分析巴拿马分公司历时10余年的税收维权之路，揭示现实中“走出去”企业面临税务争议时的种种困境，并从“走出去”企业和中国政府两方面提出相应的政策建议，助力完善跨境税收争议解决机制，推动“走出去”企业行稳致远。

* 王海，中国财政科学研究院高级会计师；曾傅雯，中国人民大学财政金融学院博士研究生；贾康，中国财政科学研究院研究员。

二、案情简介

(一)主要案情

A公司是一家在中国注册的具有核心技术安全解决方案的企业,2008年3月28日,A公司在巴拿马城注册设立分公司(以下简称巴拿马分公司〔1〕),营业范围与A公司总部相同,包括设备供货、融资、安装和保养,以及土建设计和建造。注册完成后,巴拿马分公司正式开始运营,按时进行纳税申报。2011年11月30日,巴拿马城税务局对巴拿马分公司发出稽查通知并进行为期3周的现场稽查。2012年1月14日,巴拿马分公司收到巴拿马城税务局编号为201-12022的税务稽查报告。该稽查报告称:"根据《巴拿马税法》第719条和1970年第109号内阁法令中的第19条,巴拿马分公司应按照收付实现制,将2010年收到的用于未来60个月的维护费用504万美元提前确认为当年的应纳税收入,并于2010年进行纳税申报缴纳相应的企业所得税。"〔2〕因此,巴拿马城税务局认定巴拿马分公司2010年少申报了504万美元应纳税收入,需调增应税收入并补缴税款及滞纳金,滞纳金及利息应从本次稽查结论发出之日起开始计算。

巴拿马分公司经与税务专家和律师讨论后,认为税务局认定未申报的504万美元实际上属于递延收入,而非应税收入。因此,巴拿马分公司不服编号为201-12022的税务稽查报告的结论,拒绝调增应税收入504万美元和缴纳税款以及滞纳金利息。由于中国政府未与巴拿马政府签署双边税收协定,巴拿马分公司仅能通过东道主国的行政司法途径解决税务争议问题。于是,2012年1月25日,巴拿马分公司向巴拿马经济财政部收入总局(以下简称巴拿马税务总局)提起税务复议,要求重新审议税务稽查决议。2012年3月13日,巴拿马分公司收到了税务复议结果,该复议结果支持巴拿马城税务局出具的稽查结论,驳回撤销补税决定和处罚决定的申请。当日,巴拿马分公司向巴拿马税务行政

〔1〕 巴拿马分公司是A公司的海外分公司,不具备法人资格,A公司对其债务承担无限连带责任。巴拿马分公司仍属于中国税收居民。

〔2〕 巴拿马货币单位为巴波亚,与美元汇率锁定为1:1。为阅读方便,下文统一标为"美元"单位。

法院提起上诉，要求撤销税务稽查决议和税务复议决议。2017 年 12 月 27 日，巴拿马分公司收到支持税务稽查结论和税务复议结论的税务行政诉讼决议。2018 年 2 月 28 日，巴拿马分公司向巴拿马最高法院提起上诉，主张撤销税务稽查结论以及后续的税务复议结论和税务行政诉讼结论。2018 年 8 月 7 日，巴拿马最高法院正式受理该案件，并指定三名法官负责审理。2022 年 10 月 18 日，三名法官中的两名支持巴拿马分公司的税务主张。

（二）争议问题

1. 预收账款是否构成应税收入

巴拿马城税务稽查报告认为根据《巴拿马税法》第 719 条和 1970 年第 109 号内阁法令第 19 条的规定，巴拿马分公司 2010 年收到的用于未来 60 个月的维护费用 504 万美元应确认为当年的应税收入。

但巴拿马分公司主张预收账款不应确认为当年的税收收入。因为，《巴拿马财政法典》第 20 章节第 20 条款规定：“纳税人根据国际财务报告准则应计制度记录本财年的收支和开销。该制度应综合适用于收支和开销。”根据《巴拿马财政法典》中的规定，巴拿马分公司在 2009 年就按照权责发生制披露财务报告和申报纳税。按照一致性原则，巴拿马分公司应该继续按照权责发生制编制财务报表和申报纳税。为此，巴拿马分公司不服税务稽查报告采用收付实现制将预收账款判定为应税收入，并要求补税和缴纳滞纳金与利息的结论。

2. 税务机关是否滥用决定应税收入会计核算原则的自由裁量权

巴拿马城税务机关认为，根据《巴拿马财政法典》的规定，税务机关有权决定公司应税收入的确认方式。但巴拿马分公司认为税务机关存在滥用其自由裁量权的倾向，要求以收付实现制确认预收账款为收入并不合理。一方面，依据《巴拿马税法》的规定，只有对账务记录不全，甚至不设齐全账务簿记管理的纳税人，税务机关才会依法要求其按照收付实现制进行纳税申报。但实际上，巴拿马分公司 2008 年开始营业时就账证齐全，并雇佣巴拿马本地著名的会计师事务所进行账务处理，严格按照权责发生制进行纳税申报。同时，负责签字确认的注册会计师支持巴拿马分公司按照权责发生制申报纳税。另一方面，在 2012 年 1 月 14 日收到税务稽查报告之前，税务机关认可巴拿马分公司按照权责发生制申报纳税,并未因此提出过任何异议。所以,巴拿马分公司不服稽查报告中将预收账款按照收付实现制确认为应税收入的论断,并认为巴拿马城税务局关于申报纳税的会计核算原则的选择存在滥用自由裁量权的现象。

三、法理评析

(一)预收账款504万美元尚不满足应税收入确认条件

504万美元的维护费用涉及主合约和补充合约的内容。主合约是2008年4月23日签订的,其内容为约定巴拿马分公司按时提供9套设备,并在设备交付验收后提供为期60个月的维护服务,维护费用分5年交付,每4个月支付一次。补充合约是2010年9月23日签订,补充修订的内容为巴拿马分公司将提前一次性收到9套设备未来60个月的售后维护款。根据合约规定,单套设备价款为194.74万美元,单套设备60个月维护费用为63万美元。截至2010年12月,巴拿马分公司已交付8套设备,因此,2010财政年度需要确认8套设备的销售收入,即1557.92万美元。

巴拿马分公司与经济财政部签署的商业合约主要条款内容如下:

1. 关于合约标的物涉及的9套设备,合约中具体规定为:合同标的物,承包商承诺根据技术参数、公共机关规定的图纸或草图,自筹资金进行不开箱检查货物的扫描设备的供货、融资、安装、维护及设计建造扫描大厅和轨道。

2. 合约涉及5年维护的具体规定,明确界定了承包商须严格完成如下义务(节选):"c)承包商须在5年内提供常驻人员进行预防性和纠正维护以及软件更新服务,正如其在投标文件中承诺的那样,不作为合同的额外开支。d)维护从收到合同标的物时开始。e)培训用户使其能良好运用所安装设备及系统。f)设备刻录系统应具备一个物理支持以保证最有效地进入已完成的和已存储的程序,并确保与安装在海关总署的软件兼容时信息的安全(操作系统,数据处理及存储)。g)应保证1年365天每天24小时不间断有效运行。h)应提交标书第3章标书所要求的全部文件。"

3. 关于合约付款的内容的具体规定如下:"合同金额和支付方式:承包商提供标的物设备,将获得以下形式的支付:按照承包商递交的投标文件,经济财政部将向承包商支付B/.23,196,400(B/23,196,400)的执行本合同所规定项目的款项,外加 B/. 1,159,820 增值税(ITBMS),共计 B/. 24,356,220。具体支付方式如下:A 支付 B/. 17,796,400 款项,外加 B/. 889,820 增值税(ITBMS),该款项共计 B/. 18,686,220 包括设备的安装和投入运行,以及其设计和扫描大厅和轨道建造。上述款项已计入 2008 财政年度政府预算。B 在签署验收报告之后,60 个月的维护费用共计 B/. 5,670,000,将每年分 3 次支付,每次金额为 B/. 360,000 外加 B/. 18,000 的变动与服务转移税(ITBMS),共计 B/. 378,000。上述款项已计入 2008 财政年度政府预算。虽然 2008 财政年度的预算只有 B/. 24,000,000,为额外支付 B/. 356,220 的差额,将使用2009 财政年度政府预算(随附证明书)。”

4. 补充合约规定如下:承包商必须在此补充协议签订日起至 2010 年 12 月 31 日止,负责开始并实现扫描系统、检查站和其他建筑的安装(包括每台设备的验收)运行。

其中第 4 条中规定双方同意合同第 15 条合同金额和付款方式修改如下:“支付承包商设备款按如下方式进行:总署承认并向承包商支付 B/. 23,196,400. 00(项目执行费),加 B/. 1,623,748. 00 美元(承包商提议的 ITBMS 税款),总额为 B/. 24,820,148. 00 美元。根据合同执行情况,承包商同意如下付款方式:通过临时验收按每套收款,每套为 B/. 2,757,794. 22,其中单列 ITBMS 款 B/. 180,416. 45(调整了 7%)。该付款须在总署为每套设备签发临时验收文件之日起 30 个自然日内支付,用 2010 年的 1. 09. 1. 2. 501. 05. 02. 370 预算支付。”

在补充合约第 5 条中,双方同意合同第 16 条约定如下:“合同执行期到 2010 年 12 月 31 日,交付设备、检查站、轨道和其他建筑,家具和其他部件。合同有效维护期为每套移动式设备的临时交接证书签订之日起 60 个自然月,包括额外提供型号 FS3000 的设备,维护服务用保函号 LG08PA0001 来保证。”

根据巴拿马法律规定,在巴拿马运营的跨国企业或分支机构可以采用国际会计准则披露财务报告。国际会计准则对劳务收入确认标准有以下规定:首先,劳务收入和成本能够可靠计量。其中,劳务总收入一般根据双方签订的合约或协议注明的交易总金额确定,劳务成本则包括至报表日止已经发生的成本和完成劳务将要发生的成本。其次,与交易相关的经济利益能够流入企业。最后,劳务的完成程度能够可靠地确定,即已经提供劳务,否则收到的款项将列为负债。因此,尽管巴拿马分公司2010年的确收到8套设备60个月的维护服务费用504万美元,但是由于维护服务尚未提供,成本也不能可靠计量,因此,504万美元的维护服务费用不满足劳务收入的确认条件,而应确认为递延收入或者预收账款。

此外,补充合约中专门规定,虽然提前收到未来60个月维护款,但是需要在未来的60个月履行维护义务。如果在未来60个月内不提供维护服务,巴拿马分公司应退回收取的维护款。在这种情况下,巴拿马分公司不能将已收取的维护款确认为收入,应该将其作为负债进行会计处理。

应税收入的确认和计量建立在会计收入之上,根据税法规定进行增减调整,最终方能确定。在巴拿马现有税法制度中,没有将预收账款调增为应税收入的法律条文。与此同时,巴拿马是大陆法系国家,强调成文法的作用。为此,纳税人的权利和义务主要通过法律来确认。在税法未明确规定递延收入或预收账款需进行纳税调整的情况下,巴拿马分公司2010年应税收入不应包含8套设备预收的维护服务费用504万美元。巴拿马城税务局的税务稽查报告结论并不合法,巴拿马分公司有权利用行政司法渠道等维护自身的合法权益。

(二)税务机关滥用应税收入的会计核算原则自由裁量权

尽管《巴拿马财政法典》规定,税务机关有确认会计核算原则的自由裁量权,即"收入总局可根据纳税人经济活动的类型,以决议方式批准收付实现制。该制度应综合适用于收支和开销"。但一般而言,只有对账务记录不全,甚至不设齐全账务簿记管理的纳税人,税务机关才会依法要求其按照收付实现制进行纳税申报。对于具备一定规模、账簿齐全以及聘请注册会计师审计的公司,大都采用权责发生制申报纳税。此外,根据巴拿马1993年10月27日第170号行政法令第20条第1款的规定,除了专门从事自由行业的公司、微型企业和营业收入不超过25万美金的法律实体外,其他纳税主体都有义务使用权责发生制。

巴拿马分公司具有采用权责发生制申报纳税的资质,原因如下:第一,巴拿马分公司按照当地法律规定,营业之初就雇用当地的著名会计师进行会计核算,并且按照要求建立了完善的内部成本核算归集制度和有效的财务报告制度,相关账务记录一般使用西班牙语编制日记账和总账,并登记造册。第二,巴拿马分公司聘请当地的注册会计师进行税务审核和申报,严格遵循巴拿马税务登记规定的要求,即非居民在巴拿马的常驻机构需要建立账簿,并根据记录对确定来源于巴拿马境内的净利润申报纳税。第三,巴拿马分公司的会计档案和支持材料等都按照巴拿马法律要求装订成册,并且在巴拿马办公室存档保管。除了股权证书之外,其他会计资料均由会计师装订成册。因此,巴拿马分公司账簿齐全、管理规范,并聘请当地注册会计师审计和申报纳税,巴拿马城税务机关不应判定巴拿马分公司需按照收付实现制将预收账款确认为当年的应税收入,存在着滥用自由裁量权的倾向。

在实践过程中,若税务机关认为企业不满足采用权责发生制的基本要求,通常会事先以通知的方式告知企业,需以收付实现制的方式进行申报纳税。但对巴拿马分公司而言,自 2008 年正式营业至 2012 年收到税务稽查报告,一直采用权责发生制申报纳税,并且税务机关从未对此提出任何异议。单独对 504 万美元的维护费用要求按照收付实现制确认为应税收入,显然是不合理、不合法的,是税务机关滥用自由裁量权的体现。

此外,到目前为止,巴拿马分公司税务申报签字确认的注册会计师并未收到来自行政机关的任何处罚决定。根据巴拿马注册会计师职业规范要求,注册会计师应该对所得税申报表进行签字确认,证明纳税人会计账簿中的已结或记录交易和业务被同时完整准确地反映在所得税申报表中。如果注册会计师知情且隐瞒所得税申报表数据造假的事实,那么注册会计师将被处以 1000 美元到 5000 美元罚款,并且将被执行 1978 年 9 月 1 日第 57 号法律规定中的行政处罚。因此,签字确认税务申报的注册会计师未收到任何行政处罚决定这一事实可以佐证,巴拿马分公司的税务申报和处理同样没有违反法律规定和行业制度规定。这揭示税务机关存在滥用应税收入的会计核算原则自由裁量权的现象。

巴拿马是大陆法系国家,政府需要严格执行法律规定,不得擅自创造法律、违背立法精神。税务机关需要以事实为根据,以法律条文为准绳,而非通过"造法"来"自由"裁定税务案件。为此,巴拿马分公司认为巴拿马城税务机关的税务稽查结论违反巴拿马财政法和财税制度规定,对巴拿马分公司预收账款的会计核算原则的自由裁定违法。因此,巴拿马分公司需要通过正当的行政和司法途径来维护自身合法权益。按照《巴拿马税法》的规定,当出现税务争议时,企业可以申请税务复议、税务行政诉讼以及上诉至最高法院。

(三)税务争议解决路径实践

当前,中国政府未与巴拿马政府签署双边税收协定,出现税务争议时,无法启用相互协商程序甚至国际税务仲裁。巴拿马本国也没有一般性的税收争议解决流程。当税务稽查报告明显不合法、不合理,并且预计其主张获得支持的概率很大时,巴拿马分公司采用行政司法路径解决税务争议,其解决税务争议的过程包括税务复议、税务行政诉讼以及司法诉讼至最高法院。

1. 税务复议

2012年1月14日,巴拿马分公司收到巴拿马城税务局编号为201－12022号税务稽查报告。该报告要求巴拿马分公司调增应税收入,补缴税款、滞纳金和利息。巴拿马分公司不服稽查报告的结论,并于2012年1月25日向税务总局申请复议,主张设备维护服务费504万美元属于预收款,不应在2010年作为应税收入申报纳税,公司不应补缴税款、滞纳金和利息。2012年3月13日,巴拿马分公司收到税务总局编号为201－3378的税务复议结果,该税务复议结果维持税务稽查结论,驳回巴拿马分公司的税务主张。

2. 税务行政诉讼

巴拿马分公司在收到支持税务稽查报告的税务复议结果当天,即2012年3月13日向税务行政法院提起税务行政诉讼,要求撤销税务稽查报告决议和税务复议裁定决议。

在这一阶段,税务行政法院采纳证据包括:

(1)2008年4月23日28号合约及第1号和2号补充协议的复印件;

(2)巴拿马国家海关总署签署的临时验收函副本;

(3)巴拿马国家海关总署颁发的2012年10月10日第901－01－3294号记录的认证副本;

(4)巴拿马分公司签署的NU/PA－12－003记录认证副本。

其中,未采纳证据包括:

(1)巴拿马分公司提交给巴拿马海关总署协调维护服务记录(NU/PA－09－106);

(2)巴拿马海关总署发送的电子邮件副本;

(3)月度维护报告副本。

2017年12月27日,巴拿马分公司收到税务行政法院的决议(TAT-RF-072),该决议支持巴拿马城税务局的税务稽查结论,以及税务总局的税务复议结果。同时,其提示巴拿马分公司,税务争议解决行政程序已经终止,如有不服,可以依法上诉至巴拿马最高法院。

3. 司法诉讼至最高法院

2018年2月28日,巴拿马分公司正式向巴拿马最高法院提起上诉,主张201-12022号税务稽查报告结论及TAT-RF-072号税务行政法院裁决无效。2018年8月7日,最高法院正式受理该案件,并且指定三名法官负责审理。由于疫情等原因,该案件仍未正式开庭审理。按照巴拿马法律规定,在税务行政法院判定支持201-12022号税务稽查报告后,巴拿马分公司需要及时足额缴纳税款、滞纳金和利息。但是,最高法院在收到海关出具维护记录等证据情况下,并没有支持税务机关关于巴拿马分公司需要及时缴纳税款和罚息的要求。可以看出,最高法院并不支持税务行政法院的判定结论。2022年10月8日,三名法官中的两名明确支持巴拿马分公司的税务主张。

由于我国至今尚未与巴拿马签署避免双重征税的税收协定,当出现税收争议时,巴拿马分公司只能通过行政司法渠道解决。为维护自身正当权益,巴拿马分公司已坚持10余年,经历税务复议、税务行政诉讼以及司法诉讼至最高法院的一系列流程,耗费大量人力、物力、财力,最终取得了最高法院的支持。由此可见,解决跨境税务争议知易行难,理论上解决税务争议既可通过东道国的行政司法渠道,又可采用相互协商程序乃至国际税收仲裁,但在现实中困难重重,税务争议的解决路径道阻且长。

四、结论与启示

为构建新发展格局,提升国际循环质量和水平,中国企业“走出去”步伐明显加快,跨境税务争议也随之增多。如何有效妥善解决跨境税务争议,对于维护“走出去”中国企业的合法权益和国家税收利益至关重要。

(一)"走出去"企业积极主动解决税收争议,勇于维护自身合法权益

税务争议主要源于征纳双方对于税务交易及对商业交易理解上的分歧。在商业实践中,企业可采取事前防范、事中应对、事后总结的方式解决税务争议问题。

第一,税务争议的事前防范。在现实生活中,解决税务争议费时耗力,成本高昂。因此,需重视税务争议的事前防范工作,以降低税务争议的出现概率。首先,"走出去"的中国企业应熟悉东道国财税法律规章制度,并严格遵守当地法律法规,满足税务方面的合规性要求;其次,了解我国与东道国签订的税收协定以及其他协议,知晓出现税收争议时可采用的解决方案;再次,搭建高度专业化的税务团队,既培养企业内部的税务工作人员,又积极利用当地税务专家资源,充分发挥外部税务专家资源的智囊作用;又次,建设境外税收风险事先管理体系,定期或者不定期组织业务、财务、投资、战略、风险、合规等部门自查自纠,建立起防患于未然的长效解决机制,极力减少潜在的税务争议风险;最后,建立与税务机关事前沟通渠道,合理利用税收事先裁定制度,尽量事前获得税务处理的确定性处理意见,避免税务争议的发生。

第二,税务争议的事中应对。当税务争议发生时,"走出去"企业一方面可以通过东道国的行政司法途径来维护自身利益,另一方面可以向中国政府寻求帮助。需注意的是,通常而言,在税务行政法庭裁定之后选择司法诉讼至当地最高法院的前提条件是,企业需要及时缴纳税款、滞纳金和罚款,或者税务机关对企业资产采取资产保全措施,否则最高法院不会受理企业诉讼请求。此时,为降低税务争议对企业持续经营的影响,企业应充分掌握和熟悉税务争议的处理程序,及时向最高法院提供充足证据申请豁免缴纳税款、滞纳金和罚款等,进而规避缴纳税款和资产保全对企业经营的负面影响。企业还可以尝试向中国政府申请帮助,如申请启动相互协商程序,通过中国国家税务总局与对方税务主管当局进行谈判解决税务争议。目前,我国积极向包括"一带一路"沿线国在内的国家和地区派驻税务专员。当企业遇到税务争议时,可以向我国驻当地税务专员寻求帮助。另外,企业可以根据国家间投资协定申请国际投资仲裁,以解决税收争议。

第三,税务争议的事后总结。当税收争议解决后,企业可以详细分析和总结税收争议产生的原因、解决过程中的得与失,以及如何调整企业税务风险控制系统避免此类税务争议再次发生。此外,企业可以有意识地搜集归纳类似的案例,建立税收争议案例库,定期组织企业财会人员培训学习。

总而言之,“走出去”中国企业应根据实际情况,统筹兼顾全面评估风险和权衡利弊,寻找对公司发展最优的税务争议解决方案。如巴拿马分公司一案,当面临税务争议并且当地税务机关滥用自由裁量权时,巴拿马分公司敢于保护自身权益,耗费10余年光阴以及人财物力,严格遵从巴拿马的行政司法流程以追求一个公正的裁决。这样做既是在保障自己的合法利益,又是在维护中国企业的正面形象,便于“走出去”的中国企业“走得稳”“走得远”。

(二)中国政府妥善有效化解税收争议,助力“走出去”企业行稳致远

目前,全球经济低迷,贸易保护主义抬头,贸易摩擦频发。为构建新发展格局、推动高质量发展,我国政府应致力于化解国际经贸摩擦,解决跨境税收争议,助力企业“走出去”。从巴拿马分公司一案中可知,当前税收争议解决过程漫长、成本高昂。为了减少该类事件的发生,提高税务争议解决效率,我国政府可从以下四方面发力:

第一,提高税收协定覆盖面和质量。当前,我国已与109个国家和地区签订避免双重征税协定,其中105份税收协定已生效。但仍有部分国家尚未签署税收协定,巴拿马即是其中之一,巴拿马分公司维权之路艰难的部分原因即是两国间未签署双边税收协定,没有规定税收争议解决渠道,只能通过所在国的行政司法途径维权。税收协定的签署有利于避免税收争议的出现,并且相比于行政司法途径,通过税收协定解决税收争议更加高效便捷。我国约2/3的税收协定是2010年之前签署的,最早的税收协定是于1983年与日本签署的。许多早期签订的税收协定至今未经过修订,很多内容已经不能适应经济新发展态势和国际税收环节的变化。为此,除提高税收协定覆盖面之外,中国政府需推动已签署的税收协定内容更新,从而提高税收协定质量。

第二,建立统一的中国企业“走出去”税务服务小组。当前,企业“走出去”税务服务主要由企业所在地的税务局提供。可整合各地资源,成立中央层面的

企业“走出去”税务服务小组,以解决一些共性问题,如在同一国家投资面临的问题,或同一类型税务争议、纠纷等。中央层面的企业“走出去”税务服务小组,既可以及时更新颁布“走出去”税收指引、国别(地区)投资税收指南等,又可以搭建税收争议案例库,总结企业在“走出去”过程中面临的各种实际税务问题,便于企业学习和参考。另外,还可以通过直接参与企业的税收争议解决过程,优化相互协商程序,扩大相互协商程序的运用范围,提高相互协商程序的成功率。

第三,创新税务争议解决机制。当前,解决跨国税收争议的方式主要分为两种:一种是通过东道国的行政司法渠道,另一种是启动签订双边税收协定国家间的相互协商程序。为解决传统相互协商程序存在的缺陷,国际税务仲裁逐渐推广使用。但由于仲裁的对抗性,国际税务仲裁并不利于发展“一带一路”所倡导的互利共赢的新型国际税收合作关系。为推动共建“一带一路”高质量发展,需创新适用于“一带一路”沿线国家和地区的税务争议解决机制,如设立争议解决专家组、税收事先裁定制度、预约定价安排制度、国际投资仲裁机构等。

第四,鼓励“走出去”企业勇于应对税收争议。“走出去”企业难以避免税收争议的产生,只有敢于面对税收争议、积极化解税收争议的企业才能“走得稳”“走得远”。为此,中国政府需要出台相应政策鼓励“走出去”企业积极主动解决税务争议。一方面,“走出去”企业身为中国税收居民,具有向中国政府纳税的义务。其面临的税务争议可能会损害中国的税收利益,鼓励企业应对税收争议有利于维护中国的税收主权。另一方面,企业自身解决税务争议成本高昂,如巴拿马分公司花费 10 多年时间精力来解决与巴拿马城税务局的税收争议。部分企业可能因为预计的税务争议解决成本较高而放弃维护自身合法权益,或者采用违背商业道德的方式解决税务争议。这样做既损害企业自身利益,又损害中国的税收利益。另外,企业妥善解决税收争议具有正外部效应,不仅能树立中国企业的正面形象,而且为中国其他企业在此地投资发展提供便利。为此,中国政府可考虑从税收、投资优惠等方面补偿和鼓励企业主动积极解决税收争议。甚至可考虑设立税务争议解决资金,专门用于支持“走出去”企业解决跨境税务争议。

党的二十大报告提出要“深度参与全球产业分工和合作，维护多元稳定的国际经济格局和经贸关系”。因此，中国企业必须勇于“走出去”。企业“走出去”可深度参与全球产业分工和合作，从而推动贸易和投资自由化、便利化，为构建人类命运共同体贡献中国力量。但因各国经济发展水平、历史文化、税制结构、税收治理水平等因素的差异，跨国税收争议难以避免。为保障中国企业“走出去”“走得稳”“走得远”，需探索建立合理有效的税收争议解决机制。

关于受票企业能否对针对开票企业作出的处罚决定提起行政复议的再审案例评析

刘志强　郑　顺*

一、前言

2021年笔者根据代理的二审案件就受票企业能否对针对开票企业虚开增值税专用发票(以下简称专票)作出的处罚决定提起复议进行了分析,此后,受票企业向重庆市高级人民法院(以下简称重庆高院)申请了再审,并于再审程序中举证了广东省高级人民法院(以下简称广东高院)最新的类案判例供重庆高院参考。重庆高院审查后,未采纳广东高院的审判观点,驳回了受票企业的再审申请。由此,两地高院采取了完全不同的裁判观点,说明在司法实践中对此并未达成统一观点,两院的裁判文书值得进一步研究。

增值税是以商品或劳务在流转过程中产生的增值额作为征税对象的流转税,通过"以票控税",国家参与到了每一个流转环节,专票除具有商事凭证的功能外,更重要的功能是可作为税收抵扣凭证。因增值税长期以来都是第一大税种,所以我国对专票管理一直非常严格。在现实中,若上游开票企业被认定为虚开,常会因此"连坐"下游受票企业,从表面上看,受票企业因此便与上游虚开认定有了利害关系。那么,受票方可否以存在利害关系为由,直接以开票方的税务机关为对象提起独立的行政复议或诉讼呢?问题的关键在于判断受票方与开票方虚开专票的认定或处罚是否有利害关系。明晰此问题,有助于实现依

---

* 刘志强,泰和泰律师事务所高级合伙人;郑顺,泰和泰(重庆)律师事务所律师。

法保障税款安全和保护纳税人合法权益的有机统一,同时,对进一步完善专票监管制度,厘清监管各环节的权责,纳税人准确理解法定救济途径,及时正确维护自身合法权益,均有重要意义。

二、案情简介

原告:深圳嘉晟供应链股份有限公司(以下简称嘉晟公司)

被告:国家税务总局重庆市税务局(以下简称重庆市税务局)

一审法院:重庆市沙坪坝区人民法院(以下简称沙坪坝区法院)

二审法院:重庆市第一中级人民法院(以下简称重庆一中院)

再审法院:重庆高院

2015 年 7 月至 10 月,嘉晟公司按照出口服务协议为金佛果公司提供了代办外贸及退税等服务。2016 年 11 月,原潼南区稽查局根据税务总局稽查局推送的协查函,对金佛果公司开展调查,发现该公司并未开展生产经营,也无法联系到公司负责人。原潼南区国税局经集体审理后认定金佛果公司为走逃(失联)企业,构成虚开专票,并向包括嘉晟公司在内的所有受票企业所在地主管税务机关发送协查函,并附《已证实虚开通知单》(以下简称《虚开单》)等协查资料。

深圳市一稽局接到协查后决定对嘉晟公司 2015 年全年涉税情况进行检查。嘉晟公司认为自己与《虚开单》之间存在利害关系,向法院提起诉讼,要求撤销《虚开单》。法院经审理认为《虚开单》属于税务局之间的内部行政行为,未外化,不对嘉晟公司的权利义务产生影响,驳回了嘉晟公司的起诉。嘉晟公司不服提出上诉,重庆一中院二审审理后驳回了嘉晟公司的上诉。

2019 年 12 月 13 日,重庆市税稽一局对金佛果公司作出了《税务行政处罚决定书》(以下简称《处罚决定》),认定该公司属于走逃(失联)企业,购销不匹配且无委托加工情况,并查明其有向嘉晟公司在内的 8 家企业虚开专票的事实,决定罚款 50 万元。嘉晟公司在获知网上公示的处罚信息后,认为与《处罚决定》有利害关系,提起复议,要求撤销《处罚决定》中事实部分关于向嘉晟公司虚开专票的认定。重庆市税务局认为嘉晟公司与《处罚决定》不存在利害关系,不予受理复议申请。

嘉晟公司向法院诉请撤销不予受理决定,认为:《处罚决定》与其具有利害关系,其有权提起复议;其与金佛果公司之间有真实的委托出口交易,不存在虚开专票的情形;重庆市税稽一局未对嘉晟公司展开调查,也未通过协查程序让嘉晟公司加入调查程序中,就认定为对外虚开,程序严重违法。

重庆市税务局答辩认为:《处罚决定》是对金佛果公司的违法行为作出的行政处罚,与嘉晟公司没有利害关系,其合法权益并不会因为《处罚决定》直接受到减损。对金佛果公司虚开专票违法事实的认定并不必然产生嘉晟公司被认定为虚开发票的违法后果,嘉晟公司的权益应向其主管税务机关主张,不予受理是正确的。

一审法院认为:《处罚决定》认定金佛果公司对嘉晟公司等企业虚开专票,此种认定将导致嘉晟公司取得的相应专票被列入异常凭证范围,面临不利的税收监管影响。虽然,嘉晟公司对税务机关认定的异常凭证有异议,可以向其主管税务机关提出异议和申请核实,但被认定为异常凭证后,嘉晟公司即将面临不利法律影响后果。所以,嘉晟公司与《处罚决定》具有利害关系,一审判决撤销不予受理决定。

重庆市税务局上诉认为:嘉晟公司与《处罚决定》没有行政法上的利害关系,其无权提起行政复议。上游税务机关在对金佛果公司的调查中,按照规定仅需向受票方的主管税务机关发送内部协查函及《虚开单》和资料,受票方的主管税务机关以《虚开单》作为案源文件对受票企业进行检查后决定是否处理。《处罚决定》不会抄送给嘉晟公司的主管税务机关,影响不是《处罚决定》导致的,而是国家税收征管政策导致的。专票的监管链条是独立的,开票方被认定虚开,不等于受票方就是虚开。行政处罚的对外拘束效力仅限于决定结论部分,事实部分并不会对合法权益产生影响,嘉晟公司不能仅对事实部分单独提出复议。现行税收征管法律法规均没有赋予重庆市税稽一局对嘉晟公司的监管权和调查权,一审判决将产生严重的行政程序冲突和税务机关的权责不一致,受票企业越过主管税务机关申请复议势必导致我国发票管理秩序发生严重混乱,也是在变相规避征税争议复议中先履行税款保障措施的义务,此种方式危害税款安全,不应支持。

嘉晟公司二审答辩认为:一审判决正确,《处罚决定》认定金佛果公司对外虚开专票的事实,必将导致嘉晟公司面临不利的法律后果,异常凭证的救济途径不适用虚开发票。利害关系包括已经发生和将来发生的不利影响,《处罚决定》属于将来不利影响的范围。《处罚决定》属于具有公定力的生效行政决定,下游税务机关在对嘉晟公司进行调查时,必将遵守已经生效的行政决定,嘉晟公司必将面临主管税务机关的不利认定。

二审法院认为:利害关系不能随意作扩大解释,应仅限于行政法上的直接利害关系,否则,易导致行政诉讼路径混乱。行政处罚产生对外约束力仅限于处罚结论部分,事实认定部分一般不具有对外法律拘束力。根据税收法定原则,纳税人的税收监管和发票管理由主管税务机关负责。嘉晟公司若确有寻求救济途径的必要,应向主管税务机关主张。从维护税收征管秩序稳定而言,若赋予下游企业对上游企业的主管税务机关作出的处罚决定中事实认定部分单独复议或诉讼的权利,将会导致诉权泛化,造成行政行为处于不确定状态。因此,嘉晟公司与《处罚决定》不具有法律上的利害关系,二审法院裁定撤销一审判决,驳回起诉。

深圳市一稽局于2021年10月14日根据《虚开单》,认定嘉晟公司受票为虚开,并作出《处理决定》追缴嘉晟公司出口退税1000余万元。

嘉晟公司于2021年11月向重庆高院申请再审:除了坚持与《处罚决定》存在利害关系外,还认为《处理决定》作为再审新证据进一步证明了利害关系,《处罚决定》与《处理决定》存在因果关系,属于内部行政行为外化,只有纠正《处罚决定》,才能纠正《处理决定》。重庆市税稽一局以没有管辖权为由不接受嘉晟公司的举证属于逃避责任,其直接向重庆市税稽一局主张权利不会导致行政秩序混乱,反而有利于保护纳税人的权益。嘉晟公司还于再审审查中以广东高院作出的(2021)粤行再3号《行政裁定书》举证,该裁定书认为受票企业与上游税务机关对开票企业的虚开认定决定结论存在法律上的利害关系,具有行政诉讼原告资格。

重庆市税务局再审答辩认为:嘉晟公司与《处罚决定》不存在利害关系,《处理决定》未引用《处罚决定》,两决定之间没有因果关系;广东高院审理的案件案情与本案有所不同,该案中税务机关作出的处理决定是直接以决定结论的方式,将开票企业对受票企业开具专票的行为,定性为虚开,而行政决定的结论部分对外具有拘束力,进而可能影响案外人的权利义务,而在本案的《处罚决定》结论部分仅涉及对金佛果公司的罚款。

再审审查认为:利害关系是指行政法上的直接利害关系,本案《处罚决定》的事实认定是重庆市稽查一局经过调查后对金佛果公司违法事实作出的独立认定。深圳市一稽局作出《处理决定》也是独立的行政行为,若《处理决定》以《处罚决定》认定的相关事实为基础,嘉晟公司可以向深圳市一稽局陈述、申辩,并可以举证推翻,故嘉晟公司与《处罚决定》并无法律上的利害关系,重庆高院裁定驳回嘉晟公司的再审申请。

三、法理评析

本案争议焦点为:下游受票企业与上游企业主管税务机关的虚开认定和行政决定是否有利害关系。

一般来说,上游企业开具专票被认定为对外虚开,下游受票企业则有接受虚开的嫌疑,将面临做进项税额转出、补缴税款等不利局面,还可能会面临税务检查,一旦被认定为接受虚开,将面临更加严重的法律后果。在本案中,开票方金佛果公司被认定为虚开,嘉晟公司根据监管政策规定,应返纳相应已退税款;而且,金佛果公司被认定为走逃(失联)企业,根据税务总局关于走逃(失联)企业涉嫌虚开专票的规定,嘉晟公司取得异常凭证,暂不能抵扣或办理退税,已经申报抵扣的,一律先做进项税额转出。由此来看,上游被认定为虚开,确实会对下游受票企业造成重大影响,但这种影响是否就是行政法上的利害关系呢?笔者分析如下:

(一)行政诉讼法上的原告利害关系之判断标准

2014年《行政诉讼法》修订,新规定利害关系可作为原告主体资格的判断标准,而行政复议和行政诉讼上的利害关系本质上是一致的。

1.《行政诉讼法》中利害关系的释义

全国人民代表大会常务委员会法制工作委员会编著的《中华人民共和国行政诉讼法释义》一书对利害关系的解释是:本次修改没有采用“法律上的利害关系”或“直接利害关系”,而采用“利害关系”标准,主要是为了解决行政诉讼中立案难问题。采用利害关系作为标准,有助于司法实践根据实际需要,将应当纳入受案范围的行政争议纳入受案范围。但利害关系也并非漫无边际,需要在实践中根据具体情况作出判断。但此书对利害关系的释义不具有普遍性,认为需要司法机关在司法实践中根据实际需要确定。

2. 司法解释对利害关系的解释

最高人民法院《关于进一步保护和规范当事人依法行使行政诉权的若干意见》(以下简称《行政诉权意见》)第 11 条将利害关系进一步明确为"当事人权利义务的增减得失密切相关"和"诉讼中是否确实具有值得保护的实际权益"的两个原则性规定,第 13 条又规定"明显不具有诉讼利益、无法或者没有必要通过司法渠道进行保护的起诉"不予受理。

2018 年最高人民法院《关于适用〈中华人民共和国行政诉讼法〉的解释》第 12 条对《行政诉讼法》第 25 条利害关系作了进一步解释。权威的《最高人民法院行政诉讼法司法解释理解与适用》一书认为认定利害关系要把握四个要件:一是原告主张的必须是权利或类似权利的利益;二是权益归属于原告;三是权益损害实际存在而非主观臆想;四是原告主张的权益受到行政规范的保护,即原告主张的利益,从规范或者规范目的来看,行政机关在作出行政行为时,本来也应在考虑范围内。但该书对利害关系的定义仍然比较原则,在实践中不容易把握。

3. 司法实践中利害关系标准的认定

最高人民法院在(2016)最高法行申 2560 号案件中认为:利害关系是否可能受到行政行为的不利影响,要考虑三个要素,即是否存在一项权利,是否属于原告的主观权利,是否可能受到了被诉行政行为的侵害。最高人民法院在(2017)最高法行申 169 号案件中认为:利害关系限于法律上的利害关系,不能扩大理解为所有直接或者间接受行政行为影响的人,且不包括反射性利益受到影响的人;原告是否存在诉的利益,即行政机关作出行政行为时是否需要考虑和保护的法律上的权益,应当从整部法律体系上进行综合分析判断。最高人民法院在(2017)最高法行申 24 号案件中认为:根据程序正当原则,复议机关应当听取利害关系人的意见;未将利害关系人列为行政复议第三人听取其意见的,属于违反法定程序的情形。

第一巡回法庭2017年第2次法官会议纪要显示法官在讨论(2017)最高法行再41号案时认为:利害关系应以可能性为标准,只要原告的主张与被诉行政行为存在利害关系的可能性即具有利害关系。第一巡回法庭2019年第3次、第8次法官会议纪要显示法官对(2019)最高法行再107号案件讨论时认为:利害关系既不能过分扩大理解,也不能过分限制理解,将可能性扩展到必须有充分证据证实被诉行政行为影响其实体权利。对于利害关系的认定需要综合考虑案件情况以及当事人的诉讼请求,将当事人是否具有法律保护的权益作为判定当事人是否具有原告资格的重要标准。在确定原告资格时,要以行政机关作出行政行为时所依据的行政实体法是否要求行政机关考虑和保护原告诉请保护的权利或法律上的利益,作为判断是否具有利害关系的重要标准。行政实体法应当作为一个体系进行整体考察,即不能仅考察某一个法律条文或者某一个法律法规,而应当参照整个行政实体法律规范体系、该行政实体法的立法宗旨和目的、作出被诉行政行为的目的和性质,来进行综合考量,从有利于保护公民、法人或者其他组织的合法权益的角度出发,对利害关系作出判断,以提高行政争议解决效率、降低当事人维权成本。

上述最高人民法院案例和会议纪要中的关于利害关系的论述,为司法实践中判断利害关系的权威司法观点,具有很强的司法指引作用。

4. 利害关系之诉的利益的判断标准

因利害关系的规定原则性太强,司法实践中不好把握,各法院理解差异很大,最高人民法院又在《行政诉权意见》和《最高人民法院行政诉讼法司法解释理解与适用》中明确了利害关系还要考虑诉的利益,即表面上看起来有利害关系,但若无诉的利益,也不属于具有利害关系。最高人民法院在(2017)最高法行申169号和(2019)最高法行再107号案件中也论述了诉的利益作为原告资格审查的观点。最高人民法院行政庭主编的《行政执法与行政审判》(总第76集)中的《行政诉讼中诉的利益的判断与审查》,以及《人民司法》(2022年第1期)中的《论行政诉讼中诉的利益的审查路径》都对如何审查诉的利益进行了论述,都明确不具有诉的利益的,不属于法院受案范围。明确反射性利益不属于诉的利益范围,诉的利益要考虑效率性,排除无效率的权利保护,即原告能以其他更简便的途径实现目的,或原告诉讼目的无法实现,或胜诉没有实际意义的,原告也不具有诉的利益,不具有原告主体资格。

(二)受票企业对上游企业的虚开认定是否有复议或原告主体资格?

根据立法者和司法实践中关于利害关系的观点,笔者对此分析如下:

1. 上游税务机关出具《虚开单》《处罚决定》是否存在内部行政外化?

有观点认为:如下游税务机关直接依据《虚开单》或《处罚决定》向下游企业作出行政决定或采取其他监管措施,此时,下游税务机关的行为便侵犯了相对人的权益,根据最高人民法院指导案例22号“魏永高、陈守志诉来县人民政府收回土地使用权批复案”(以下简称指导案例22号),行政管理部门上下级间的批复被付诸实施,并对相对人产生实际影响属于内部行政行为外化,相对人可对此提起行政诉讼,本案中,嘉晟公司也主张此观点,但笔者认为该观点是错误的。

首先,内部行政行为外化需要内部行政行为之间有法定连接点,如指导案例22号的批复,是上下级之间的法定的内部行政行为连接点。以本案来看,仅《虚开单》作为协查文件是要发送给下游税务机关的,《处罚决定》不需要发送,由此,《处罚决定》不属于内部行政行为连接点,故不存在内部行政行为外化的情形,而仅出具《虚开单》属于内部行政行为。

其次,指导案例22号中的关键词为“批复”,根据公文规定,批复适用于答复下级机关请示事项。也就是说,该指导案例的批复构成内部行为外化,指的是下级机关未对外作出直接将上级批复付诸实施的行政决定,因上级机关的决定下级机关必须遵守,必须撤销上级的决定行政相对人才能得到救济,此时行政相对人才有权对批复提起复议或诉讼。但专票监管的上下游税务机关无上下级关系,不存在上游税务机关的协查文件或行政决定下游税务机关必须遵守的情形。所以,若下游税务机关未经调查取证和听取纳税人的陈述申辩,直接依据《虚开单》或《处罚决定》向下游企业作出行政决定,属于下游税务机关严重违法,应当主张撤销下游税务机关的行政决定,而不是依据内部行政行为外化提起行政诉讼。并且,内部行政行为外化有较严格的适用条件,在(2016)最高法行申275号案件中,下级机关将上级批复转为自己对外决定后,最高人民法院就没有支持内部行政行为外化。

2. 受票企业与上游《虚开单》或《处罚决定》是否有利害关系?

(1)《虚开单》《处罚决定》是否与嘉晟公司权利义务的增减得失密切相关?

第一,上游税务机关调查开票方虚开情况时,按照规定仅需向受票方的主管税务机关发送协查函附《虚开单》和相关证据等,请求下游税务机关协查受票方案涉专票的相关情况,上游税务机关根据协查反馈结果决定是否将其作为对开票方调查处理的证据使用。但《处罚决定》不会发送给下游税务机关,下游税务机关在法律上对该《处罚决定》是不知晓的,自然也谈不上《处罚决定》对下游受票企业产生了影响。

第二,嘉晟公司面临的税收监管不利影响不是《处罚决定》导致的,在其主管税务机关收到《虚开单》时,按照专票监管政策的规定,就已经将其抵扣的金佛果公司的专票认定为异常凭证。根据《税务稽查案源管理办法(试行)》的规定,《虚开单》属于稽查案源性文件,导致嘉晟公司被认为接受异常凭证和面临税务检查的导火索是《虚开单》,而不是《处罚决定》,且纳税人接受税务机关检查是法定义务,不能因被税务机关检查就主张与《处罚决定》或《虚开单》有利害关系。

第三,行政处罚的对外拘束效力仅限于处罚决定的结论部分,原则上不包括作出决定所依据的事实。本案《处罚决定》的决定部分是对金佛果公司罚款,而嘉晟公司复议要求撤销的是对金佛果公司部分违法事实认定。如果将行政处罚的事实认定部分纳入拘束效力的范围内,就意味着这些事项在该行政处罚未被依法撤销之前,任何法律程序均无权再进行审查。但在不同的法律程序中,往往可能涉及对同一或者相关联事实的认定及法律适用问题,不同的法律程序的主导机关有责任基于在自己主导的程序中搜集的证据以及举证责任原则查明案件事实,否则,就会给不同法律程序的正常进行造成混乱。因此,对行政处罚的事实认定不能产生单独的诉权或复议权,若对此赋予单独的诉权或复议权,行政处罚事实部分所关联的主体与行政处罚就有利害关系,这些主体就均应当作为利害关系人参加行政处罚程序,否则,行政处罚将面临严重的程序违法,这显然与行政处罚法的基本原理不相符,必然会导致诉权和复议权的泛化,造成行政行为处于不确定的状态。基于此,行政处罚的事实认定中所涉及的关联主体,原则上不应是该行政处罚的利害关系人。

第四，开票方被认定为虚开，不等于受票方也构成虚开。根据国家税务总局《关于纳税人善意取得虚开的增值税专用发票处理问题的通知》的规定，即使有真实交易，也可能存在受票方善意取得虚开专票的情形。在金佛果公司被认定为虚开的情形下，如果受票方嘉晟公司与其有真实交易，且不存在让他人为自己虚开的主观故意，受票方属被动接受虚开发票。经受票方主管税务机关检查后，若没有证据表明受票方知道开票方提供的专用发票是以非法手段获得的，且货物交易行为真实、发票内容一致，资金结算相符则应归于善意取得虚开专票。金佛果公司属于走逃（失联）企业，查证必然非常困难，重庆市税稽一局只能根据金佛果公司的购销和资金流等情况综合分析得出对外虚开的结论，受票方嘉晟公司不能仅凭其与金佛果公司购销属实就否定开票方金佛果公司属于走逃（失联）企业，构成虚开专票。

（2）嘉晟公司是否对《虚开单》《处罚决定》具有诉的利益？

第一，根据税收监管政策，下游税务机关在收到《虚开单》后，就会对受票企业涉嫌的问题采取相应措施。可见，这种后果不是《处罚决定》或《虚开单》对嘉晟公司设立义务或侵害其权益所导致的，而是专票监管应有之义，是国家为了最大限度地保护税款和打击专票违法行为所设立的针对全体纳税人的特殊税收管控公共政策导致的。实施该公共政策给个体带来的利益或影响，即属反射性利益，当事人对此无诉的利益。

第二，《处罚决定》不会发送给嘉晟公司的主管税务机关，其面临的后果是《虚开单》引起的，《处理决定》中引用的也仅是《虚开单》而没有引用《处罚决定》。所以，嘉晟公司申请撤销《处罚决定》即使成功，也达不到诉讼目的，申请撤销《处罚决定》也就没有实际意义。另外，根据《税收违法案件发票协查管理办法（试行）》的规定，《虚开单》和协查函、委托调查表等协查文件是一个整体，《虚开单》仅是上游发送的内部协查文件的一部分，无法单独撤销。所以，根据《行政诉权意见》第 13 条的规定，嘉晟公司对此不具有诉的利益。

第三，当事人仅能就法院判决结果不服提起上诉，而不能仅就判决查明的事实不服提起上诉，原因在于当事人对判决查明的事实不具有单独的诉的利益。同理，行政处罚的对外拘束效力仅限于处罚决定的结论部分，原则上不包括作出决定所依据的事实，也就是说，对于行政决定的事实不存在单独的诉的利益。本案中,嘉晟公司复议要求撤销的是《处罚决定》违法事实认定部分,而不是处罚结论,自然也就不存在诉的利益。

第四,《处罚决定》《虚开单》不能作为受票方主管税务机关的决定依据,嘉晟公司有向主管税务机关充分举证保障自己权益的法定途径。受票方的主管税务机关在收到《虚开单》后,要根据自己的检查和调查结果作出独立的决定。如果被主管税务机关调查,嘉晟公司认为自己没有接受虚开,其与金佛果公司有真实交易,应在主管税务机关的调查中申辩并提供相关证据,经查符合相关条件的可抵扣税费、出口退税且不受行政处罚。国家税务总局《关于异常增值税扣税凭证管理等有关事项的公告》和《企业所得税税前扣除凭证管理办法》等都规定了救济途径。所以,嘉晟公司能以其他更简便的途径实现目的,根据诉的利益的效率性标准,嘉晟公司对《处罚决定》《虚开单》也不具有诉的利益。

第五,开票方和受票方的主管税务机关分别有独立的监管权,从税法整体上进行综合分析,税务机关根据各自权责在独立专票监管链条中都不需要考虑和保护其他链条中纳税人的权益。若嘉晟公司有重庆市税稽一局作出《处罚决定》时需要考虑的利害关系,该局就要专门针对嘉晟公司的交易真实性和是否具有主观善意进行调查。嘉晟公司在本案中认为其应当加入金佛果虚开的调查程序。但从现行税收征管法律法规来看,重庆市税稽一局对嘉晟公司没有调查取证权,受票方也无权加入开票方的虚开调查程序。重庆市税稽一局若列嘉晟公司为利害关系第三人进行税务检查,将产生严重的行政法上的程序冲突问题,导致税务机关的权责不一致,还会侵犯嘉晟公司主管税务机关的行政主管权,从而导致两个税务机关的检查权冲突。另外,若嘉晟公司需要加入本案行政程序,那么其他的受票企业按照同样的道理都要加入本案调查程序,重庆市税稽一局也同样需要对每个受票企业进行调查核实,但现行税收征管法律法规仅规定了主管税务机关之间的协查程序,并没有规定重庆市税稽一局可以直接越过嘉晟公司的主管税务机关对嘉晟公司进行调查,也没有规定嘉晟公司可以直接向重庆市稽查一局申辩和举证。由此可见,嘉晟公司没有参与上游税务机关调查程序的权利,其利益也不是重庆市税稽一局处罚金佛果公司时需要考虑的对象,《处罚决定》自然与嘉晟公司没有利害关系。嘉晟公司的申辩和证据只能向主管税务机关提出,由其主管税务机关依法调查,才符合税收征管法律法规的相关规定。同时,在虚开专票案件中,可能涉及全国各地众多开票和受票企业,若认为这些企业都有利害关系,那么办案的税务机关就要将这些企业都列为第三人,向每一家企业逐一核实,必然造成行政效率低下,不利于及时高效处理税务违法案件,不符合行政效率原则。基于此,嘉晟公司也没有诉的利益。

第六,对于退税、抵扣税款等纳税争议,申请人必须根据规定先行缴纳或者解缴税款,或者提供相应的担保后才可申请行政复议。嘉晟公司于本案中明知退税和抵扣税款产生争议应当向主管税务机关的上级税务机关提出复议,却无视税务复议管辖规定,直接向重庆市税务局申请行政复议,实质是变相规避税务行政复议前置程序中的缴纳、解缴税款或提供担保的义务履行行为。税务行政复议前置程序中规定的纳税人的此项义务,是税收征管法律法规为了保障国家税款的安全设立的保障机制,若受票企业都如嘉晟公司一样不履行上述义务,直接越过主管税务机关向上游税务机关以专票受票人就是利害关系人为由提起行政复议,将导致该税款安全保障机制失灵,此种变相规避税务复议中义务的行为,可能损害国家税款利益,也不应当有诉的利益。

(三)重庆高院与广东高院审判差异分析

嘉晟公司举证的广东高院(2021)粤行再3号案件与本案重庆高院采取了完全相反的裁判观点,笔者认为主要有以下原因:

首先,该案《处理决定》是直接以决定结论的方式认定上游企业属于对外虚开,与本案《处罚决定》仅在事实部分阐述对外虚开的违法事实情况完全不同,行政决定的结论部分对外是有拘束力的,可能对案外人的权利和义务造成影响。在(2021)粤行再3号案件中,原告诉请撤销的是行政决定的结论部分,而不是事实部分。

其次,第一巡回法庭2019年第3次、第8次法官会议研讨的(2019)最高法行再107号案件就是对广东省该案件的改判,且该案件的原审两级法院与(2021)粤行再3号案件的二审和再审法院是相同的。在(2019)最高法行再107号案件中,住建厅作出的对建筑公司的处罚决定在违法事实部分对销售不合格建筑材料的材料商直接作出了负面评价,第一巡回法庭认为材料商可能因该处罚决定受到行政处罚,材料商与处罚决定有利害关系,指出二审认定材料商与处罚决定不具有利害关系的观点错误,进而撤销了广东高院二审裁定。

再次,前面论述过,处罚决定的事实部分原则上对外不具有拘束力,但在(2019)最高法行再107号案件中,质监站作出质量报告认为材料商提供的材料存在质量问题,住建厅在对建筑公司立案后直接采用了质量报告,并在处罚决定中直接引用,且在处罚决定事实部分对材料商进行负面评价,等同于形成了行政结论,必然对材料商产生不利影响,此事实认定对材料商是有一定拘束力的。虽然该案处罚决定直接对材料商进行负面评价,与《处理决定》中仅对开票企业对外虚开进行认定,需要根据税收政策文件转化后才可能对受票企业产生影响的情形不同,但广东高院很有可能受到了第一巡回法庭改判案件的影响,进而认定对开票企业作出的《处理决定》与受票企业有利害关系。

最后,需要指出的是,(2019)最高法行再107号案件的原审一审法院即广州铁路运输中级法院认为材料商与处罚决定有利害关系,住建厅未对材料商进行调查,未听取材料商的申辩和陈述属于程序违法,判决撤销了处罚决定。虽然第一巡回法庭于再审中也认为有利害关系,也认为住建厅在对建筑公司的处罚中未告知材料商参与调查,不利于对材料商权益的保护,但是同时认为鉴于现行法律法规并未规定在建设工程质量监管中建设行政主管部门需要通知材料商参与调查处理或材料商享有陈述、申辩的权利,所以住建厅的处罚程序是合法的,再审也撤销了一审判决,驳回了材料商的诉讼请求。同理,本案中嘉晟公司也主张未让其参与对金佛果公司的调查中,未给予其陈诉、申辩和举证机会,重庆市稽查一局调查程序严重违法,但现行税收征管法律法规也并未规定受票企业有参与税务机关对开票企业调查的权利,重庆市稽查一局调查程序是合法的。

四、结论与启示

综上分析,可以得出以下几点结论:(1)上游税务机关出具《虚开单》《处罚决定》并不存在内部行政外化问题,若下游税务机关直接以《虚开单》《处罚决定》为处理处罚依据,属于行政行为违法。(2)税收征管法律法规没有赋予重庆市税稽一局对嘉晟公司的调查权,嘉晟公司于本案中复议的利益,不是重庆市税稽一局作出《处罚决定》时需要考虑和保护的法律上的权益。(3)嘉晟公司和金佛果公司专票监管的链条是独立的,开票方和受票方的主管税务机关有独立的调查权和决定权,开票方的处罚决定不能作为受票方的处罚依据,嘉晟公司有向其主管税务机关充分举证保障自己的权益的法定途径。(4)《处罚决定》的事实认定部分不会对嘉晟公司在其主管税务机关调查中造成影响。若对《处罚决定》的事实认定部分都赋予单独的复议权或诉权,将导致复议权或诉权泛化。(5)嘉晟公司所述的面临的税收不利影响,并不是《处罚决定》《虚开单》直接导致的,嘉晟公司认为受到《处罚决定》《虚开单》影响的利益,实质是反射性利益。(6)嘉晟公司的目的是退税和抵扣税款,但撤销《处罚决定》并不能达到其复议或诉讼目的,《虚开单》属于协查文件的一部分也无法被单独撤销,故不具有诉的利益。(7)对征税行为提起复议必须先行缴纳或者解缴税款,或者提供相应的担保,嘉晟公司越过主管税务机关向重庆市税务局申请复议,将会导致税务行政复议中的税款保障机制落空。由此,嘉晟公司与本案《处罚决定》的事实认定部分不具有利害关系,也没有诉的利益,重庆高院裁定驳回嘉晟公司的再审申请是正确的。但若按照广东高院的观点,在特定情况下,下游企业可就上游税务机关作出的处理决定的结论部分享有诉权。虽然广东高院与重庆高院裁判观点不同,但从某种程度上来说,广东高院案例对受票企业保障自己权益是有借鉴意义的,对税务机关完善自身调查、处理与处罚、监管程序,厘清监管链条的权责,审慎作出行政决定有积极促进意义。

本案的启示意义在于:明确了受票方与开票方受到的虚开处罚和事实认定没有法律上的利害关系,厘清了专票监管链条上的权责,明确了开票方和受票方在虚开专票案件中各自的法律救济途径,但在特定条件下受票方也可参照广东高院的案例寻求救济。税收监管政策对受票企业"先处理、后核实"的做法备受争议,但在如今虚开专票越来越高发和有泛滥趋势的情况下,对于有高度嫌疑的接受虚开的受票企业,采取严厉打击虚开偷税措施和强有力的税款保障措施,是非常必要的。但国家税务总局《关于异常增值税扣税凭证管理等有关事项的公告》也考虑到受票方的权益,对异常凭证的认定有所限制并增加了救济途径。针对出口退税管理上下游责任不清的问题,也已经有人向全国人大提出了建议,国家税务总局在《对十三届全国人大三次会议第3020号建议的答复》

中也说明,后续要健全增值税发票和出口退税监管体系,最大限度减少对正常经营企业的影响,这说明我国的相关监管体系正在逐步建立和完善中。

在专票强力监管的大背景下,特别是金税四期系统启用后,发票监管必然会越来越严格,发票违法行为也越来越容易被税务机关发现,这要求企业必须做好专票的法律风险防范,否则法律后果是非常严重的。例如嘉晟公司,经查询已经于2023年1月自行申请破产,并被法院受理,被认定为接受虚开继而被处理应该是申请破产的重要原因。要避免此类法律风险:首先,企业要从思想上重视虚开发票问题,交易前应对交易对象做必要的调查,如经营规模、纳税资格、产销情况等,警惕收到虚开发票;其次,企业在收到专票后,要立即到税务机关官方网站上进行核验,如果发现问题,必须要求重开,并及时进行税务举报;再次,必须保存好相关业务活动的协议、货物运输证明资料、货物库单、企业会计核算记录等证据,以证明交易和支出的真实性,若开票方被认定为虚开,企业可凭这些有效证据,证明自己作为受票方没有虚开行为,避免因专票监管政策遭受影响和损失;最后,在收到税务机关的检查通知或知晓开票方被认定为对外虚开后,要及时请律师、税务师介入案件,积极与主管税务机关沟通,通过正确的法律途径及时向主管税务机关申辩和提交证据,维护自身合法权益,最大限度地减少损失。

民办非营利性高校税收优惠政策适用案例评析

——以长沙某学院税收征管案件为例*

胡耘通　郭鑫波　陈　政　朱立闯　梁少松**

一、前言

(一)背景介绍

民办高校是指企事业组织、社会团体及其他社会组织和公民个人,利用自己的力量筹集教育经费,面向社会举办的高等学校及机构。民办高校属于我国非公高校的一部分,具体分为两种类型:一种是举办者要求取得合理回报,另一种则是完全以公益为目的、不求回报。2016 年 11 月修正的《民办教育促进法》(以下简称《民促法》)对民办学校的办学性质进行了全面规范,将其划分为非营利性和营利性,分类管理的"二元格局"逐渐形成。截至 2021 年,民办非营利性高校(以下简称民非高校)的数量和在校生规模占据全国普通高校和在校生的 1/4 左右,在扩大教育资源供给、增加多样化教育选择以及促进教育体制创

---

* 该案件发生在 2021 年 5 月,长沙某学院与国家税务总局长沙市税务局第三稽查局关于是否享受税收优惠产生争议,一直未得到妥善解决。长沙某学院遂于 2022 年 4 月向长沙铁路运输法院起诉长沙市税务局第三稽查局,已立案受理。但截至 2023 年 6 月,相关判决信息未能公开查询。课题组认为民非高校税收优惠政策适用案件具有典型性和代表性,值得深入探讨和分析。

** 胡耘通,西南政法大学教授,博士生导师;郭鑫波,西南政法大学硕士;陈政,西南政法大学硕士;朱立闯,西南政法大学硕士;梁少松,西南政法大学硕士。

新等方面均发挥了举足轻重的作用。

对于很多民非高校而言,从设立时起就较少关注税款缴纳问题。长沙某学院税款征收案件的发生,引发对民非高校涉税问题的深入思考。长沙某学院作为一所民办普通高校,学费、住宿费收入被税务机关要求补税,极易引发其他民非高校的群体性忧虑。长沙某学院在请愿信中提及"公立学校的学费、住宿费与非营利性民办学校在性质上是一样的,因此也应该享有同等的税收优惠政策",这究竟是民非高校的合法诉求,还是对相关法律的误读?教育部是学校等单位的主管部门,但税收是税务机关的专属领地,不能单纯地用教育部门的规定来规避自身的纳税义务。因此,民非高校是否享受与公办学校同等的税收优惠政策,民非学校是否享有免税资质,所获取的收入是否为免税收入,如何保障民办非营利税收权利的正当行使等需要深入探讨。

(二)研究意义

党的二十大强调,教育是全面建设现代化国家的基础性、战略性支撑,要引导规范民办教育发展。民办教育作为教育体系中不可缺少的一部分,在国家人才培养战略中发挥着重要的作用。近年来,国家为促进民办教育的发展有针对性的给予了诸多政策支持。税收政策作为国家调控的重要手段,在民办教育领域同样具有引导作用。通过本案例的研究,希望梳理清楚民非高校涉税优惠政策的具体适用情形,为税收政策的科学、合理制定以及完善提供理论支撑。与此同时,各地区税务机关针对民非高校以及税收征管存在理解分歧、执法不一等情形,需要针对焦点问题给予可行的论证及思考,指导税务机关的执法统一,真正维护税收公平、提高税收效率,发挥税收在国家治理现代化中的基础性、支撑性、保障性作用。

二、案情简介

(一)主体信息

长沙某学院位于湖南省长沙市,是经教育部批准的民办全日制普通高等学校。2016年11月修改后的《民促法》规定:民办学校的举办者可以自主选择设立非营利性或者营利性民办学校,但不得设立实施义务教育的营利性民办学校。长沙某学院于2017年向民政局申请成为民非高校。2022年长沙某学院收费情况为:本科生学费3万~4万元,专科生学费2万~3万元,住宿费为每人每年2000元。

(二)主要案情

2022年1月13日,国家税务总局长沙市税务局第三稽查局向长沙某学院下达《税务处理决定书》(长税三稽处〔2022〕×号),要求该校补缴2016年1月1日至2020年9月30日各项税款3.5亿多元及相应滞纳金。其中政府下拨给贫困学生的奖学金、贫困助学金均属于征税范围,学校购买的仪器、设备、设施、土地、房屋不作为学校支出,需要按年分摊缴纳企业所得税。长沙某学院不服《税务处理决定书》,向国家税务总局长沙市税务局提出行政复议,长沙市税务局作出不予受理决定。长沙某学院不服,向长沙铁路运输法院起诉国家税务总局长沙市税务局第三稽查局,已立案受理。整个案件争议过程如表1所示。

表1　长沙某学院税案争议过程

时间	争议过程
2021年5月19日	湖南省教育厅《关于请求协调对长沙某学院学费收入免征企业所得税的函》(以下简称《函》)明确,“目前公办学校的学费收入是免征企业所得税的,根据法律规定,结合长沙某学院的法人属性、办学章程及办学实际,我们认为长沙某学院应当与公办学校一样,享受免征学费收入企业所得税的优惠政策”
2021年7月18日	教育部发函指出,“非营利民办学校是在民政部门登记的民办非企业单位,其有关收入应为免税收入”
2022年1月13日	国家税务总局长沙市税务局第三稽查局向长沙某学院下达《税务处理决定书》(长税三稽处〔2022〕×号),要求该校补缴2016年1月1日至2020年9月30日包括增值税、房产税、印花税等在内税款353 312 522.98元及相应滞纳金
2022年2月18日	长沙某学院曾向国家税务总局湖南省税务局发出《关于免交滞纳金核减多计不该计税项的请示》,国家税务总局湖南省税务局回复长沙某学院称,学费、住宿费收入等不在政策规定的免税收入范围,即使申请取得非营利组织免税资格,收取的学费、住宿等也不能享受免税政策,且免税收入和应税收入需要分别核算,应税收入要申报缴纳企业所得税

续表

时间	争议过程
2022年3月24日	长沙某学院对《税务处理决定书》不服,向国家税务局长沙市税务局提出行政复议,长沙市税务局作出不予受理决定。理由是:经审查,长沙市税务局认为长沙某学院未按照税务机关的纳税决定缴纳或者解缴税款及滞纳金,也未按照《税收征收管理法实施细则》第61条、第62条之规定,提供有效的纳税担保
2022年4月11日	长沙某学院向长沙铁路运输法院起诉国家税务总局长沙市税务局第三稽查局,已立案受理,准备开庭

(三)争议问题及各方观点

1.民非高校是否为合格的纳税主体?

长沙某学院认为:长沙税务局要求补缴涉及增值税、企业所得税和房产税等3.5亿多元税款并不合理,不应将本校认定为纳税主体。该校已于2017年申请成为民非高校,《民促法》第47条规定:"民办学校享受国家规定的税收优惠政策;其中,非营利性民办学校享受与公办学校同等的税收优惠政策。"既然公办学校享受免税政策,民非高校作为非营利组织也不应成为纳税主体,相关的增值税、房产税等税种也都应当享受免税优惠。在较有争议的企业所得税方面,长沙某学院主张,教育部2021年7月18日《关于请求协调对长沙某学院学费收入免征企业所得税的函》指出,"非营利性民办学校属于享受税收优惠的符合条件的非营利组织……非营利民办学校是指经民政部门注册,以从事非营利社会服务为目的的民办非企业单位,符合《中华人民共和国企业所得税法》(以下简称《企业所得税法》)第26条和《中华人民共和国企业所得税法实施条例》(以下简称《企业所得税法实施条例》)第48条有关非营利性组织的条件和免税资格认定条件,其有关收入应为免税收入"。国务院《关于鼓励社会力量兴办教育促进民办教育健康发展的若干意见》(国发〔2016〕81号)明确:"非营利性民办学校与公办学校享有同等待遇,按照税法规定进行免税资格认定后,免征非营利性收入的企业所得税。"除该学院依据的《民促法》与上述《函》外,财政部早已界定民非高校为"政府举办"。财政部、国家税务总局《关于教育税收政策的通知》(财税〔2004〕39号)规定:"对政府举办的高等、中等和初等学校(不含下属单位)

举办进修班、培训班取得的收入,收入全部归学校所有的,免征营业税和企业所得税。”并且财政部在2008年两会回答关于“依法给予民办学校享受与公办学校同等税收政策”提案中指出,该文件的修改文件《关于加强教育劳务营业税征收管理有关问题的通知》第1条中已经认定上述学校包括符合规定的从事学历教育的民办学校。因此,税务机关应当将民办高校与公办高校在税收待遇上一视同仁。

然而,税务机关认为,要求补缴的税款完全合理:首先,纳税主体是指税收法律关系中依法履行纳税义务,进行税款缴纳行为的一方当事人,根据《增值税暂行条例》《企业所得税法》《契税法》《耕地占用税法》《房产税暂行条例》《城镇土地使用税暂行条例》《印花税法》等法律法规的规定,长沙某学院不同于国家机关和事业单位等属于不征税对象,因此属于法律上的纳税主体,纳税义务无可非议。其次,该学院提出的与公办学校在税收上享有“同等待遇”的仅限于表2中的税种,而需要补税的税收来源并不满足这些法律中的税收优惠政策条件,也不属于免税的对象。特别是在争议较大的企业所得税上,税务机关认为就算该校申请到了免税资格认定,企业所得税的缴纳仍然不可避免。主要原因在于,《企业所得税法》第27条规定,“符合条件的非营利组织的收入免征企业所得税”,财政部、国家税务总局《关于非营利组织企业所得税免税收入问题的通知》(财税〔2009〕122号文)规定的免税收入也并不包含非营利组织从事营利性活动取得的收入。无论是《企业所得税法》还是政策规定,都未曾正面提及民非高校的所得应当免税。因此,该学院在需补缴的各税种上均属于合格的纳税主体,理应承担纳税义务。

表2　民办高校可与公办高校同等享受多项免税政策

税种	相关税收优惠政策
增值税	(1)从事学历教育的学校提供的教育服务免征增值税。提供教育服务免征增值税的收入是指对列入规定招生计划的在籍学生提供学历教育服务取得的收入,具体包括:经有关部门审核批准并按规定标准收取的学费、住宿费、课本费、作业本费、考试报名费收入以及学校食堂提供餐饮服务取得的伙食费收入。 (2)境外教育机构与境内从事学历教育的学校开展中外合作办学,提供学历教育服务取得的收入免征增值税。 (3)对科学研究机构、技术开发机构、学校等单位进口国内不能生产或者性能不能满足需要的科学研究、科技开发和教学用品,免征进口关税和进口环节增值税、消费税

续表

税种	相关税收优惠政策
企业所得税	符合条件的非营利组织的收入为免税收入,但不包括非营利组织从事营利性活动取得的收入
契税	非营利性的学校承受土地、房屋权属用于办公、教学、科研,免征契税。享受契税免税优惠的非营利性的学校具体范围为经县级以上人民政府或者其教育行政部门批准成立的大学、中学、小学、幼儿园,实施学历教育的职业教育学校、特殊教育学校、专门学校,以及经省级人民政府或者其人力资源社会保障行政部门批准成立的技工院校
耕地占用税	学校占用耕地免征耕地占用税。学校内经营性场所和教职工住房占用耕地的,按照当地适用税额缴纳耕地占用税
房产税、城镇土地使用税	(1)对国家拨付事业经费和企业办的各类学校自用的房产、土地,免征房产税、城镇土地使用税。 (2)自2019年1月1日至2023年12月31日,对高校学生公寓免征房产税。高校学生公寓是指为高校学生提供住宿服务,按照国家规定的收费标准收取住宿费的学生公寓
印花税	(1)财产所有权人将财产赠与学校所立的产权转移书据免征印花税。 (2)自2019年1月1日至2023年12月31日,对与高校学生签订的高校学生公寓租赁合同,免征印花税

2. 学费、住宿费的收入性质该如何认定?

长沙某学院认为,将学费、住宿费认定为应税收入有误。首先,湖南省教育厅在《函》中指出:“非营利性民办学校学费和住宿费与公办学校上述费用性质相同、用途相同、结余管理方法相同,应享受同样的税收优惠政策。”可见,民非高校在学费、住宿费与公办高校“三相同”时,可以享受同公办学校相同的税收优惠政策,无须缴纳企业所得税。该学院认为学费、住宿费与行政事业性收费性质上并无差异,因为民非高校的学费、住宿费并不是完全由市场决定的,2020年的《关于进一步加强和规范教育收费管理的意见》明确“非营利性民办学校收费的具体办法,由省级人民政府制定”,而且《湖南省民办教育收费管理办法》第4条详细说明民办学校学费、住宿费定价的标准,应该提出书面申请,然后报同级行政部门审核,经批准后方可实施。该管理办法第6条规定,“民办学校学历教育学费标准按照补偿教育成本的原则并适当考虑合理回报的因素制定……民办学校学历教育住宿费标准按实际成本确定……”可以看出,民非高校的学费尽管有自主定价空间，但也是受教育部门和人社部门的审核、批准的。而且住宿费是被要求按照实际成本确定，再对其进行征税也明显不妥。正是由于政府关于学费、住宿费定价和管理的差异，各地税务机关在类似税务案件的处理上也存在差别。例如，广东省《关于民办学校从事学历教育暂不征收企业所得税的规定》（粤地税发〔2006〕101号）（已失效）明确：对捐资举办的和出资人不要求取得合理回报的民办学校暂不收企业所得税。同为民非高校，为何广东省高校能享受免税待遇，而地处湖南省的长沙某学院却不能享受。这种差异化的税款征收现状，使民非高校难以接受税务机关的处理决定。

但是，税务机关认为学费、住宿费应当作为征税对象，而长沙某学院要求享受与公办高校一样的待遇，这恰恰反映了相关税务法律的缺乏，民非高校的学费、住宿费不能简单等同于行政事业性收费。在法律法规方面：《事业单位财务规则》（中华人民共和国财政部令第68号）（已失效）第15条规定，事业单位开展专业业务活动及其辅助活动取得的收入属于事业收入；与此同时，第19条规定，事业单位展开专业业务以及它们的辅助活动所产生的基本支出和项目支出都属于事业支出。公办高校收费属于行政事业性收费，收取后需要上缴财政进行统一收支，而民非高校收取的费用归入学校管理，在某种意义上属于自收自支。基于企业化的管理模式，民非高校在经营账务上较容易出现问题，具体体现为：（1）营利收入同非营利收入区分不开，账务上的模糊处理易导致争议，营利性的收支容易被隐藏在非营利的账务上，从而使非营利性不复存在。（2）民非学校存在很多乱收费问题，主管部门尽管要求公示服务费、代收费据实结算，但很难保障其中不存在中饱私囊的现象。根据广西壮族自治区河池市市场监督局的调查，这些乱收费主要表现形式有：自立收费项目收费、重复收费、对政府明令取消的收费项目继续收费、强制或者变相强制服务并收取费用、提高标准收费、扩大范围收费等。这就致使民非高校并非不营利，税务机关也认为对其征税合理。[1]

---

〔1〕 参见罗秋蓉：《非营利性民办教育收费存在问题及检查难点》，载《中国价格监管与反垄断》2021年第8期。

3. 税务机关征管执法是否适用《民促法》?

长沙某学院认为,"非营利民办高校享受与公办学校同等的税收优惠政策"是《民促法》的明文规定,同时也是法律对广大民非高校的优惠承诺,而其也于2016年《民促法》修改后选择成为民非高校,实现办学收入与举办者完全分离,该身份抉择在一定程度上受"享受同等税收优惠政策"影响。考虑到民非高校与《民促法》具有密切联系,同时其身份具有民办私有性和非营利性双重特征,税务机关在开展税务管理时不应以税法体系作为唯一的执法准则,还应当考虑教育法体系。税务机关不顾《民促法》在税收优惠政策方面的特殊规定,直接要求学院补税,既违反了《民促法》,也突破了税收法定,该执法行为欠妥。

税务机关认为:一方面《民促法》作为促进性立法,条文具有较强的政策性和倡导性,就涉税条款而言,仅第47条、第48条对民非学校的税收优惠政策加以界定,且十分宽泛,缺乏可操作性。另一方面作为教育部门的法律,《民促法》和税法体系未实现合理衔接,即《民促法》中涉税的宽泛规定没有在各税收法律中被细化体现出来,这在一定程度上违背了税收法定原则中"征税要素明确"的要求。首先,就"同等税收优惠"而言,民非高校与公办高校的实质运营情况并不完全相同,实际情况不同却要求平等有违税收公平;其次,《民促法》对税收优惠的界定存在两种解释,即包含不征税收入和不包含不征税收入,这直接影响民非高校应纳企业所得税的数额。在无法给上述问题准确定论时,税务机关不应因定性模糊的规定而免去民非高校的税负。作为执法机关,税务机关应严格遵循法律规定,保障国库收入应收尽收,以《企业所得税法》及其实施条例和《税收征收管理法》作为执法依据,保证税款及时、准额入库。因此,税务机关要求某学院补税并非未考虑《民促法》的规定,而是在权衡损益、保证国家利益最大化的情况下作出的合理执法行为。

4. 未进行非营利组织免税资格申请是否可享受税收优惠?

长沙某学院认为,该校已经于2017年在民政部门选择成为非营利法人,虽没有向税务部门提出免税要求,但非营利性民办学校的学费和住宿费与公办学校的上述费用具有相同性质,因此也应该享有与公办学校一样的税收优惠政策。该说法并不是凭空而来,湖南省教育厅曾在2021年5月19日《函》中称,"目前公办学校的学费收入是免征企业所得税的,根据法律规定,结合长沙某学院的法人属性、办学章程及办学实际，我们认为长沙某学院应当与公办学校一样，享受免征学费收入企业所得税的优惠政策”。此函的法律依据为《民促法》第47条的规定，“民办学校享受国家规定的税收优惠政策；其中，非营利性民办学校享受与公办学校同等的税收优惠政策”。且仅因程序上的瑕疵而排除纳税人实质上应当享有的权利，站在实质课税原则角度，显然是不合理的。

税务机关认为，长沙某学院是不能够享受免税待遇的。在实体层面，长沙某学院是否具有实质上的免税资格尚存争议，在此不下定论。但在程序层面，根据财政部税务总局《关于非营利组织免税资格认定管理有关问题的通知》（财税〔2018〕13号）第2条的规定，凡符合规定条件的非营利组织，应向其登记管理机关所在地的同级税务主管机关提出免税资格申请。在2016年修改《民促法》后，长沙某学院申请成为非营利法人，但没有完成免税申请和登记，不满足享受优惠待遇的形式要件。据此，未将长沙某学院认定为享受免税资格的主体是合理、合法的。

三、法理评析

（一）法理分析：民非高校收入的可税性分析

1. 民非高校的纳税主体分析

可税性的判断标准，应当包括主体与客体判断标准。根据《企业所得税法》第1条的规定，企业所得税的纳税主体为企业和其他取得收入的组织，但个人独资企业、合伙企业除外。根据《民法典》的规定，企业一般指营利法人，其他取得收入的组织包括非营利法人和特别法人。但以国家财政拨款作为收入来源的特别法人以及以公共利益为目的的非营利法人，其收入往往不被认为是税法上的“收入”，所以不被认为是纳税主体。然而，特别法人、非营利性法人仍然可能存在营利性收入，对此应当征税。营利性法人也存在公益性的收支，对此不应当征税。[1] 综上可知，无法仅以主体类别来判断征税与否。以本案为例，长沙某学院在湖南省民政部门登记为民办非企业，根据《民办非

〔1〕 参见张守文：《论税收法定主义》，载《法学研究》1996年第6期。

企业单位登记管理暂行条例》第2条的规定,民办非企业单位是从事非营利性社会服务活动的社会组织。从这个意义上说,长沙某学院为非营利组织。但非营利组织仍然可能存在营利性收入。因此,并不能得出长沙某学院不属于纳税主体的结论。

2. 民非高校学费与住宿费收入的可税性分析

国家在确定某一征税对象时,不仅应当考虑经济上可能性与可行性,而且还必须考虑法律上的合理性与合法性——张守文教授称此为"法律上的可税性",可税性的判断标准主要包括收益性、公益性和营利性。第一,收益性标准,即以是否获取利润作为判别依据。如果主体是以营利为目的,或者实际经营活动具有很强的营利性特征,那么就可以以此为依据,对主体取得的收益进行课税。在本案中,长沙某学院收取学生的学费、住宿费,具有收益性。第二,公益性标准,如果一个主体取得了收益,但不是以营利为目的,且其目的和活动具有很强的公益性,则不应对该对象征税。在本案中,长沙某学院的学费、住宿费收入主要用于学校的教学活动,具有公益性。第三,营利性标准,即便一个主体是以公益性为目的而成立的,但该主体存在营利性的收入,那么对该部分营利性收入,同样应当征税。在本案中,长沙某学院作为事业单位法人,属于《民法典》第87条规定的非营利法人,其不向出资人、设立人或者会员分配所取得的利润。

但也有观点认为,虽然从理论上看民非高校不向设立人分享收益,但在实际办学过程中设立人仍然通过多种手段获取收益,从实质上来说,民非高校仍然属于营利性主体。据此,民非高校的学费、住宿费具有可税性,应当征税。既然按照法律规定民非高校性质为非营利组织,办学主体就不能从主体经营中获得额外的收益,现实中出现的举办者获取收益是违法行为,该问题出现的根源在于学校制度不健全,法律监管缺失,与是否具有可税性无关。综上所述,长沙某学院的学费与住宿费不具有可税性,长沙市税务局不应当对此征税。

3. 不征税收入与免税收入的区别分析

可税性理论主要应用在不征税收入与免税收入的区分方面。不征税收入与免税收入虽然都不需要纳税,但性质却不同,主要区别如表3所示:

表 3　不征税收入与免税收入的区别

项目	不征税收入	免税收入
可税性	不具有可税性	具有可税性
性质	不属于应税收入	享受税收优惠政策
法律规定	财政拨款;依法收取并纳入财政管理的行政事业性收费、政府性基金;国务院规定的其他不征税收入	国债利息收入;符合条件的居民企业之间的股息、红利等权益性投资收益;在中国境内设立机构、场所的非居民企业从居民企业取得与该机构、场所有实际联系的股息、红利等权益性投资收益;符合条件的非营利组织的收入

根据所得税课征原则,不征税收入与其他收入有明确划分,也有本质区别,应完全不计入应纳税所得额中。《企业所得税法》第 7 条规定,依法收取并纳入财政管理的行政事业性收费、政府性基金为不征税收入。公办学校的学费与住宿费属于行政事业性收费,为不征税收入。但民非高校的学费、住宿费显然不属于行政事业性收费,也不属于《企业所得税法》第 7 条规定的国务院规定的其他不征税收入。依据税收法定原则,民非高校的学费与住宿费不属于不征税收入。但根据可税性理论,有必要继续思考民非高校的学费与住宿费是否应当被规定在企业所得税法中的不征税收入中。根据《民促法》第 3 条、第 19 条、第 38 条的规定,可以得出民非高校具有公益目的、不向举办者分配收益,全部收入用于办学、学费标准由政府制定等特征,这些特征都指向可税性判断标准中的公益性标准,根据公益豁免理论,应当认定民非高校的学费、住宿费属于不征税收入。

从可税性理论中的收益性要素角度分析,免税收入指的是企业通过营利活动所获得的实际经济利益,它的使用目的也属于非公益性的,完全符合《企业所得税法》对“收入”的定义。因此,免税收入是可征税收入,是税收优惠的一种,国家随时都可以恢复对免税收入的征税。但对于不征税收入,因其天然不具有可税性,国家任何时候对其都不应当征税。然而,《企业所得税法》将“符合条件的非营利组织的收入”规定在免税收入中,这样的规定并不符合上文所论述的可税性理论。非营利组织的公益性收入不具有可税性,应当将其规定在不征税收入中。[1]

(二)实体问题的法律解读:享受税收优惠的内容分析

税务机关法律主要依据《企业所得税法》、《企业所得税法实施条例》和财政部、国家税务总局《关于非营利组织免税资格认定管理有关问题的通知》(财税〔2018〕13号)等法律法规,认定长沙某学院应当缴纳企业所得税。但税务机关并没详细分析以下问题:一是长沙某学院是否是企业所得税的纳税人,二是非营利组织取得的"学费和住宿费"是否应当免税。

1. 长沙某学院的纳税主体身份分析

从法律层面看,长沙某学院自2002年成立时即登记为"民办非企业单位"。根据《企业所得税法》和《企业所得税法实施条例》的规定,长沙某学院在税法上的定位应当是"其他取得收入的组织",即属于企业所得税纳税主体。从实质运营层面看,长沙某学院虽然已申请登记为民非高校,举办者不参与分配办学结余,即不从单位取得利润,符合非营利组织的认定条件,但长沙某学院作为市场主体需要参与市场竞争,从税收理论而言,参与市场竞争即要参与资源的分配,享受国家所提供的公共产品及服务,因此长沙某学院应当承担纳税义务。综上所述,长沙某学院具有纳税主体身份。

2. 长沙某学院取得的"学费和住宿费"性质分析

由上文分析可知,长沙某学院具有纳税主体身份,但这并不意味着其取得的所有收入都属于应税收入。根据《企业所得税法》第26条的规定,"符合条件的非营利组织的收入"为免税收入。该规定存在歧义,究竟表达的是"符合条件的非营利组织的任何收入都是免税收入",还是"非营利组织的符合条件的收入都是免税收入"不能确定。在缺乏详细解释的情况下极易引发误解,造成税收征管困境。对此,《企业所得税法实施条例》第85条规定:"企业所得税法第二十六条第(四)项所称符合条件的非营利组织的收入,不包括非营利组织从事营利性活动取得的收入……"该条款采用列举方式,表明上述第二种解释思路契合立法目的。从逻辑角度进行分析,非营利组织如果实质上从事的经营活动是

---

〔1〕 参见张守文:《收益的可税性》,载《法学评论》2001年第6期。

非营利性的,那么取得收入就可以享受免税优惠。

财税〔2009〕122 号文件通过正面列举的方式,规定了非营利组织可以免税的具体范围。其中通过"财政部、国家税务总局规定的其他收入"规定设置了兜底条款,但可惜的是,并没有相应的文件能够对该兜底条款进行详细解释。因此,根据该文件,若长沙某学院接受捐赠或取得其他政府补助收入等,都在免税范围内,属于企业所得税免税收入;而民非高校收取的学费、住宿费、餐费以及其他的一些费用,则都属企业所得税的应税收入。虽然该文件明确了容易引发争议的《企业所得税法》第 26 条的模糊规定,确定非营利组织不符合免税条件的收入也仍须纳税,但由于"兜底条款"含义不明,对于何为"其他收入"再一次引起争议。

虽然从法理方面看,法律没有明确规定不征税或免税收入之外的都属于征税收入,应当对其征税,但税务部门的做法并非无懈可击。理由有二:一方面,存在与上位法之间的冲突问题。《税收征收管理法》规定只能由法律和行政法规来决定税收的开停和减免退补,财税〔2009〕122 号文件仅属部门规章或是规范性文件,因此具有法律规范冲突之嫌。另一方面,此文件涉嫌缩小上位法中"免税收入"范围,加重纳税主体的税收负担。文件列举的五类非营利性收入非常具体,并不可能完全涵盖实际经营过程出现的全部免税情况,这就会导致部分非营利性收入明明主体资格和收入性质都符合条件,却没有被纳入其中,也不能简单归入"政府规定的其他收入"。这反映税收立法过程的不严谨,更引发了征纳双方对这部分收入是否免税的争议。

3. 长沙某学院享受税收优惠的可行性分析

税款征收究竟是以实质课税原则为准,还是以税收法定原则为准,一直以来都是备受讨论的议题。尽管在税收实践中,绝大多数案件都是根据税收法定原则来处理,但实质课税原则却没有被否定,仍然对税收方面的理论和实践产生了重要的影响,它是一种技术性、程序性的原则,以体现税法的公平性和量能原则,有效补充了税收法定原则。从事实来看,长沙某学院仅仅满足部分程序要件,它是经管理机关批准设立或登记的非营利组织,但并没有完成免税资格申请,明显不具备法定的免税资格,更为重要的是,长沙某学院因未向税务机关提交相关的材料,所以在实体层面,其运营模式是否能够真实享受非营利组织免税优惠,我们无从可知。因此,在于法无据、于理不合的情况下,税务机关否认其可享受税收优惠也就不足为奇。接下来,若长沙某学院事后及时完成免税主体资格的认定,解决程序上瑕疵,且实质满足享受免税资格的要件,那么才有利于长沙某学院就减轻或者撤销处罚问题与税务机关做进一步的探讨。一方面,从法律适用性原则角度来看,财税〔2018〕13号文件作为规范性文件,法律位阶较低,不能剥夺《企业所得税法》和《民促法》授予纳税人的免税优惠。另一方面,实质课税、实质重于形式是税法的重要原则,不应当以非营利组织没有提出免税资格申请这一管理上的形式要件,来对抗其应享受免税优惠的实体权利。[1]

(三)程序问题的法律解读:税务机关执法依据的适用分析

1. 函件能否对税务机关产生法律约束力

湖南省教育厅于2021年5月向湖南省税务局等单位发送了《函》,但根据《党政机关公文处理工作条例》(中办发〔2012〕14号)第8条,"函"是不相隶属机关之间用于商洽工作、询问和答复问题、请求批准和答复审批事项的来往公文。尽管函件可能具有重要的证明和信息价值,但通常情况下函件本身并不具有行政效力,也就是说它并不具备行政规章、行政决定、行政合同等具有的法律约束力。函在本质上属于行政机关内部行政行为,是针对行政机关内部的管理和组织等事务作出的,而且具有一定的自由裁量性,如人事任免、经费管理、内部规章制度等事项均可在函中明确。这些行政行为的效力主要是针对行政机关内部的员工和组织的,而外部行政行为是对社会公众和组织作出的,效力主要是基于法律规定,具有法律约束力,诸如行政许可、行政处罚、行政强制等。这些行政行为不仅对行政机关内部生效,也对外部的相对人具有约束力。因此,函件作为内部行政行为对外部的约束力极弱,同时,税务局和教育厅也并非上下级关系,该函件更不可能约束税务机关。

2. 非税法律涉税条款的效力分析

本案双方在法律适用方面存在明显争议,《民促法》和以《企业所得税法》为代表的税收相关法律都对民非高校在纳税层面有所界定。《民促法》第47条

---

〔1〕 参见孟波:《我国民办教育税收优惠制度的检视与完善》,载《教育经济评论》2022年第6期。

对民非高校的税收优惠适用进行了简要规定，但该规定的效力认定尚需商榷，其中需要解决的最核心的问题在于非税法律中涉税条款的效力判断，在本案中上述涉税条款是否可以作为税务机关征管执法的直接依据。现拟从税法基本原则及《民促法》的法律定位两个方向进行分析，判断《民促法》的涉税条款是否对税法有所违背。

首先，税法基本原则反映税法体系最本质的特征和内在立法逻辑。〔1〕税收法定原则作为税法基本原则的核心，要求征税要素明确，避免出现歧义，纳税人可以预测税收负担。关于征税要素的界定，各学者虽争论不一，但通常认为税收优惠应当包括在内，《民促法》第47条规定：民非学校享受与公办学校同等的税收优惠。〔2〕我国现行18个税种，其中12个税种已实现立法，在不考虑“财税字”“税总发”“税总函”等效力较低文件的情况下，仅就法律或法规而言，各税种的税收优惠数量已十分庞大，且税收优惠会受国家宏观调控和当期政策影响，新旧更迭较快。仅凭借《民促法》第47条规定就将庞杂多变的税收优惠全都适用于民非高校，显然不符合税收法定原则中征税要素明确的核心要求。在税收效率原则方面，《民促法》第47条无法达到“提高行政效率，节约征管成本”的目的。税务机关执法时缺乏直接的法律依据，需要先参考公办学校所享受的税收优惠，再将优惠政策转接至民非高校，会造成执法资源浪费。通过对上述两项基本原则的分析，可知《民促法》的涉税条款与税法有所背离。

其次，对《民促法》的法律定位进行分析。《民促法》的定位为促进型法律，促进型法律是“软法”的重要渊源。在政府治理向公共治理转型的大背景下，公共参与正逐步成为社会治理的主旋律，在此基础上，有学者将公法规范划分为“硬法”与“软法”，“软法”侧重于设定非强制性公共治理行为模式，强调“协商建议”，对法律责任的规定不如“硬法”明确，“软法”不设强制规定和罚则，更多的是发挥倡导作用的激励性规定；〔3〕同时，《民促法》具有“实施科教兴国战略，促进民办教育事业的健康发展”的立法目的，与促进型法律的定位相符合，条文往往具有明显的政策性和倡导性。从具体法律规定来看，《民促法》仅有第47

〔1〕 参见徐孟洲：《论税法原则及其功能》，载《中国人民大学学报》2000年第5期。

〔2〕 参见汤洁茵：《形式与实质之争：税法视域的检讨》，载《中国法学》2018年第2期。

〔3〕 参见沈岿：《论软法的有效性与说服力》，载《华东政法大学学报》2022年第4期。

条对民非高校的税收优惠政策进行规制,且内容仅限于“享受同等税收优惠政策”,规定较为笼统,缺乏可操作性。

四、结论与启示

(一)统一民非高校的税收征管方式

由于针对民非高校的税收法律不够完善,各地税务机关对税收政策理解和执行不统一,不同地区对民非高校的税务处理有较大差异,税务机关在选案、稽查等过程中更为混乱,最后是否需要缴纳各种税款往往取决于当地经济发展、财政收支状况,以及学校与税务机关的博弈。这使不同地域的民非高校有非常大的税负差异,不利于高等教育事业的均衡发展。因此,要对相关政策进行完善和统一,保证税收执法的统一性,统一各地税务机关的处理方式显得尤为重要。一方面,需要健全相关的法规政策并进行统一,保障税务机关执法方式的统一;另一方面,税务机关也应该整理归纳有关的政策文件,制定全国统一适用的执法标准和与争议有关的解释文件,从而填补税务机关在执法过程中的漏洞,保障税法的公平性、权威性,助力民非高校和教育事业更好地发展。[1]

(二)明确《企业所得税法》关于免税收入与不征税收入的界定

根据可税性理论的判断标准,民非高校的学费、住宿费具有公益性,办学剩余不向举办者进行分配,不具有可税性,应当被纳入不征税收入。然而,《企业所得税法》第7条并没有将民非高校的学费、住宿费纳入不征税范围,且行政法规也没有将其纳入不征税范围。

《民促法》第1条规定,国家促进民办教育事业的健康发展,维护民办学校和受教育者的合法权益。同时,第3条规定国家对民办教育采取积极鼓励、大力支持的政策。上述规定表明国家对于民办教育持鼓励、支持、帮扶的态度,那么发挥着调控经济发展作用的税法更应当在条款中有所体现。《企业所得税法》不仅在不征税收入中没有规定非营利性学校的学费与住宿费,而且也没有

---

〔1〕 参见胡卫、张歆、方建锋:《营利非营利分类管理下民办学校税收问题与建议》,载《复旦教育论坛》2020年第4期。

在免税收入中有所体现。这样无法发挥税法对于民办教育的促进作用,不利于教育事业的发展。综上所述,民非高校的学费与住宿费不具有可税性,理应被纳入不征税范围内。同时,国家积极促进民办教育的发展,税法应当通过制定税收优惠措施以促进民办教育的发展。基于以上两点理由,应当将民非高校的学费与住宿费纳入《企业所得税法》不征税收入范围内。不过,为了保证《企业所得税法》第7条概括性,可以将民非高校的学费与住宿费纳入兜底条款,具体由国务院的行政法规进行规定。

此外,应当将《企业所得税法》第26条第4项"符合条件的非营利组织的收入"规定在不征税收入条款中。根据可税性的判断标准,非营利组织的收入具有收益性,但收入不以营利为目的,具有公益性,不具有可税性,应当属于不征税收入。免税收入具有可税性,国家可以对其进行征税,只是国家为了促进该产业的发展给予该收入免税优惠政策。所以,《企业所得税法》第26条第4项规定的"符合条件的非营利组织的收入"不属于免税收入,应当规定在不征税收入中。需要强调的是,由于非营利组织也存在营利性收入,即便非营利性的收入原则上属于不征税收入,但该收入必须要符合非营利性和公益性的条件。非营利组织除了非营利性收入外的其他营利性质的收入仍然具有可税性,不属于不征税收入。

(三)加大规范民非高校账务处理力度

民非高校的特点在于非营利性,这要求对民非高校作出准确的划分,在判断是否是非营利组织上有明确的标准和严格的依据,使民非高校始终秉持公益办学的初心。因此,第一,民非高校账务设置需要规范,政府部门对民非高校的收费项目检查需要从多个方面考虑:是否违反"学生自愿、据实收费、不得营利、及时结算、定期公布"的原则,账务上是否明确列清收支项目、是否存在营利与非营利混记账,服务性收费和代理费的收取有无强制和捆绑收取的情形等。此外,对非营利账簿进行精细化处理,区别相关经营性收入和无关经营性收入,也能有效加强民非高校的非营利特征。[1] 第二,由于民非高校收费标准需要政府

---

〔1〕 参见陈吟玲:《当前民办高校面临的企业所得税税务难题与对策》,载《财会学习》2019年第21期。

审批的特殊性,对于民非高校账务的监管需要税务部门与物价部门合作,例如,税务部门通过物价部门定价的资料来预估税基的大小,物价部门在给民非高校收费定价时考虑保障民非高校的非营利性。第三,税务机关在征税过程中可以利用审计来对民非高校进行监督,对于存在重大税务隐患的民非高校,可以请专业机构进行财务审计,一方面可提高税务机关效率,另一方面对民非高校账务混乱问题也能起到规范作用。[1]

(四)完善教育法与税法体系衔接

对民非高校开展有序的税务管理需要完备且贯通的法律体系作为保障,以下从两个方面阐述几点思考:第一,明确民非高校的税收优惠政策。[2] 前文提到,民非高校作为教育单位,受《民促法》调整较多,并且很大一部分民办高校受"同等税收优惠政策"影响而选择成为非营利组织。为保障民非高校的合法权益,实现立法目的,应当推动《民促法》及其实施条例条文具体化,提高其可操作性。[3] 考虑到民办高校与公办高校的办学环境不同,民办高校即使登记为非营利组织,仍不能改变其市场主体的性质,需要参与市场竞争,面临经营风险。从实际出发,设计针对民非高校的具体税收优惠,而不是笼统地规定"与公办高校同等",有利于实现实质公平。第二,加强教育法和税法沟通,实现跨部门联合。[4] 民非高校因身份特殊,税收问题横跨教育法和税法体系,因此要从根本上解决适用税收优惠政策的争议,需要打破目前各部门法律各自为政的混乱局面。教育部门和税务部门可以加强合作,充分沟通民非高校的实际状况,由教育部门提出改进建议,税务部门在考虑可操作性的基础上向立法机关提起立法意见,逐步改善民非高校的税收现状。[5]

---

〔1〕 参见李虔:《完善非营利性民办高校监管机制》,载《中国高等教育》2019年第23期。

〔2〕 参见刘风景:《促进型立法的实践样态与理论省思》,载《法律科学(西北政法大学学报)》2022年第6期。

〔3〕 参见冯铁拴:《教育法典中教育财税规范体系化研究》,载《华东师范大学学报(教育科学版)》2022年第5期。

〔4〕 参见冯铁拴:《非营利性民办学校享受同等税收优惠待遇的障碍与突破》,载《复旦教育论坛》2022年第6期。

〔5〕 参见刘凯、傅树京:《非营利性民办高职教育治理:困境与出路——基于新修订的〈民办教育促进法〉视角》,载《职业技术教育》2021年第9期。

商品销售价格明显偏低核定征收增值税案例评析

殷　军*

一、前言

税务机关以“交易价格明显偏低且无正当理由”为由对计税价格或计税依据直接进行核定是实践中大量存在的情形，如《税收征收管理法》第35条规定，“纳税人申报的计税依据明显偏低，又无正当理由的，税务机关有权核定其应纳税额”。《增值税暂行条例》第7条规定，“纳税人发生应税销售行为的价格明显偏低并无正当理由的，由主管税务机关核定其销售额”。《契税法》第4条第2款规定，“纳税人申报的成交价格、互换价格差额明显偏低且无正当理由的，由税务机关依照《中华人民共和国税收征收管理法》的规定核定”。此外，在资源税、车辆购置税等个别税种的规范中，也有类似对于计税依据偏低的情形进行核定征收的表述。对于这些条款，税务机关在具体适用时常会面临两个难点：一是“计税依据或价格明显偏低”没有具体的比例和更为细化的政策依据，二是“何种理由构成正当理由”几无规定。笔者通过分享一起代理的增值税核定征收行政诉讼案例，探讨“销售价格明显偏低并无正当理由”如何确定以及税务机关自由裁量权限度的问题。

* 殷军，北京京师（合肥）律师事务所律师，安徽省律师协会财税法专业委员会主任。

二、案情简介

(一)案件主要情况

2017年5月8日,国家税务总局合肥市税务稽查局(以下简称市税务稽查局)对安徽省医药贸易有限责任公司(以下简称医药贸易公司)2014年至2016年涉税事项进行立案调查,调取了医药贸易公司2014年至2016年的账簿、记账凭证、报表等材料,并对医药贸易公司财务经理进行调查询问,发现医药贸易公司销售部分注射用某蛇毒血凝酶(简称:邦亭药;规格:0.5KU、1KU、2KU;生产厂家:锦州奥鸿药业)价格既明显低于其同期或近期同类产品销售价格,也明显低于其他纳税人同期或近期同类产品的销售价格,同时还远低于其自身进货价。医药贸易公司向市税务稽查局提交书面意见,解释其为了占领市场,与两家代理公司签订对赌性质的分销协议,采取低价策略分销邦亭药,争取代理权,并称出现低价销售的原因是为完成协议约定销售任务。其提供了与两家代理公司之一的振某公司签订的邦亭药《产品分销协议》及《产品分销协议补充协议》,但未能提供其与另一家代理公司瑞某公司签订的协议,也未提供两家代理公司作为邦亭药代理商资质的认定资料。

市税务稽查局在调取锦州奥鸿药业与医药贸易公司的销售合同及销售汇总表、稽查局所在城市其他医药销售企业同期与锦州奥鸿药业订立的采购合同等证据材料后,认定医药贸易公司提出的所谓正当理由不成立,遂于2020年12月8日作出第70号税务处理决定书,按照《增值税暂行条例》第7条以及《增值税暂行条例实施细则》第16条之规定的前两种"(一)按纳税人最近时期同类货物的平均销售价格确定;(二)按其他纳税人最近时期同类货物的平均销售价格确定"核定医药贸易公司销售额,计算出医药贸易公司应补增值税合计720余万元,同时依据《城市维护建设税暂行条例》(已失效)、《征收教育费附加的暂行规定》、《安徽省地方教育附加征收和使用管理暂行办法》的规定,以应补增值税税款为基数计算应补城市维护建设税、教育费附加、地方教育附加,并加收滞纳金。

医药贸易公司因不服市税务稽查局处理决定,向市税务稽查局的上级合肥市税务局提起行政复议,请求撤销关于补缴增值税、城市维护建设税、教育费附加、地方教育附加,并加收滞纳金的税务处理决定。合肥市税务局于2021年4月20日作出行政复议决定,维持了市税务稽查局作出的税务处理决定。此后,医药贸易公司向合肥市蜀山区人民法院提起诉讼,要求撤销市税务稽查局的税务处理决定以及市税务局的行政复议决定,2022年4月29日,合肥市蜀山区人民法院作出(2021)皖0104行初116号行政判决,驳回医药贸易公司诉讼请求。医药贸易公司随后向合肥市中级人民法院提起上诉,2022年8月5日,合肥市中级人民法院作出(2022)皖01行终548号行政判决,判决驳回医药贸易公司的全部上诉请求。

(二)纳税人观点

在本案行政复议及行政诉讼过程中,医药贸易公司向复议机关和人民法院提出四点主要事由:

一是市税务稽查局不是适格执法主体,无权作出案涉具体行政行为。根据《增值税暂行条例》第7条的规定,由主管税务机关核定销售额,而市税务稽查局并非增值税征收主管机关,且本案不是偷税案件,市税务稽查局对案涉药品进行销售额核增系超越职权范围的无权执法行为。

二是其与代理公司之间签订对赌性质的协议合法有效,证明其正当商业目的的存在。其与振某公司签订的《产品分销协议》及《产品分销协议补充协议》应属于合法有效的协议,协议中约定的案涉药品的对赌性质的结算价格是双方真实意思表述,应受法律保护。其明知存在亏损依然执行低价销售策略的根本目的在于扩大销量、占领市场,通过市场份额实现低价结算的采购政策,以低价结算和市场销量的扩张确保最终盈利,因此以相对低价出售案涉药品存在正当理由。

三是根据增值税计算原理,其客观并未造成国家税收损失。其与两家代理公司以及下游销售企业之间在实际控制人和股权结构上无任何关联关系,相关业务均为真实交易。根据增值税计算原理,有增值才征税,虽然本案中其以低于成本价的形式销售药品,未能缴纳增值税,但其上游出售商和下游采购商均缴纳了增值税,税收总量并未发生变化,其并未给国家税款造成损失。

四是市税务稽查局核增涉案药品销售额的计算方法违法,且忽略其严重亏损的情况,加重其税收责任。一方面,其在交易过程中存在向下游贸易公司分销批发和直接配送至终端客户两种情形,批发价格远低于终端零售价格,而市税务稽查局未实际考虑商品在批发零售与终端零售环节的价格差异,仅将终端零售价格作为核定价格的取值,让其补缴近800万元的税款及滞纳金,不符合市场规律,加重了其税收责任。另一方面,市税务稽查局在对其他纳税人近期同类货物的平均销售价格取值过程中,未对其自行提交的多家企业同类商品的批发价格予以采纳。

(三)税务机关观点

1. 市税务稽查局作出的税务处理决定,主体适格,程序合法。《税收征收管理法》(以下简称《税收征管法》)第14条及《税收征收管理法实施细则》第9条赋予市税务稽查局作出相关具体行政行为的主体资格。国家税务总局《关于稽查局职责问题的通知》(国税函〔2003〕140号)规定税务稽查局的职权范围不仅包括偷税、逃避追缴欠税、骗税、抗税案件的查处,还包括与查处税务违法行为密切关联的稽查管理、税务检查、调查和处理等延伸性职权。市税务稽查局在税务检查过程中发现医药贸易公司存在《税收征管法》第35条规定的计税依据明显偏低情形,据此核定应纳税额是其职权的内在要求和必要延伸,并不违反《税收征收管理法实施细则》第9条之规定,符合税务稽查的业务特点和执法规律,符合国税函〔2003〕140号文关于稽查局职责的精神。如市税务稽查局不能行使税款核定权,反而会影响稽查工作的效率和效果,甚至对税收征管形成障碍。

2. 市税务稽查局认定医药贸易公司的理由正当,事实清楚,符合法律规定。一是医药贸易公司未提供对赌协议履行情况,未提供与瑞某公司口头协议、两家代理公司区域代理资质的相关佐证资料。二是在案涉药品销售同期,除振某公司和瑞某公司外,还有其他多家本地医药销售企业同时从锦州奥鸿药业采购邦亭药并对外销售。锦州奥鸿药业在该省内并未限制或排除其他药企销售邦亭药,医药贸易公司称其仅能从两家公司购进邦亭药再对外销售的说法不符合实际。三是医药贸易公司一直都从锦州奥鸿药业直接采购不同规格的邦亭药。在《产品分销协议》的约定期间,其本应去完成采购指标,但却多次从其他企业采购邦亭药,不符合商业逻辑。四是医药贸易公司为了排挤竞争对手或独占市场,以明显偏低价格对外销售的行为,也涉嫌违反《反不正当竞争法》《价格法》的禁止性规定,其行为难言正当。

3. 医药贸易公司无正当理由低价销售行为已经直接造成了少缴国家税款的后果。根据《增值税暂行条例》第 4 条的规定,纳税人销售货物,应纳税额等于当期销项税额减去当期进项税额。医药贸易公司无正当理由以明显偏低的价格对外销售邦亭药,直接导致该公司当期销项税额大大减少,从而造成了该公司当期应纳税额减少的客观后果。

4. 市税务稽查局核定补缴税款适用法律正确,核定方法合法。根据《增值税暂行条例实施细则》第 16 条之规定,纳税人价格明显偏低并无正当理由的,按下列顺序确定销售额:(1)按纳税人最近时期同类货物的平均销售价格确定;(2)按其他纳税人最近时期同类货物的平均销售价格确定;(3)按组成计税价格确定。本案中,市税务稽查局依法采取了前两种方法。

(四)法院审理认定

1. 关于是否具有管辖权。《税收征管法》第 14 条规定:“本法所称税务机关是指各级税务局、税务分局、税务所和按照国务院规定设立的并向社会公告的税务机构。”第 35 条第 1 款规定:“纳税人有下列情形之一的,税务机关有权核定其应纳税额……(六)纳税人申报的计税依据明显偏低,又无正当理由的。”《税收征收管理法实施细则》第 9 条规定:“税收征管法第十四条所称按照国务院规定设立的并向社会公告的税务机构,是指省以下税务局的稽查局……”国家税务总局《关于稽查局职责问题的通知》规定:“凡需要对纳税人、扣缴义务人进行帐证检查或者调查取证,并对其税收违法行为进行税务行政处理(处罚)的执法活动,仍由各级稽查局负责。”根据上述规定,市税务稽查局具有作出案涉行政处理决定的法定职责。

2. 关于是否具有正当理由。医药贸易公司在税务调查处理阶段称其目的是与代理公司签订分销协议、控制邦亭药销售权、最终通过销售业绩取得邦亭药省内代理权,并称 2014 年至 2015 年振某公司、瑞某公司为邦亭药省内不同时期代理商,其仅能从振某公司、瑞某公司高价购进。市税务稽查局对此进行了调查核实。经查,自 2013 年以来医药贸易公司可直接从生产厂家锦州奥鸿药业正常采购邦亭药并销售,未有所谓销售权被他人控制的情形;除医药贸易公司、振某公司和瑞某公司外,还有其他多家医药销售企业同时从锦州奥鸿药业采购同规格的邦亭药并对外销售,无证据证明锦州奥鸿药业在省内通过区域代理方式限制或排除其他经销商销售邦亭药;在医药贸易公司所称其与振某公司签订分销协议的合同履行期间,医药贸易公司也多次从振某公司以外的企业采购邦亭药,且高价买低价卖行为,违反了价格法规定的定价原则,亦无正当性。

3. 关于核定销售额是否符合规定。《增值税暂行条例实施细则》第 16 条第 1 款规定:"纳税人有条例第七条所称价格明显偏低并无正当理由或者有本细则第四条所列视同销售货物行为而无销售额者,按下列顺序确定销售额:(一)按纳税人最近时期同类货物的平均销售价格确定;(二)按其他纳税人最近时期同类货物的平均销售价格确定;(三)按组成计税价格确定。"在适用其他纳税人价格时,市税务稽查局选取注册资本最接近、同时期同类货物的平均销售价格低的企业采样,该核定方法具有合理性和可操作性,并无不当。

三、法理评析

本案中,征纳双方对于医药贸易公司销售货物价格明显偏低并无异议,争议焦点主要集中在两个方面:一是医药贸易公司销售货物价格明显偏低是否有正当理由,二是市税务稽查局核定的销售额是否符合法律规定。

(一)医药贸易公司举证不足以支持其自称的正当理由,市税务稽查局事实认定准确

首先,医药贸易公司称其仅能从邦亭药生产厂家锦州奥鸿药业的两个代理公司振某公司、瑞某公司高价采购。但医药贸易公司直至本案二审也仅提供了其与振某公司签订的邦亭药《产品分销协议》及《产品分销协议补充协议》,其自称与瑞某公司之间的分销协议为口头协议,除此之外,医药贸易公司始终未能提供可证明其与两家代理公司分销协议真实履行情况的佐证材料,也未能提供振某公司和瑞某公司关于邦亭药代理资质认定的相关佐证资料。

其次，医药贸易公司称其目的是以先亏后赢为战略，与省代公司签订分销协议，将邦亭药销售权统一控制在手中，表面看起来似乎是医药贸易公司为了控制邦亭药销售权，仅能从振某公司与瑞某公司采购并以明显偏低价格对外销售，但实际上，市税务稽查局提供的证据显示，2013 年以来，医药贸易公司一直都从锦州奥鸿药业直接采购邦亭药，即使采购量较小也不存在必须高价采购的情况，而且在医药贸易公司所称其与振某公司签订《产品分销协议》的合同履行期间，为实现所谓对赌协议，医药贸易公司本应竭尽所能去完成采购指标，但实际上其却多次从振某公司以外的企业直接采购邦亭药，不符合商业逻辑。在没有证据证明所谓销售权被他人控制并造成其采购或销售困难的情况下，医药贸易公司专门另行从振某公司与瑞某公司高价采购，再以远低于其自身同期正常销售价格、远低于其他纳税人同期销售价格、远低于对应进价的明显偏低价格对外销售，不符合经营常规。

再次，对案涉药品销售同期同区域的市场调查显示，除医药贸易公司、振某公司和瑞某公司外，还有其他多家医药销售企业同时从锦州奥鸿药业采购同规格的案涉药品并对外销售，销售价格也均为市场正常销售价格。医药贸易公司未能提供证据证明锦州奥鸿药业在省内通过区域代理方式限制或排除其他经销商销售邦亭药，医药贸易公司所称的 2014 年至 2015 年振某公司、瑞某公司为省内不同时期代理商，其仅能从振某公司、瑞某公司高价购进邦亭药再低价对外销售的说法不符合市场实际。

最后，医药贸易公司为了排挤竞争对手或独占市场，以明显偏低价格对外销售，争夺所谓代理权、控制市场的行为，系对公平市场竞争环境的故意破坏、对消费者合法权益的肆意损害，已涉嫌违反《反不正当竞争法》《价格法》的禁止性规定，且即使不构成违法，也属于违反社会经济秩序与社会公共利益的行为，难言正当。

（二）医药贸易公司称其亏损以及市税务稽查局进行核定是加重其责任的观点，无法取得复议机关及法院认可

一方面，亏损是企业所得税法规定的概念，而本案涉及税种是增值税，而非企业所得税，且是否亏损并不是税务机关对纳税人进行核定征收增值税税款的

法定事由,不是核定增值税税款时考虑的因素。另一方面,在本案庭审中,经法院查明,医药贸易公司2014年至2016年均正常实现了营利,未出现其自称的“巨额亏损”的情形。

根据《增值税暂行条例》第4条的规定,纳税人销售货物,应纳税额为当期销项税额抵扣当期进项税额后的余额,其中:应纳税额=当期销项税额-当期进项税额。本案中,医药贸易公司在采购案涉的邦亭药时,取得的进项税额有1100多万元,对应销项税是400万元,应纳税额为400万元减去1100万元,等于负700余万元,也就是说,医药贸易公司的无正当理由以明显偏低价格对外销售商品的行为,直接导致了少申报应纳增值税700余万元的后果。按照税法规定,纳税人的纳税义务源自其自身实施的涉税行为,税务机关作为执行税法的行政机关,依法行政,不会使纳税人承担额外的纳税义务,医药贸易公司将自身违法行为导致的需补缴巨额税款的后果,归咎于市税务稽查局的依法行政,并试图以此否定市税务稽查局依法行政的合法性,是“倒果为因”,难以获得复议机关以及法院认同。

(三)市税务稽查局核定补缴税款适用法律正确,核定方法合法且具有一定的合理性

根据《增值税暂行条例实施细则》第16条之规定,纳税人价格明显偏低并无正当理由的,按下列顺序确定销售额:(1)按纳税人最近时期同类货物的平均销售价格确定;(2)按其他纳税人最近时期同类货物的平均销售价格确定;(3)按组成计税价格确定。也就是说,税务机关核定增值税时,应当按照以上三种方法按顺序核定。

1.医药贸易公司认为核定销售额时,应当区分销售方式为批发或零售,该观点忽略了《增值税暂行条例》的设定。《增值税暂行条例》及其实施细则并未规定确定纳税人销售额时应区分所谓零售或批发,而是规定应按“最近时期同类货物的平均销售价格”或者“组成计税价格”确定销售额,且还规定必须要按照一定的顺序而不是任意选择某一种方法,即该规定对税务机关如何行使应纳税额核定权设计了非常具体的程序,已在制度层面充分体现了合理性的考量。医药企业在向其他医药贸易公司或者医院销售过程中,即使存在差异,也属于

不同销售模式下自然形成的价格差异，因正常商业行为而形成的价格差异，符合商业逻辑，不属于需要进行调整的范畴。但在本案中，医药贸易公司的行为已超出正常销售模式下价格差异的合理界限，市税务稽查局在界定医药贸易公司哪些销售价格明显偏低时，也是以其销售价格本身，而非销售模式或销售对象作为标准，同时在核定其销售额时也是针对同期同类货物的平均销售价格，而不是选择性的采用所谓的批发价、零售价。市税务稽查局按照法定的核定顺序与方法确定医药贸易公司销售额对应的增值税税款，已经体现了合法性与合理性的统一。

2. 被核定商品对应的明显偏低价格，理应剔除在平均销售价格取值范围之外。医药贸易公司称"对销售给下游贸易公司的批发价格予以剔除，明显加重其责任"，但医药贸易公司的"批发价"本身就是价格明显偏低且无正当理由的核定对象，显而易见应当在核定计算时予以剔除，而且《增值税暂行条例实施细则》规定的"同类货物"，显然是指除了该被核定价格的商品以外的同类规格、相同或者相近厂家、产地的该品种商品，即该部分明显偏低商品价格不应列入最近时期同类货物的平均销售价格取值范围。

3. 市税务稽查局的具体核定方法具有一定的合理性、可操作性。市税务稽查局在采用医药贸易公司近期同类货物平均价进行核定时，使用了医药贸易公司近期除明显偏低价格以外的所有产品销售价进行加权平均，无选择性执法的情形。在采用其他纳税人近期同类货物平均价时，市税务稽查局最终采用的核定价格系其他纳税人的最低销售价。其中，在采用《增值税暂行条例实施细则》第 16 条第 2 项规定的"按其他纳税人最近时期同类货物的平均销售价格确定"时，有多家同类型企业销售价格可供参考，市税务稽查局最终从公平角度和最小损害原则且具有可比性出发，取样的其他纳税人为该地区仍在正常经营且销售相同邦亭药（相同规格，生产厂家、产地）的 3 家医药销售企业，最终采用了与医药贸易公司规模相当（与医药贸易公司注册资本相近）的海洋医药有限公司的邦亭药销售价格，且该价格在取样的 3 家医药销售企业中也最低，从而最大限度保护了医药贸易公司的合法权益。

医药贸易公司在庭审中提出市税务稽查局选取 3 家医药销售企业进行取值，是采取了"有限的方法"，是有限执法、有限取值，对其不公平，而事实上，任何行政机关在作出具体行政行为时,客观上都无法采取“无限的方法”,而仅能依据案件查明事实、相关证据,采取相对有限的方法进行执法。

4. 医药贸易公司自制的同类产品销售价格不具有法律效力,且与案涉药品差别较大,不具有参考性,无法被税务机关采用。根据《税收征管法》、《增值税暂行条例》及相关实施细则等规定,对纳税人对外销售价格明显偏低并无正当理由的,由税务部门核定,而非纳税人自行计算。并且,医药贸易公司提供的所谓其他同类企业同时期同类产品资料均为复印件,从证据效力角度看,其效力待定,资料中列明的大部分商品品种为“速某消”,与本案“邦亭药”并非相同或相似药品,所有商品都不是锦州奥鸿药业生产,即医药贸易公司所称的其他企业商品与本案“邦亭药”不属于最近时期同类商品,市税务稽查局无法采纳将其用于核定销售额。

四、结论与启示

税务机关在税收征管实践中,依法对应纳税额进行核定是其法定行政权力,但什么是“销售价格明显偏低”,什么又是“正当理由”,法律法规并未明确规定,税收规章以及税收规范性文件亦无明确指引,这往往会使这些问题成为征纳双方争议之焦点。虽然客观上存在法律规定空白,但这并不意味着税收法律法规对该权力的行使没有任何限制,本案的典型性也就在于此。

(一)现行法律法规对“价格明显偏低”的判断标准

最高人民法院《关于适用中华人民共和国合同法若干问题的解释(二)》(已失效)第19条规定,对于原《合同法》第74条规定的“明显不合理的低价”,人民法院应当以交易当地一般经营者的判断,并参考交易当时交易地的物价部门指导价或者市场交易价,结合其他相关因素综合考虑予以确认。转让价格达不到交易时交易地的指导价或者市场交易价70%的,一般可以视为明显不合理的低价。

现行税收法律法规对于“价格明显偏低”没有规定具体标准,但在一些个别税种如消费税、个人所得税的规范中规定了具体的标准。《白酒消费税最低计税价格核定管理办法(试行)》第2条规定,“白酒生产企业销售给销售单位的白酒,生产企业消费税计税价格低于销售单位对外销售价格(不含增值税,下同)70%以下的,税务机关应核定消费税最低计税价格”。国家税务总局《关于发布〈股权转让所得个人所得税管理办法(试行)〉的公告》(国家税务总局公告2014年第67号)(已被修改)第12条规定,“符合下列情形之一,视为股权转让收入明显偏低:(一)申报的股权转让收入低于股权对应的净资产份额的。其中,被投资企业拥有土地使用权、房屋、房地产企业未销售房产、知识产权、探矿权、采矿权、股权等资产的,申报的股权转让收入低于股权对应的净资产公允价值份额的……(六)主管税务机关认定的其他情形”。

本案中,以医药贸易公司销售的某规格邦亭药价格为例,其对外销售价格为6.496元,既明显低于其同期或近期同类产品销售价格19.69元,也明显低于其他纳税人同期或近期同类产品的销售价格12.07~22.26元,同时还远低于其自身进价18.71元,从上述税收规范性文件以及最高人民法院相关司法解释角度出发,价格明显偏低的事实较为清晰。

(二)现行法律法规对于“正当理由”的判断标准

纵观现行税收法律规章及规范性文件,对于“正当理由”仅在股权转让所得个人所得税规范中进行了详细的规定。国家税务总局《关于发布〈股权转让所得个人所得税管理办法(试行)〉的公告》(国家税务总局公告2014年第67号)(已被修改)第13条规定,“符合下列条件之一的股权转让收入明显偏低,视为有正当理由:(一)能出具有效文件,证明被投资企业因国家政策调整,生产经营受到重大影响,导致低价转让股权;(二)继承或将股权转让给其能提供具有法律效力身份关系证明的配偶、父母、子女、祖父母、外祖父母、孙子女、外孙子女、兄弟姐妹以及对转让人承担直接抚养或者赡养义务的抚养人或者赡养人……(四)股权转让双方能够提供有效证据证明其合理性的其他合理情形”。

虽然除了上述规定,再无其他依据来定义“正当理由”,但在某些情形下,只要纳税人理由正当,如具有公益性销售行为,又如远低于市场价格处理鲜活产品、处理有效期限即将到期的商品,再如临时歇业、转产、破产清算降价销售商品以及被司法拍卖等,税务机关也应当能尊重市场规则,对这些经营行为无权核定税款,即这些情形应当被视为“正当理由”。

此外,某些税收规范性文件中规定了类似于“无正当理由”的内容,如《营业税改征增值税试点实施办法》(财税〔2016〕36号附件1)第44条就提及,在“视同销售”条款适用时,不具有合理商业目的,是指以谋取税收利益为主要目的,通过人为安排,减少、免除、推迟缴纳增值税税款,或者增加退还增值税税款。财政部、国家税务总局《关于企业重组业务企业所得税处理若干问题的通知》(财税〔2009〕59号)规定“具有合理的商业目的,且不以减少、免除或者推迟缴纳税款为主要目的”。

(三)“正当理由”的举证责任

税务案件有诸多特殊性,从行政效率和成本维度考虑,税务机关的调查取证职权实现并不容易,虽然《行政诉讼法》第34条第1款规定,“被告对作出的行政行为负有举证责任,应当提供作出该行政行为的证据和所依据的规范性文件”,即税务机关具有基本的举证义务,但简单的“税务机关负举证责任”的举证责任分配方式已无法适应现阶段纷繁复杂的经济活动。

《税收征收管理法实施细则》第47条规定,“纳税人有税收征管法第三十五条或者第三十七条所列情形之一的,税务机关有权采用下列任何一种方法核定其应纳税额:(一)参照当地同类行业或者类似行业中经营规模和收入水平相近的纳税人的税负水平核定……纳税人对税务机关采取本条规定的方法核定的应纳税额有异议的,应当提供相关证据,经税务机关认定后,调整应纳税额”。因此,在具体适用《税收征管法》第35条核定征收税款时,不能简单将举证责任完全分配给税务机关,而应该采用合理分配的方式进行。通俗来说,税务机关应当就“价格明显偏低”承担举证责任,而纳税人则应当就其具备“正当理由”承担举证责任。以本案为例,在医药贸易公司对其销售价格明显偏低的事实不持异议的情形下,理应先由其向市税务稽查局作出理由正当的合理解释并提交相关证明,如其解释及相关证据具有正当性,则市税务稽查局无权对其进行核定税款,反之,如税务机关对解释或证据不予认可并作出行政处理决定时,应当对作出的行政处理决定承担举证责任。

(四)核定征收方法的合理性及其评析

《税收征收管理法实施细则》第47条规定,“纳税人有税收征管法第三十五条或者第三十七条所列情形之一的,税务机关有权采用下列任何一种方法核定其应纳税额:(一)参照当地同类行业或者类似行业中经营规模和收入水平相近的纳税人的税负水平核定;(二)按照营业收入或者成本加合理的费用和利润的方法核定;(三)按照耗用的原材料、燃料、动力等推算或者测算核定;(四)按照其他合理方法核定。采用前款所列一种方法不足以正确核定应纳税额时,可以同时采用两种以上的方法核定……"也就是说,在对纳税人核定应纳税额时,理论上可以任意采取上述四种方法中的某一种或者同时采用两种以上的方法。当然,《税收征收管理法实施细则》是以法规的形式,赋予了税务机关对纳税人的税款基本核定征收权,并要求税务机关有权采取合理的方法进行核定,当税务机关具体核定税款时,针对不同税种,则还应具体适用不同税种对应的法律、法规、规章以及税收规范性文件。比如本案涉及增值税核定,则应当适用增值税暂行条例的相关规定先行确定原告的应税货物销售额,即根据《增值税暂行条例》第 7 条以及《增值税暂行条例实施细则》第 16 条的规定来最终确定原告应补缴的增值税税款。

值得注意的是,根据《增值税暂行条例实施细则》第 16 条之规定,纳税人应税销售行为价格明显偏低并无正当理由的,按下列顺序确定销售额:(1)按纳税人最近时期同类货物的平均销售价格确定;(2)按其他纳税人最近时期同类货物的平均销售价格确定;(3)按组成计税价格确定。也就是说,税务机关核定增值税时,应当按照以上三种方法按顺序核定,不能任意选择顺序,只有在第一顺序无法适用时才能适用第二顺序,当第一顺序、第二顺序都不能适用时,才能适用第三顺序,同时,税务机关也不能任意取值,不能任意选择相关商品的销售价格,而只能在"最近时期""同类货物"的销售价格中进行取值并按平均值计算,否则就有滥用职权之嫌。

本案中,"应税销售行为的价格明显偏低并无正当理由的"是税务机关行使法律赋予的应纳税额核定权的法定事实要件之一,税务机关基于法定调查程序,对这一不确定法律概念进行专业认定和行政解释,该种认定具有较大的自由裁量空间,除非这种专业认定明显不合常理或者滥用职权。医药贸易公司未提出证据证明该专业认定明显不合常理,亦未提出证据证明市税务稽查局存在滥用职权的行为,只能承担败诉的不利法律后果。

对赌协议形成反向股份回购企业所得税处理案例评析

——以A上市公司收购B企业为例

杨焕贵　杜虹林*

一、前言

对赌协议是股权投资活动中的一种重要的估值调整机制，是收购方和被收购企业的大股东或者管理层在初始投资时，鉴于对目标企业未来价值的不确定，以及信息不对称导致的估值偏差，在初始估值的基础上，设计的基于未来目标企业价值变动，双方对目标企业实际拥有的价值或收益作出相应调整的机制。依据“或有对价”支付的时间，对赌协议分为正向对赌和反向对赌（本文仅就反向对赌涉及企业所得税问题进行研究），其中反向对赌是指交易双方先确定一个总价款，当目标公司未能实现对赌目标时，由被收购企业股东向收购方支付一定的业绩补偿。业绩补偿可分为现金补偿和股份回购补偿（收到回购股份需进行注销）。正因为有业绩补偿机制的存在，使对赌协议成为一种保护投资企业的重要手段。然而由于我国缺乏投资与被投资市场主体因对赌条款而产生收付对赌补偿的企业所得税处理的明文规定，导致各地处理不一、执行各异，使税企争议凸显，严重增加了企业的运营负担，也使对赌协议无法完全发挥应有的效果。下面以A上市公司收购B公司（非上市公司）为例，分析因对赌

* 杨焕贵，四川永大欣海韵税务师事务所有限公司会计师；杜虹林，四川永大欣海韵税务师事务所有限公司会计师。

协议进行反向股份回购确认的业绩补偿对企业所得税的影响。

二、案例简介

A 上市公司 2017 年 11 月通过向 B 公司原 28 名股东发行股份及支付现金的方式收购 B 公司 100% 的股权，此次交易是以基于未来收益法计算的 B 公司评估价约 269 999.92 万元成交。B 公司的原股东鲁某、游某、霍某、周某及 RR 中心作为第一顺位补偿义务人，NN 投资、MM 投资作为第二顺位补偿义务人，共同承担 B 公司 2017～2019 年的业绩承诺。若 B 公司无法完成承诺业绩，以上 7 名补偿义务人应就承诺期间累计实际利润和累计承诺利润的业绩差额部分进行补偿，且补偿义务人应当就当期补偿股份数已分配的现金股利作相应返还。交易情况如图 1 所示：

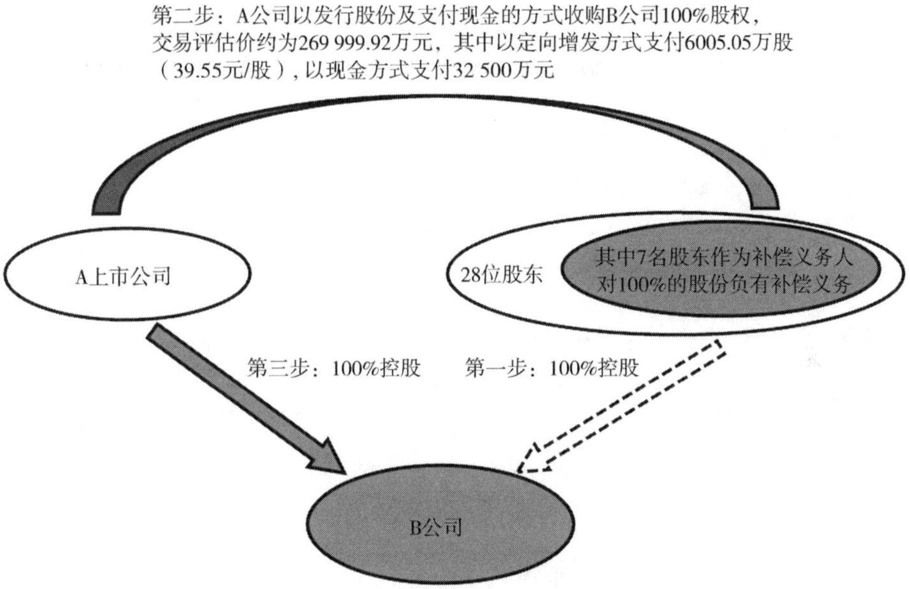

图 1　A 上市公司收购 B 公司交易流程

根据 A 上市公司与补偿义务人签订的“补偿协议”，B 公司 2017～2019 年的业绩承诺目标约为 76 608.00 万元，2017～2019 年的业绩约为 46 306.96 万元，因 B 公司未完成业绩承诺，触发业绩承诺人补偿义务。A 公司以人民币 1

元回购7名补偿义务人应补偿的约2700.23万股股份,该股份经核准后予以注销。

A上市公司的会计处理如表1所示:

表1　A上市公司的会计处理

事项	科目	借方/万元	贷方/万元
2017年11月18日,A上市公司发行股份及支付现金收购B公司	长期股权投资—B公司	269 999.92	—
	股本	—	6005.05
	资本公积	—	231 494.87
	银行存款	—	32 500.00
2019年12月31日,确认B公司原股东业绩赔偿,并收回此部分股份的现金分红94.51万元	交易性金融资产	52 114.41	—
	银行存款	94.51	—
	营业外收入—对赌赔偿	—	52 208.92
2019年12月31日,计提对B公司长期股权投资的减值准备	资产减值损失	119 949.92	—
	长期股权投资减值准备	—	119 949.92
2020年核准注销业绩赔偿收回的股份	股本	2700.23	—
	资本公积	49 414.18	—
	交易性金融资产	—	52 114.41
	银行存款	—	0.0001

A上市公司由此产生的52 208.92万元业绩补偿记入“营业外收入”,被税务机关要求征收7831.34万元企业所得税(A上市公司为高新技术企业且符合减税条件,企业所得税适用15%税率)。

三、争议焦点

在上例中,企业和税务机关产生了较大的涉税争议。

1.企业认为:该业绩补偿为原投资业务的有效组成部分,是同一笔业务的后续事项,因此回购本公司原定向增发的股份并注销,是对原收购定价及定向增发股票数量的调整,是资本构成的调整,不属于企业所得税应税收入来源,无须缴纳企业所得税。

2. 税务机关认为:企业所得税相关法律条文中无对对赌协议产生的“营业外收入”免征或不征企业所得税的政策规定,该笔“营业外收入”应并入当期所得征收企业所得税。

下文通过对 A 上市公司因对赌协议进行反向股份回购形成的业绩补偿对企业所得税产生的影响进行分析,说明股份回购的业绩补偿不属于当期应税收入,当期无须就此事项缴纳企业所得税。

四、收到业绩补偿的会计与税务处理

(一)收购方收到业绩补偿的会计处理

按照企业合并或有对价会计处理的相关规定,如果在购买日后 12 个月内出现对购买日已存在情况的新的或者进一步证据而需要调整或有对价,应当予以确认并对原计入合并商誉的金额进行调整。但在实际对赌交易中,业绩考察期通常超过 3 年,且在我国会计准则中,对赌交易业绩补偿不是以购买日已存在的情况为基础发生的,所以不应对购买日初始投资成本进行调整,而应作为或有对价后续计量的变动。

1. 收到现金补偿

收购方收到现金补偿的会计处理方式目前主要有以下 3 种:

(1)认为收到补偿的原因是在收购阶段高估了标的资产,所以它是对初始交易价格的调整,应该在收到业绩补偿时冲减长期股权投资的原始成本,即贷“长期股权投资”。

(2)认为现金补偿是企业非日常经营活动中发生的对赌胜利的利得,应该在收到时计入“营业外收入”。

(3)认为现金补偿是对企业购买虚高标的资产的补偿,应该直接计入所有者权益,即贷“资本公积”。

本案例中收到的业绩补偿为股份回购,不涉及此会计处理。

2. 股份回购并注销

收购方回购定向发行股份并注销,上市公司目前有两种处理方式:

(1)上市公司在回购上述股份时,借记交易性金融资产,贷记营业外收入或公允价值变动损益;注销时,借记股本和资本公积,贷记交易性金融资产,即将对赌收回原定向增发股份记入"营业外收入"或"公允价值变动损益"。此为A上市公司的会计处理方式。

(2)上市公司在回购上述股份时借记交易性金融资产,贷记资本公积;注销时,借记股本和资本公积,贷记交易性金融资产,即将对赌收回原定向增发股份记入"资本公积"过渡,注销时再将其冲销。[1]

(二)收购方收到业绩补偿的税务处理

1. 分别税务处理

在实际征管过程中,税务机关多采用分别税务处理方式,将初始股权收购与后期收到业绩补偿作为两项独立交易,即业绩补偿按照非公益性捐赠业务处理,捐赠方不得在税前扣除,这势必造成重复纳税。

2. 合并税务处理

部分专家学者认为,对赌交易的实质是对初始交易价格的调整,是一笔交易事项的履约过程,应将初始交易与对赌交易合并处理,追溯调整初始交易中被收购企业原股东的收益和收购方取得长期股权投资的计税基础,转让方按最终股权交易价格,对此项对赌交易业务涉及的企业所得税或个人所得税进行清缴,多退少补。[2]

五、案例分析

(一)A上市公司回购本公司股票并注销,企业净资产未增加,不属于当期税源事项

从企业所得税应税所得的来源分析,企业所得税所得来源一般包括:销售货物、劳务所得,转让财产所得,股息、红利等权益性投资所得,利息、租金、特许权使用费所得,其他所得(由国务院财政、税务主管部门确定)。确认所得的核

---

〔1〕 参见程澳:《并购过程中对赌协议的会计处理研究》,上海国家会计学院2018年硕士学位论文。

〔2〕 参见高金平:《对赌协议或有对价之所得税探析》,载《中国注册会计师》2018年第10期。

心是一个企业所得税纳税主体从另一个或多个企业所得税纳税主体取得了经济利益，具体表现为资产的增加或负债的减少，并导致企业经营性权益或利得的增加。

从会计核算角度分析，在不考虑计提的长期股权投资减值准备的情况下，A上市公司2019年收到补偿义务人归还的股份时交易性金融资产和营业外收入同时增加，2020年核准注销收到的股份时冲销交易性金融资产，同时冲减资本公积，此两笔会计分录对企业财务报表的最终影响是资本公积减少，未分配利润增加，属于所有者权益内部的变动，最终企业的净资产并未增加，企业无经济利益流入也就无企业所得税的应税所得来源，即无须缴纳企业所得税。如考虑长期股权投资减值准备，本案例中资产减值损失119 949.92万元远大于确认的营业外收入52 208.92万元，企业净资产大额减少。企业净资产的减少，不涉及缴纳企业所得税的问题。

以1元总价回购本公司约2700.23万股股份并予以注销，交易全程不涉及资金或利益的流入，且A上市公司取得的本公司股份只能注销，不能通过转让取得资金或得利，因此不能确认为真正意义上的企业收益，其在会计上确认的营业外收入实质是长期股权投资减值准备的抵减项目。问题的关键也正在于此，会计上根据谨慎性原则计提的减值准备不允许做税前扣除需要做纳税调增处理，而会计上确认的“营业外收入”无明确可以纳税调减的政策规定。

企业收购交易涉及金额往往巨大，如因该笔实质无收益、无经济利益流入的“营业外收入”缴纳企业所得税，很可能造成企业经营现金流断裂，对企业正常生产经营造成极其不利影响。

（二）因业绩补偿确认“营业外收入”属税会差异，会计处理确认资产减值损失与营业外收入，而税收并不认可减值准备则不应确认补偿收入为应税收入

根据企业所得税法精神，在计算应纳税所得额时，企业财务、会计处理办法与税法规定不一致的，应按照企业所得税法规定计算。企业所得税法规定不明确的，在没有明确规定之前，暂按企业财务、会计规定计算。A上市公司按照

《企业会计准则第22号——金融工具确认和计量》(已失效)和《企业会计准则第8号——资产减值》的规定,在将业绩补偿款确认为"营业外收入"的同时确认了对B公司长期股权投资的资产减值损失。企业财务报表在确认营业外收入的同时确认资产损失增加,当期会计利润是准确的。

从企业所得税纳税调整来看,长期股权投资的减值损失不能在缴纳企业所得税前扣除,需做纳税调增,但对该业绩补偿确认的营业外收入是否需缴纳企业所得税确没有明确规定,如仅仅依据会计核算确认的"营业外收入"就判定需要缴纳企业所得税(这是目前许多税务机关的观点),那么企业所得税的征收则不符合配比原则。按此逻辑推论,如企业回购股份时会计核算计入资本公积,而非"营业外收入",那么是否就无须缴纳企业所得税了呢?我们不能仅仅依据会计核算科目来判断其是否属于"应税收入",而应把握业务实质来判定其是否属于企业所得税的应税所得来源。

此外,如果将A公司以1元收回本公司的2700万股股票按公允价计入应税收入,则回购股票的计税基础就是该公允价值,那么在该项资产消失(股票注销)时,就应允许按其计税基础做资产损失扣除,如此才能符合配比原则。但目前的企业所得税法涉及的资产损失税前扣除并未对此进行规定,这就导致税务机关根本就不认可企业将此损失税前扣除。另外,由于会计准则的谨慎性原则,企业计提减值准备往往被要求在年度报告期完成,而企业经核准后实际注销股票往往发生在次年,这也会导致二者形成差异。

(三)该项税会差异属时间性差异,该业绩补偿款涉及的税收应递延至股权处置时缴纳

A上市公司应将回购原定增发股票的业绩补偿约52 114.41万元调整为长期股权投资初始成本,即A上市公司持有B公司100%的股权计税基础由269 999.92万元变为217 885.51万元。待A上市公司将来实际转让B公司股权时可扣除的长期股权投资成本为调减后的金额即217 885.51万元而非原始成本269 999.92万元,企业应按照股权转让价款与股权计税基础之间的差额确认股权转让所得缴纳企业所得税。因此,该业绩补偿款的税收是递延在将来股权处置时缴纳,仅为时间性差异,并未造成税款流失。

(四)把握业务实质,发行股份购买资产与收到业绩补偿实为一笔交易事项,税收上应把握业务实质调整长期股权投资的计税基础

我国《关于确认企业所得税收入若干问题》(国税函〔2008〕875 号)规定的确认企业销售收入应当遵循实质重于形式原则。实质重于形式即如果形式上课税要件未满足,而实质上课税要件满足,则课税要件应视为已经满足,要计入应税所得。反之如果形式上课税要件已经满足,但实质上课税要件并未满足,则应视为课税要件不满足,不计入应税所得。“形式上不符合课税要件但实质上满足课税要件”是为了解决避税问题,“形式上符合课税要件但实质上不满足课税要件”则为了解决重复征税的问题。若采用分别税务处理方式,被收购方股东需要就初始交易价格全额纳税,在支付业绩补偿后无法税前抵扣或申请退税,而收购方又需要就收到的业绩补偿全额缴纳所得税。这势必造成重复征税和多征税。[1]

对赌协议产生的最初目的就是调整企业估值,是对股权交易暂估价格的最终结算。根据《上市公司重大资产重组管理办法》第 35 条之规定,采用基于未来收益预期方法对上市公司拟购买资产进行评估定价的,交易相对方应当与上市公司就相关资产实际盈利数不足利润预测数的情况签订明确可行的业绩补偿协议。正是因为目标公司的预期业绩与实际业绩存在一定差距,影响估值的准确性才会产生对赌协议。由于补偿协议规定的或有价款是未来可能发生的,但与最初的购买资产行为具有密不可分的联系,因此不能将或有补偿款单独进行税务处理,即对赌协议双方不能将收到的或支付的补偿款视作利得或亏损,而应该遵循实质重于形式原则调整最初交易对价,从而调整转让方交易收益和所得,并调整投资方的投资计税基础。

(五)各地的税收案例

目前有部分地区展开了积极有益的尝试与实践,例如:

---

〔1〕 参见王璐瑶:《对赌协议所得税实质课税原则的适用——以反向现金补偿型对赌协议为例》,载《湖南税务高等专科学校学报》2022 年第 3 期。

1.地方性税收政策规定

海南省地方税务局《关于对赌协议利润补偿企业所得税相关问题的复函》(琼地税函〔2014〕198号)载明,海南省地方税务局对海南航空股份有限公司因对赌协议收到的业绩补偿视为对最初受让股权的定价调整,即收到利润补偿当年调整相应长期股权投资的初始投资成本。

2.上市公司的税务处理案例

(1)南京全信传输科技股份有限公司2019年年度报告显示,其在2018年年末确认了股份补偿对应的营业外收入以及交易性金融资产,同时确认了递延所得税负债,在2018年此笔营业外收入并未进行纳税处理。2019年6月,其完成了对赔偿股份的回购注销,并与当地税务部门进一步沟通,当地税务部门明确该笔收入不计入2019年度企业所得税应纳税所得额,应冲减长期股权投资计税成本,并将2018年确认的递延所得税负债进行了冲回。

(2)根据广东银禧科技股份有限公司2019年披露的《关于收到兴科电子科技原股东部分业绩补偿款的公告》可知:兴科电子原股东(三位自然人股东)依据相关协议向银禧科技进行了业绩补偿,并由银禧科技就业绩补偿事项代为向东莞市税务局成功办理了个人所得税退税申请。

(3)《税务文书送达公告(李某税务处理决定书)》显示,广州市税务稽查局认定邦富软件原自然人股东李某在华闻集团对邦富软件的股权收购中,未就转让邦富软件股权的事项足额申报缴纳个人所得税,应补缴相应税款。在计算应补缴的税款过程中,广州市税务稽查局减除了原自然人股东李某因邦富软件未完成业绩承诺而补偿华闻集团股票对应的金额。[1]

(4)深圳证券交易所A股上市公司华鹏飞股份有限公司(股票代码300350)2017年收到业绩补偿款303 098 654.33元,账面计入营业外收入。在税收处理上,华鹏飞公司将业绩补偿款303 098 654.33元作为非应税收入在2017年所得税汇算时作纳税调减处理。

(5)深圳证券交易所A股上市公司众泰汽车股份有限公司(股票代码000980)2018年收到业绩补偿款2 028 473 948.22元,账面计入营业外收入。

---

〔1〕 参见滕祥志:《对赌协议税收政策的优化建议》,载《银行家》2020年第9期。

在税收上处理上，众泰汽车将业绩补偿款 2 028 473 948.22 元作为非应税收入在 2018 年所得税汇算时作纳税调减处理。

（6）根据茂业商业股份有限公司公布的 2019 年年度报告可知，茂业公司将收到深圳茂业商厦有限公司、深圳合正茂投资企业（有限合伙）以及深圳德茂投资企业（有限合伙）因未完成 2016 年 2 月重大资产重组中的业绩承诺返还的 6 080 270股股份对应的分红收益 5 168 229.50 元计入资本公积，未计入 2019 年企业所得税应纳税所得额。

六、建议

上述各地虽然有些积极的政策和口头政策解释，但其法律层级较低、政策统一性较差。针对上述问题，为了完善和统一税制，维护国家和纳税人的合法利益，从税制的公平性原则上来审视，笔者提出以下建议：

国家税务总局要根据经济发展过程中不断出现的税收新情况、新问题及时作出反应：完善和细化对赌补偿相关税收政策，确保政策统一、执行一致，避免各地执行不一、处理各异的问题；对企业因反向对赌收到的现金补偿及股份回购视为对最初受让股权的定价调整，在收到或支付业绩补偿的当年调整增加或减少长期股权投资的初始投资计税成本。

为避免重复纳税及税款流失，建议对包含业绩补偿的股权转让协议采取先预缴后清算的方法：转让方在收到股权转让款时先就暂定的股权转让款预缴企业所得税或个人所得税，后续收到或支付业绩补偿时再进行个人所得税或企业所得税的清缴。此时清缴不产生滞纳金和罚款。

同时，在反向对赌协议相关税收政策明确之前，建议采用正向对赌交易模式，即收购方先向转让方预付部分交易对价，当目标公司完成对赌目标时，收购方再向转让方追加交易对价，同时可以履约保证金的方式将后续可能追加的交易对价预先支付给转让方或交由第三方进行共管或公证存款，如目标公司未完成业绩承诺，转让方将履约保证金或共管资金部分或全部返还收购方。这样既避免了税收争议又满足了新型交易模式的需求。当然，这针对的是以现金或非股票资产收购为主的交易方式，若是本案中以股票发行收购为主的交易方式，受我国股票发行管理机制的影响，正向对赌交易模式无从实施。如需采用反向对赌交易模式,建议收购方在收到业绩补偿时计入资本公积,而非"营业外收入",由此减少税企争议。这样处理需要企业充分评判和权衡会计准则风险与税收风险,同时做好税企争议的沟通与解释。

北京久其软件股份有限公司行政复议案例评析

杜津宇　侯雨晴*

一、前言

超额税款返还请求权是纳税人财产权利的必要保障,是我国税收法定原则的重要体现。但当前我国企业投融资行为退税制度尚不完善,法律无法应对复杂的现实纠纷。从久其股份退税案出发,通过对应税行为被撤销后的退税问题的讨论,引入尚待完善的退税制度,并结合税收法定主义理论,探讨从立法、执法、司法三个角度完善我国对纳税人超额税款返还请求权的研究。在立法思路上以健全相关的法律制度为基础,在执法制度上以提高行政执法水平为保障,在司法领域中提倡完善行政复议前置规则和行政诉讼规则,为纳税人在税款返还请求权受到侵害时提起权利救济提供便捷。

二、案情简介

(一)基本案情

北京久其软件股份有限公司(以下简称久其股份)及其控股母公司以14.4亿元为对价,与香港移通公司等签署了收购协议书,以受让上海移通网络有限公司100%股权。其后,久其股份在上海移通网络有限公司对其承诺实现2016年度、2017年度及2018年度业绩的前提下分三次支付转让价款,前两笔价款分

---

* 杜津宇,北京工商大学讲师;侯雨晴,中南财经政法大学学生。

别于2017年4月、2018年5月支付完成,同时一并完成了51%的股权交割。由于股权转让方香港移通公司为非居民企业,久其股份就两笔已支付价款分别代扣代缴所得税合计48 146 520.25元至北京市海淀区税务局。2019年2月26日,久其股份发现上海移通网络有限公司存在虚构业务、虚增业绩及利润等合同诈骗行为,随后向公安机关报案。2021年5月12日,北京市第一中级人民法院判决上海移通网络有限公司的部分员工犯合同诈骗罪。该份生效判决证明股权出让方香港移通公司实控人虚构交易、粉饰报表利润,构成合同诈骗罪。

2022年6月2日,久其股份向北京市海淀区税务局第一税务所提出退税申请,申请退还公司两次代扣代缴的合计4814万余元税款。2022年6月29日,北京市海淀区税务局向久其股份出具不予审批的《税务事项通知书》。2022年8月11日,久其股份向北京市税务局申请行政复议。2022年11月9日,北京市税务局出具的《行政复议决定书》维持了海淀区税务局的《税务事项通知书》。2023年2月,久其股份对海淀区税务局通知书及北京市税务局的复议决定不服,向海淀区法院提起诉讼,请求撤销前述税务事项通知书和复议决定书、判令海淀区税务局退还其代扣代缴的4814万余元的税款,目前该案尚在审理中。

(二)案件争议焦点

根据《税收征收管理法》(以下简称《税收征管法》)第51条的规定[1],纳税人可以自缴纳税款起3年内向征税机关提出退税申请。从这一规定可知,申请退税的主体应为纳税人,即负有纳税义务的单位和个人,而并非扣缴义务人。本案中,久其股份是代扣代缴义务人,依法对于非居民企业香港公司的财产转让所得履行《企业所得税法》规定的扣缴义务。虽然久其股份并非纳税人,但是其符合纳税主体资格。本文将基于税收法定原则重新判定久其股份是否应该承担纳税义务,引用案例从超额税款返还的规制角度进行讨论。

---

[1] 该条规定:"纳税人超过应纳税额缴纳的税款,税务机关发现后应当立即退还;纳税人自结算缴纳税款之日起三年内发现的,可以向税务机关要求退还多缴的税款并加算银行同期存款利息,税务机关及时查实后应当立即退还;涉及从国库中退库的,依照法律、行政法规有关国库管理的规定退还。"

1. 久其股份的纳税基础

久其股份退税案中，久其股份作为代扣代缴义务人，其扣缴税费的依据是多方签订的《股权转让协议》。合同诈骗罪成立后，相对应的合同即本案中的《股权转让协议》的效力便发生了变化，其属于无效还是可撤销尚待商榷。本案中，《股权转让协议》涉及的合同诈骗，主要是合同的相对人以及标的公司涉嫌欺诈、虚假行为。《股权转让协议》本身不违反法律强制性规定、不违反公序良俗，也不存在双方恶意串通损害第三人利益的情况，因此无法直接判定其当然无效。最高人民法院在印发的《〈全国法院民商事审判工作会议纪要〉理解与适用》中明确论述“合同诈骗在合同法的效力是可撤销，为充分保护受害人的合法权益，应赋予受害人以撤销权，并由其决定合同是否无效”。同时从2005年国家税务总局对四川省税务局作出的批复可知，对于股权转让协议终止、股权转让未完成的行为，收回股权能否准予退税要区分两类情况进行处理：一是若合同履行完毕、股权已作变更登记，且所得已经实现，当事人之间自行协商解除原股权转让协议导致股权被收回，应将原股权转让和退回股权视为两个独立的股权转让行为，对原股权转让征收的税款不予退回；二是若合同未履行完毕、原价收回股权，股权转让协议系经过仲裁等程序被确认解除导致的股权被收回，可认为原股权转让行为未完成，股权收益不存在，纳税人不应纳税。

本案中，久其股份曾在2020年2月24日向上海仲裁委员会提起仲裁，以合同欺诈为由主张撤销《股权转让协议》，后因案件进入刑事程序而撤回申请。若久其股份所签署的合同被仲裁撤销，或经刑事判决证明了久其股份是基于欺诈订立的合同，那么便可证明转让方自始就没有履行合同的意思表示，久其股份是在意思表示不真实的情形下签订的合同。这相比前述批复所提到的第二类情形即协议未履行完毕将产生更为彻底的法律效果——股权转让协议未得到履行，久其股份不应缴纳企业所得税。此时，北京市海淀区税务局征收税款所依据的《股权转让协议》便自始不发生法律效力，其征收行为将丧失课税基础。

2. 久其股份申请退税的实体法依据

在税收法定原则的指导下，征税行为与纳税行为都必须按照法律规定进行。目前,关于纳税人行使税款返还请求的相关法律集中表现为《税收征管法》第51条。该条规定:当纳税人所缴纳的税款超过应纳数额之时,例如在缴纳税款时出现计算失误、适用税率错误等问题,纳税人可以申请退税。[1] 而根据久其股份的主张:其代扣代缴税款是基于多方签订的《股权转让协议》,当协议被撤销后,其有权提出申请退还扣缴的税费。此时,该份税款处于一种缴纳时合法,但事后国家丧失征收税款的正当理由之状态,显然不属于《税收征管法》第51条所规定的任一退税情形。

北京市第二中级人民法院判决的国家税务总局北京市西城区税务局等与刘某秀案(刘某秀退税案)中,一审法院结合税法的基本原则、行政合法性及合理性原则认定:从事实出发,刘某秀缴纳税费的依据是法院出具的以房抵债的强行执行裁定书,当该裁定书所依据的民事调解书被撤销时,刘某秀与沈某之间以房抵债的行为便失去了效力;从税收法律关系出发,税收债务关系所依据的基础民事法律事实归于灭失,国家与纳税人之间已不具备特定的征纳关系,税收客体不复存在,该笔税款不具备税收依据的基础。同时原审法院提出:本案不属于"超缴"情况,不受《税收征管法》第51条所规定的3年时效限制。[2]

相比于刘某秀退税案,久其股份的纳税主体是企业,其税款体量是很大的;同时其扣缴义务人的身份是不同于刘某秀的纳税人,这使两个案子在标的和主体上存在显著的差异。但是两案存在两个相似之处:一是两主体的退税申请都已超过3年时效期限;二是纳税的基础法律事实已被法院生效判决予以否定,缴纳税款时的征税要件被消灭,纳税人实际缴纳的款项不属于《税收征管法》第51条规定的"超过应纳税额缴纳"情形。这说明在这一点上,久其股份的案件也是不符合第51条的规定,是无法用当前退税制度进行简单处理的,该案对司法现实提出了更大的挑战。

---

〔1〕 祝晨星、李刚:《民事法律关系撤销的税法后果——由典型案例看税收征管法第51条》,载《上海法学研究》2020年第21卷。

〔2〕 国家税务总局北京市西城区税务局等与刘某秀案[北京市第二中级人民法院行政判决书,(2019)京02行终964号]。

三、纳税人超额税款返还请求权行使的困境

（一）超额税款返还制度缺乏系统的立法规定

当前，关于退税制度的规定散见于《税收征管法》及《税收征收管理法实施细则》中，尚未形成完整的退税体系。其中，超额税款返还制度的主要法律依据为 2001 年颁布的《税收征管法》第 51 条，多年来未有变动。该条规定：税务机关在发现纳税人“超缴”时应立即退还税款，纳税人自结算缴纳 3 年内发现自己“超缴”时有权提出退税请求，并在其基础上加计银行同期存款利息，经税务机关核实后以后退还；涉及国家财政支出的，按照国家财政支出的有关规定办理。该条明确了相对简单的退税情形，在条文中仅对多纳情况进行了考量，并未对民事法律关系撤销导致的税收法律关系灭失进行规定。

1. 税款返还的情形规定不明确

在学理上，税收返还请求权产生的原因有三种：一为自始无法律原因，即纳税人部分或全部税款的纳税义务自始不存在，实体法上可分为多缴和误缴两种情况，《税收征管法》第 51 条便是对多缴进行了相关规定；二为嗣后无法律原因，指税务机关征收时依据的法律事件在纳税后由于一些情况被撤销，溯及原征税行为，导致原征税行为效力灭失，本案即属于此种情况；三为政策优惠，意为纳税人基于一些税收优惠政策对已缴的税款享有返还请求权，如出口退税等。而《税收征管法》仅规定了“超过应纳税额缴纳的税款”，即超纳金的情形，这导致了纳税人遇到其他可能导致退税的情况没有合法渠道进行救济，无法可依，使纳税人的财产权不能很好地受到保护。本案中，久其股份申请退税是因为交易的法律形式与经济内容都出现了嗣后消灭，属于上述的无法可依的第二种情形。

2. 税款返还的时效起算点不明确

根据《税收征管法》第 51 条的规定，对纳税人多缴的税款，经税务机关查实后，应立即予以返还，或者由纳税人自行查实并在 3 年内提出返还。这一规定在实务中产生了诸多问题：首先，以主体的“发现”作为启动退税程序的方式产生了较多争议。例如，当纳税人发现自己超缴税款后向税务机关提出请求，税务机关收到申请是否属于间接发现，此时该以何主体的发现作为启动退税的方

式就成了难题。其次,主体的区分与时效长短直接挂钩的本意是为了督促纳税人自查自纠,却在实践中异化成为征税机关不予退税的绝佳利器,使纳税人背负退税不能的后果。最后,对于退税请求权是自税务机关或纳税人发现退税事实之日起取得,还是自退税事实发生之日起取得,第51条的规定并不明确,这将会产生纳税人承担非自身原因使时效丧失的沉重后果。例如,刘某秀退税案中,虽然纳税人通过提起民事诉讼等方式向刘某主张其缴纳税款的损失,但因对税收相关法律规定不甚了解,致使其未能及时向税务主管部门主张退税的合法权利。

(二)类案异判的司法现实

无权利则无救济,若要让纳税人超额税款退税权在实践中得到切实的保护,必须有系统性的司法救济制度。在对纳税人超额税款返还请求权的保护中,当前的主要法律依据仍是20多年前颁布的《税收征管法》及《税收征收管理法实施细则》,保护的财产权形式单一,内容孤立,不利于纳税人合法权益的有效保护。

久其股份退税案中,多方签订的股权协议若被撤销,民事法律行为便会被宣告无效,合同双方实质上的经济地位将恢复到民事法律关系之前,因此而缴纳的企业所得税也会因缺乏征税的基础而予以退还。然而北京市海淀区第一税务局及北京市税务局考虑到如无明确具体退税规定,则退税会带来执法风险,都驳回了申请。基于此,本文引用类案进行分析:

类案一:前文提及的刘某秀退税案中,刘某秀基于强制执行裁定书的规定用以房抵债的形式偿还了债务,并缴纳了涉案房屋产生的营业税、城市维护建设税等税费。当执行裁定书所依据的民事调解书被撤销后,刘某秀以房抵债的行为便失效了。对于刘某秀的退税申请,税务机关认为:刘某秀的退税申请超过了3年申请期限,且税务局就该案退税相关政策的法律适用问题咨询了有权机关,退税申请没有法律根据。法院认为:从税务的概念与构成上看,民事调解被撤销之后,无论是税务的主体还是客体都已经不存在了,征税的要素也不再满足,所以不符合税的基本属性,应当予以返还。该案不宜适用《税收征管法》第51条加以3年退税申请期限的时限约束,需要行政机关运用行政合理性原则,正确行使自由裁量权。

类案二:天琴公司退税案中,金数码公司以 3566 万元及一份知识产权为对价收购天琴公司股权。在天琴公司完成股权转让变更登记办理并缴纳了相关税费后,金数码公司因不享有知识产权而不能继续履行合同。其后,天琴公司便以自己受欺诈为由,要求法院撤销上述股份转让,并向税务机关提出退还税款的申请。税务机关认为无法律法规依据而驳回。[1] 原审法院以《税收征管法》第 3 条为准,认定退税必须依法进行,我国现行《税收征管法》并未明确股权转让协议被撤销后即基础民事法律关系撤销后退还税款的情形,故对天琴公司申请退税一案不予支持。

纳税人超额税款返还请求权在实践中能否实现是评判纳税人财产权是否得到保护的重要标准。从上述类案的处理结果可以看出,税务机关并不关注被撤销后应税交易的法律形式和经济实质,而是强调退税法定。申请人的退税申请权必须有法律的明确规定,必须符合税收法定原则,否则不予退税。针对类似的案件,法院的司法判决也截然不同,有认同税务机关执法逻辑的判例,也有借助法理和法律原则否认税务机关执法逻辑的判例。虽然都给出了不同的裁判理由,但大相径庭的司法实践诚实地指向了立法规定缺失的窘境。这反映当前司法救济途径的不完善,普通法官难以充分使用司法手段弥补法律缺失的现实。

四、纳税人超额税款返还请求权行使的理论分析

超额税款返还请求权,是指纳税人在履行纳税义务过程中,由于征税主体对纳税人所缴纳税款的征收没有法律依据,纳税人缴纳的税款全部或部分超过了应纳税额所享有的请求征税主体退还税款的权利。法理学作为法学研究的基础理论,为整个法学学科的研究奠定了理论基础。因此,在超额税款返还请求权的理论研究中,需要借助税收法定原则,从对纳税人权利的保障出发,进行深入的剖析。

---

〔1〕 天长市天琴公司诉安徽省滁州市地方税务局、安徽省天长市地方税务局案[安徽省滁州市琅琊区人民法院行政判决书,(2016)皖 1102 行初 3 号]。

(一)税收法定原则的基本内容

税收法定原则是我国税法体系中的一个重要原则,其发端于英国。1215年,英国国王在《自由大宪章》中第一次通过了税收法定原则。在这之后,法国、美国等国家都相继用本国宪法对税收法定原则加以固定。关于税收法定原则,我国学者也提出了一些构想。例如,刘剑文教授主张:税收法定主义的基本内涵就是征收主体应当且仅依国家法律的明文规定征收,纳税主体应当且仅依税收政策的明文规定纳税。法律赋予国家强制且无偿地向纳税人征收税款的权力,由此形成了双方在法律上的债权债务关系,这是国家汇聚财政收入的主要手段,也是实现国家职能,为社会经济安定有序发展提供保障的重要环节。税收法定主义体现在税收法治建设的方方面面,是促进税收法治和谐发展的关键要素。

本案中,税收法定原则两次被提起,一为合同签订时,二为合同诈骗被发现、合同效力发生变化时。不同阶段,税收法定原则都发挥了其应有之义,却在适用时产生了不同的结果。在此根据案件不同阶段税收法定原则的适用,借以提出完善税法体系的理论基础。

(二)税收法定原则的适用分析

1.合同签订时税收法定原则的适用分析

国家征收税款的目的是实现国家财政收入,而纳税人缴纳税款是为了实现个人的生存和发展。在征收税款时,必须保证纳税人和征税机关处于平等的地位,以维护双方之间的利益关系。对于纳税人来说,其所承担的义务是与其纳税能力相匹配的。国家在征收税款时要确保纳税人具有一定的纳税能力和资格。根据税收法定原则,纳税人纳税义务的发生必须严格依据税收法律规定,若无法律依据则纳税义务不得成立。同时,征税主体行使征税权力时必须有法律作为依据。若征税主体并无合法依据向纳税人征税,则会损害纳税人的合法利益。在久其股份和香港移通公司签订股权转让协议的时候,香港移通公司的纳税义务便产生了,随之而来久其股份的扣缴义务也发生了。此时,征税机关的行为是有理可据的,是对税收法定原则的忠实履行。

2. 合同诈骗判决时税收法定原则的适用

超额税款的返还请求权分为实体和程序两个层面，实体层面依据税收法定原则，税款缴纳不符合课税要素的，税款返还请求权随即产生且该权利只在税款返还时才会消灭。久其股份退税案中，在上海移通公司的员工被发现合同诈骗的行为后，久其股份便拥有了撤销合同的权利。随后，在确认合同诈骗罪的刑事判决书送达以后，久其股份也提出了合同效力的仲裁。此时，该合同的效力发生了变化，久其股份依据该合同而缴纳的税款的性质也发生了变化。

依据《企业所得税》第 37 条的规定，应该以纳税人发生纳税行为和纳税义务为前提才能产生扣缴义务。本案中，由于双方当事人之间的合同欺诈行为而具备了合同撤销或者法定解除的事由。从法律形式的层面来说，如果久其股份主张撤销或者解除合同，那么该股权转让交易将不复存在，法律形式也将随即消灭。对于该种一次性合同，合同的撤销具有一般溯及力，因此在该交易中，法律形式将不复存。其后从交易的经济实质看，若久其股份不保留经济内容即将其股份归还香港移通公司，而香港移通公司未取得收益，则该交易的经济本质将因溯及力而终止。《股权转让协议》亟待撤销，股权转让行为终止，整件交易的法律形式与经济内容都发生了嗣后消灭，纳税人的退税请求权产生。如果久其股份保留了上海移通公司股权，经济效果持续存在，纳税义务、扣缴义务的持续存在属于法律原因嗣后持续存在，而非消灭。若久其股份放弃保留股权而撤销合同交易，那么纳税义务将因法律形式、经济内容不复存在，纳税义务、扣缴义务均溯及消灭。

对于已经履行的民事法律行为被宣告自始无效或者被撤销后的情况，如果在民事法律行为宣告无效之后，合同双方可以将其恢复原状，如已经交付的动产或者不动产、已经支付的对价返还给对方，使双方实质上的经济地位恢复到民事法律关系之前，那么，因此缴纳的所得税、增值税等税款由于缺乏征税的基础和依据，应当予以退还。但是，如果在民事法律行为被宣告无效之后，以合同标的的性质为基础，不能将其恢复到原来的状态，如劳务等情况，那么从经济实质的观点看，当事人之间的经济地位已经发生了变化，民事法律行为的经济效果仍然存在，那么按照实质课税的原则，征税要件仍然符合，就不适合对其进行退税。刘某秀退税案中，原审法院就提出：当刘某秀缴纳的税款性质发生变化时,国家作为公权力已不具备课税要素以及税收依据,应予退还税款。否则将不符合税收公平、适度、法治等基本原则,相对于个人私权而言,涉嫌税收利益的不平衡和不合理,有违保护纳税人合法权益、促进经济和社会发展的税法立法宗旨,违背法的公平正义的基本价值取向。这一观点与税款返还请求权的原理不谋而合。由此也说明,法院并不否定行政机关的征税行为,其推翻的是行政机关不予通过的退税请求。

税收是国家从纳税人处取得的财产,税务机关身为征收机关有责任维护国家的国库利益不受到侵犯。所以,税务机关在退税的情况下表现得极为谨慎,在实践中,这也造成纳税人申请退税时要么面临不符合退税条件的问题,要么便是3年期限的限制问题。同时与纳税人相比,扣缴义务人的救济途径也较为狭窄。因此在纳税申报过程中,企业应注意做好税务合规工作,重视每笔税款的计缴,避免嗣后陷入退税争议之中。

五、完善纳税人超额税款返还请求制度的建议

(一)充实超额税款返还请求权的内容

在实体法上,税收债务法律关系消灭,但是在程序法上却没有任何与退税有关的情况,这属于规则缺失造成的法律漏洞。这样的规则空白在阻碍纳税人实现权利救济的同时,也对权力机关行使裁量权提出了一个重要挑战。刘某秀退税案中,法官不仅发挥自由裁量权充分肯定了纳税人的税款返还请求权,也对税务机关合理行政提出了更高要求。为了从根源上解决规则适用的混乱现状,立法部门需要在权利的保护和权利的限制之间寻找一种平衡,在关注如何保护纳税人的财产权与充实税款返还请求权的内容时,也要注重防止权利被滥用的可能性,促进时效限制的合理适用。

1.完善超额税款返还请求的具体规则

目前,《税收征管法》并未对退税产生的原因进行具体细分,导致实践中征纳双方因对法律适用的不同理解产生税收争议。从分类规定退税理由出发,重新梳理超额税款返还请求权的内容,满足纳税人保护自身财产权的需求。关于申请退税情形的分类,学理上有多种处理方式。一是在《税收征管法》中对纳税人税款返还请求权产生的原因进行列举,设计三种产生退税请求权的原因即多

缴、误缴、法律原因嗣后消灭，从而在程序法层面为法律原因嗣后消灭而导致的退税提供法律依据，在法律上丰富超额税款返还的具体情形。二是以民法返还不当得利为类推适用。在法理上，超额税款返还是以税收债务关系说为前提。具体而言税款返还请求可以民法返还不当得利为依据，借鉴《民法典》中“无合法依据”的理念，将现行《税收征管法》第 51 条中“纳税人超过应纳税额缴纳的税款”改为“纳税人无合法依据超出应缴税额缴纳的税款”，以期从概念上弥补税法中不当得利构成要件的不足。三是出台相关解释，促进法律原理的应用。刘某秀退税案中，法院的判决要求税务机关运用合理行政的原则，以这种方式对一种不符合法律原理的财产状况进行调节和平衡。但是，合理行政原则要求行政机关在行使自由裁量权的过程中不仅仅要遵循法律法规，还要符合法律原则和法的精神，这就对行政机关的执行水平提出了更高的要求。与此同时，一般法律原则在判决中的适用效力存在诸多争议，这一方法可行性仍有待商榷。

2. 合理规定超额税款返还请求权的行使时效

久其股份退税案中，当判决上海移通公司的员工犯合同诈骗罪时，合同的效力便发生了变化，久其股份的纳税基础便丧失了。然而，该案不属于“超过应纳税额缴纳”的情形，因此不应当适用《税收征管法》第 51 条，自然也不适用其时效限制。但是基于社会公共政策，若在基础交易失败导致的退税案件中排除《税收征管法》第 51 条的适用，可能会导致纳税人随意拖延退税申请，使税务机关面对大量的延迟退税申请、提起行政诉讼的情况，在较大程度上降低税务机关的行政效率，影响正常的税收征管秩序，违背最初的立法目的。法院的解释方式虽存在合理之处，但在法律适用上的解释不够完善。法官在排除适用《税收征管法》第 51 条时，并没有明确具体的适用条件，这事实上对退税时效存在合理性的忽略。因此，在实际操作中我们可以通过对《税收征管法》第 51 条的类推适用来填补这一空白，也不能放弃 3 年的退税时效，从而使我们能够更好地理解这一问题。在适用时效期限时注意将基础民事法律关系被撤销之日作为起算点，规定 3 年届满后不得再主张退税，而非以缴纳税款结算之日作为起算节点，以此来完成税收债务关系消灭与退税制度的衔接。

（二）完善超额税款返还请求权的司法救济

当前，当纳税人和税务机关因税款退还问题发生争议时，可通过两种方式实现税收权利的救济,一为行政复议,二为行政诉讼。

从上述类案的处理结果可以看出,对于应税行为被撤销后的退税申请,税务机关以税收法定原则为核心多采取否定态度。根据税收公平原则,法律形式已被法院撤销,当事人丧失了负税的能力,自然应当退还此前已缴的税款。然而面对税法无明文规定或规定模糊的现实,税务机关可以运用税收法定主义积极行使自由裁量权,但不能为了保障纳税人的合法权益,运用税收公平原则弥补税法的漏洞进行退税,这折射出税务机关的两难困境。而在行政复议的实践中,由于税务行政复议机关为征税机关的上级机关,从本质看仍为自监自查,不利于行政复议结果的公正性,容易导致纳税人对复议结果不满意最终还是决定提起诉讼,那么行政复议前置的作用就大打折扣,没有起到应有的效果,同时还导致了资源的浪费。因此,我国可以考虑借鉴外国的做法,设置独立的税务行政复议机构,[1]其仅从属于国务院或人民政府,机构中的成员皆应为专业人员,熟知税法和行政法,这样有利于帮助纳税人维护自身合理权利,节省司法资源,提高办事效率,增强纳税人对税务机关的信任程度。

在行政诉讼中要想更好地体现保护纳税人权益的理念,就必须对行政诉讼的相关规则进行完善,从而促进税收争议的妥善处理。然而,当前我国现行税法盛行国库本位理念,在税收领域存在严重的"税收本位"倾向,行政管理部门常常把重点放在保护和改进税权上,而在一定程度上忽视了对纳税人税款退还请求权的保护力度,使实质课税原则在退税环节隐形了。作为我国税收业务的主管部门和税收执法的主体部门,税务机关应从源头减少征纳双方矛盾的发生。具体而言,税务机关应以维护征纳双方的和谐为基点,从加强自身法治建设出发,持续强化税收执法的数量和质量,规范适用行政裁量权,充分保障纳税人的合法权益,作出符合税法规定和纳税人预期的执法决定。因此,可以通过在行政系统建立一个税务准司法组织,赋予其专门处理税额确认纠纷的权力,从而帮助征纳双方认定应纳税额,保证税务案件审理的公平公正,提升司法审判的公信力。

〔1〕 闫雪、蔡博:《纳税人退税请求权研究》,载《学理论》2013年第25期。

六、总结与展望

随着税收法定主义在我国的贯彻实施,公民对税法的重视程度也在逐渐提升,他们在更加关注自身纳税状况的同时,对税法合理性的探讨也日益增多。义务与权利是相辅相成的。在我国,纳税人的纳税意识正在不断增强,并且在某种意义上这种意识的觉醒也将伴随税收权利意识的提高。但当前税收法律制度中,关于超额税款返还请求制度的规定比较含糊,造成实践中征纳双方之间存在很多的争议,这样的状况不仅不利于对纳税人合法权益的保护,更不利于对税收法律权威的维护,而且还会导致纳税人对税收法律法规的遵从性降低。因此,超额税款返还请求权的存在有其重要的意义,对超额税款返还请求权制度进行完善已成为当务之急,如何通过全面研究和客观分析找出在返还税款的过程中存在的问题以及原因,从而寻找出可以解决这一制度困境的路径,是让税款返还请求制度在保障纳税人的合法权益中起到重要作用的关键问题。企业作为常见的纳税主体,与自然人不同的是,企业所涉及的税款数额较大,更需要自身拥有较强的权利意识与维权能力。

北京功夫坊手擀面馆与北京经济技术开发区税务局第一税务所行政纠纷案例评析

刘建初*

一、前言

(一)案件背景情况

在全面深化改革的时代背景之下,深化财税体制改革、实现税收法治是推动国家治理体系和治理能力现代化的重点领域和关键保障。实现税收法治是一项全面系统性工程,这要求税收法治不应仅仅停留在税法立法论层面,毕竟徒法不足以自行,税收法治更应体现在税法运行论层面,即在税收司法、税收执法和税收守法三个维度实现全面法治:司法机关公正司法,维护税法权威,实现税收司法正义;征税主体严格执法,坚守税法初衷,促进税收执法公正;纳税主体积极守法,行使税法权利,增强税收守法意识。实现税收法治既需要宏观层面的税收立法,又需要微观层面的个案正义,而微观层面的个案正义则与税收司法、税收执法和税收守法密切相关。本文选择的北京功夫坊手擀面馆与北京经济技术开发区税务局第一税务所行政纠纷案,案号(2021)京0115行初635号,源于中国“2022年度影响力税务司法审判案例”。该案件受理法院北京市大兴区人民法院是典型的司法机关,案件为税务行政诉讼,司法机关充分参与税收领域的司法监督活动体现了税收司法正义;该案件原告北京功夫坊手擀面

* 刘建初,北京市广盛律师事务所律师。

馆是典型的纳税主体，案件核心诉求为纳税主体的权利保护主张，纳税主体充分行使自己的税收救济权和税收知情权体现了税收守法意识；该案件被告北京市经济技术开发区税务局第一税务所是典型的征税主体，案件受理范围为征税主体征管权的程序合法性，征税主体行使税收征管权应严格遵循程序合法性体现了税收执法公正。鉴于此，笔者选取的案例充分贯彻体现税收司法、税收执法和税收守法，试图通过对个案的分析为税收法治的实现贡献微观层面的力量，并且以微观带动宏观，透过微观层面的个案正义完善宏观层面的税收立法，实现税法立法论与税法运行论之间的双向促进与良性循环，最终实现税收法治这一理想目标。

（二）案件研究意义

1. 税法理论层面的研究意义

“北京功夫坊手擀面馆与北京经济技术开发区税务局第一税务所行政纠纷案”在税法理论层面的研究意义主要体现为：(1)有利于理解税法基本原则和适用原则理论，加深依法征稽原则、税收效率原则、诚实信用原则的实践认知；(2)有利于完善纳税主体权利保护理论，对于税收知情权、陈述申辩权、法律救济权需要赋予更加重要的地位，给予更多的关注与重视；(3)有利于丰富征税主体职权履行理论，对于税收处罚权、信息获取权、服务提供义务、接受监督义务需要明确具体的标准、尺度与规范；(4)有利于拓补税收救济理论，对于税收行政诉讼、税收诉讼类型、税收诉讼原则、税收诉讼合法性审查需要进一步拓展补充理论基础；(5)有利于探索税收程序合理性理论，对于征税主体行政程序正当性、客观性、适度性需要探索其内在机理。总体而言，研究该案例既能够兼顾税收实体法的实体正义与税收程序法的程序正义，又能够涵盖税收司法、税收执法与税收守法的理论范畴，通过对税法个案的研究推动税法理论的完善与拓补。

2. 税务实践层面的研究意义

“北京功夫坊手擀面馆与北京经济技术开发区税务局第一税务所行政纠纷案”在税务实践层面的研究意义主要体现为：(1)有利于增强纳税主体的权利保护意识，唤醒纳税主体在合法权益受到不法侵害时运用法律手段维护自身合法权益的权利意识;(2)有利于提高征税主体的依法执法水平,使其依法行使税收实体法和税收程序法所赋予的税收征管权、严格遵守行政程序,提升征税主体执法人员的执法素质;(3)有利于发挥司法机关在税收诉讼领域的功能作用,通过司法机关的审判监督促使征税主体依法执法,实现税收司法正义的价值目标;(4)有利于践行税收救济法的制度初衷,解决税收征管过程中发生的税务争议,妥善处理纳税主体与征税主体之间的矛盾纠纷,形成一种长效的税收法律救济机制;(5)有利于借鉴税务争议处理的实践经验,吸取税收执法的经验教训,为《税收征收管理法》的修订完善贡献有益经验;(6)有利于梳理庞杂的税收规范性文件,清理无效与错误的条文规定,形成与时俱进且符合税收法治精神的税收规范体系。综上所述,研究该案例既能够为税务实践中纳税主体与征税主体之间产生的税务争议提供税收救济的实践蓝本,又能够促进税收立法工作与税收规范性文件清理工作。

二、案情简介

(一)主体信息

北京功夫坊手擀面馆与北京经济技术开发区税务局第一税务所行政纠纷案其案件性质为税务行政诉讼。

原告:北京功夫坊手擀面馆、经营者杜某(纳税主体)。

被告:北京经济技术开发区税务局第一税务所(征税主体)。

(二)主要案情

2011年11月28日,在原告不知情的情况下,其在税务系统内被认定为非正常户注销状态。2021年6月21日,被告向原告作出《税务行政处罚决定书》和《责令限期改正通知书》,认定其未按照规定期限办理纳税申报和报送纳税材料,对其处以50元罚款并要求限期改正。2021年6月22日,原告及其经营者杜某对被告的执法行为提出异议并提交了相关证据。2021年6月24日,被告以文字表述错误为由向原告重新作出《税务行政处罚决定书》和《责令限期改正通知书》。2021年7月13日,被告向原告作出《税务事项通知书》,通知撤销此前作出的两份《税务行政处罚决定书》和两份《责令限期改正通知书》。然而,原告在税务文书档案系统里查不到撤销决定,相关第三方网站仍显示原告因税收违法被处罚,这给原告及其经营者杜某造成了负面影响,故原告向北京市大兴区人民法院提起行政诉讼。法院经审理认为:税务系统省级超级用户将原告认定为非正常户,属事实认定不清、主要证据不足、程序违法、依法应予撤销;因无可撤销内容,故依法确认违法。被诉处罚决定被撤销后,被告应当及时在系统中对相关处罚记录进行删除或标注已撤销,避免后续对原告产生其他影响。被告收缴的 50 元罚款应当予以返还。至此,原告与被告之间的税务争议随着法院的一审判决最终尘埃落定。

鉴于本案所涉争议缘起于 2011 年 11 月 28 日,跨度 10 余年,为了更好地还原主要案情,更加清晰地了解案情脉络,本文按时间顺序梳理原告与被告在此次税务争议中的关键事件线索(见表 1)。

表 1　案件关键事件线索

序号	时间	关键事件线索
1	2011 年 11 月 28 日	原告未经法定程序被认定为“非正常户注销状态”
2	2012 年 7 月 3 日	原告撤店终止经营
3	2021 年 6 月 21 日	被告向原告作出京开一税简罚〔2021〕16170 号[1]《税务行政处罚决定书(简易)》,认定被处罚人原告(使用经营者杜某的居民身份证号码)未按照规定限期办理纳税申报和报送纳税资料,依据《税收征收管理法》第 62 条之规定,罚款 50 元 被告在未查明事情的情况下给经营者杜某当面送达了京开一税限改〔2021〕26227 号《责令限期改正通知书》,依据《税收征收管理法》第 62 条之规定,责令原告 2021 年 7 月 6 日前限期改正 经营者杜某向被告当场扫码支付 50 元罚款
4	2021 年 6 月 22 日	原告对处罚认定的违法事实提出异议,向被告出示了原告在 2011 年 1 月至 2021 年 7 月不间断的电子缴税付款凭证和发票领购凭证原件 经营者杜某在开发区税务局申请办理“非正常户解除”

续表

序号	时间	关键事件线索
5	2021年6月24日	被告向原告作出京开一税简罚〔2021〕16200号《税务行政处罚决定书(简易)》并当场向其送达,认定被处罚人原告(使用经营者杜某的居民身份证号码)未按照规定限期办理纳税申报和报送纳税资料,依据《税收征收管理法》第62条之规定,罚款50元
		被告向原告作出京开一税限改〔2021〕26249号《责令限期改正通知书》并当场向其送达,认定原告违反税收管理规定,未按照规定期限办理纳税申报和报送纳税材料,依据《税收征收管理法》第62条之规定,责令原告2021年7月9日前限期改正
		被告新作出的经营模式为个体经营的"北京功夫坊手擀面馆"的税务登记,将经营者杜某的居民身份证号码与原告的纳税人识别号进行了非法绑定
		被告已为原告办理解除非正常户手续
6	2021年7月13日	按照原告的要求,被告已将原告的纳税人识别号变更为统一社会信用代码即92110400MA02589F84,纳税人状态为正常
		被告向原告作出京开一税通〔2021〕24492号《税务事项通知书》,写明:被通知人为原告(92110400MA02589F84),依据《行政处罚法》第54条第2款之规定,现通知撤销26227号责改通知、16170号处罚决定、26249号责改通知、16200号处罚决定,如对本通知不服,可自收到本通知之日起60日内依法向国家税务总局北京市经济技术开发区税务局申请行政复议,或者自收到本通知之日起6个月内依法向人民法院起诉
7	2021年8月13日	原告收到被告邮寄的京开一税通〔2021〕24492号《税务事项通知书》,通知撤销此前作出的两份《责令限期改正通知书》和两份《税务行政处罚决定书》
8	2021年9月9日	经营者杜某在开发区税务局办公室里看到税收征管系统中有一个同名的功夫坊面馆的税务登记,共记载了45项企业变更登记记录,工作人员答复与原告无关,也没有让经营者杜某看清楚里面有什么内容。该界面有很多编号很陌生的税务事项通知书,经营者杜某提出打开文件查看,未获允许

续表

序号	时间	关键事件线索
9	2021 年 10 月 25 日	被告变更税务登记，出现“两证整合个体工商户”字样，原告的注销登记页面基本信息只有经营者杜某的基本信息，没有字号名、纳税人识别号和行业信息，原告纳税主体信息不明确
10	2021 年 11 月 5 日	经营者杜某与北京市税务局工作人员电话沟通，对方明确告诉原告税务系统中无京开一税通〔2021〕24492 号税务通知，两个处罚的状态一个是罚款 50 元、已结案，一个是罚款 50 元、已非正常中止，均未撤销
11	2021 年 12 月 20 日	原告向北京市大兴区人民法院提起行政诉讼
12	2022 年 2 月 16 日	北京市大兴区人民法院依法组成合议庭，公开开庭审理
13	2022 年 5 月 24 日	北京市大兴区人民法院依法作出一审判决

[1]为行文方便，正文提及文件号时不再带机关名称及年份。

（三）各方观点

1. 原告的核心观点

（1）被告于 2021 年 6 月 21 日向原告作出的 16170 号《税务行政处罚决定书（简易）》和 26227 号《责令限期改正通知书》在主体资格上认定不清，将纳税人识别号与原告经营者杜某的居民身份证号码绑定，违反了纳税人识别号具有唯一性的法律规定，损害了原告经营者杜某的合法权益。

（2）被告向原告作出税务行政处罚决定欠缺事实依据和法定证据，被告依据原告 2011 年 11 月 28 日被认定为“非正常户注销状态”予以行政处罚系事实认定不清，证据显著不足，被告无法提供证据证明原告应认定为非正常户，在欠缺关键证据的前提下，未调查核实原告是否已经办理纳税申报这一关键事实，擅自认定原告未按照规定期限办理纳税申报和报送纳税资料，最终作出罚款 50 元的决定。

（3）被告向原告作出税务行政处罚决定严重违反法定程序，具体如下：第一，纳税人未按照规定期限办理纳税申报和报送纳税资料税务机关方能责令限期改正，原告在 2011 年 1 月至 2012 年 7 月不间断地进行纳税申报且能够提供电子缴税付款凭证和发票领购凭证原件，被告未核实情况便责令其限期改正，系程序违法;第二,纳税人在税务机关责令限期改正之后逾期不改正的,税务机关实地检查后方能制作非正常户认定书,被告于2021年6月21日责令原告限期改正,而原告于2011年11月28日便被认定为"非正常户注销状态",系程序违法;第三,纳税人未按照规定期限办理纳税申报和报送纳税资料应先责令限期改正,待逾期不改方能给予行政处罚,被告于2021年6月21日当天同时作出责令限期改正通知和行政处罚,未给予原告限期改正时间,系程序违法。

2. 被告的核心观点

(1)被告于2021年7月13日向原告作出24492号《税务事项通知书》,明确通知原告撤销26227号责改通知、16170号处罚决定、26249号责改通知、16200号处罚决定,故原告要求判令被告于2021年6月21日作出的16170号处罚决定无效,因欠缺撤销内容应予驳回。

(2)被告在撤销16170号处罚决定之后便通知原告办理50元罚款退还手续,原告以所填表格以及表格内容不适当为由一直未予办理罚款退还手续,故原告要求判令被告退还50元罚款系原告自身原因导致,不能归咎于被告。

(3)被告认为在2021年6月21日作出的16170号处罚决定中使用原告经营者杜某的居民身份证号码作为原告的纳税人识别号并无不当。原因在于原告的税务登记日期为2008年6月3日,适用当时的纳税人识别号编制规则即个体工商户使用经营者的居民身份证号码作为纳税人识别号,而在2015年9月25日之后根据国家税务总局《关于修订纳税人识别号代码标准的公告》,已经取得统一社会信用代码的个体工商户可以将纳税人识别号变更为统一社会信用代码。

(4)被告认为非正常户管理与逾期申报处罚是不同的税务行政管理措施,认定原告为非正常户是否正确与处罚原告未按照规定期限办理纳税申报和报送纳税资料之间并无必然联系,原告在同一案件中起诉明显不当。被告已于2021年6月24日为原告办理解除非正常户手续,原告目前是正常状态,可以办理各种涉税事项。

(四)规范条文

本案所涉法律条文梳理如表2所示:

表2　案件所涉相关法律规范条文

序号	法律规范名称	条款	条文内容
1	《税收征收管理法》	第40条第1款	从事生产、经营的纳税人、扣缴义务人未按照规定的期限缴纳或者解缴税款,纳税担保人未按照规定的期限缴纳所担保的税款,由税务机关责令限期缴纳,逾期仍未缴纳的,经县以上税务局(分局)局长批准,税务机关可以采取下列强制执行措施: (一)书面通知其开户银行或者其他金融机构从其存款中扣缴税款; (二)扣押、查封、依法拍卖或者变卖其价值相当于应纳税款的商品、货物或者其他财产,以拍卖或者变卖所得抵缴税款
		第62条	纳税人未按照规定的期限办理纳税申报和报送纳税资料的,或者扣缴义务人未按照规定的期限向税务机关报送代扣代缴、代收代缴税款报告表和有关资料的,由税务机关责令限期改正,可处以二千元以下的罚款;情节严重的,可处以二千元以上一万元以下的罚款
		第74条	本法规定的行政处罚,罚款额在二千元以下的,可以由税务所决定
2	《行政处罚法》	第40条	公民、法人或者其他组织违反行政管理秩序的行为,依法应当给予行政处罚的,行政机关必须查明事实;违法事实不清、证据不足的,不得给予行政处罚
		第54条第2款	行政机关实施行政处罚应当接受社会监督。公民、法人或者其他组织对行政机关实施行政处罚的行为,有权申诉或者检举;行政机关应当认真审查,发现有错误的,应当主动改正
3	《国家赔偿法》	第36条	侵犯公民、法人和其他组织的财产权造成损害的,按照下列规定处理: (一)处罚款、罚金、追缴、没收财产或者违法征收、征用财产的,返还财产……

续表

序号	法律规范名称	条款	条文内容
4	《行政诉讼法》	第34条	被告对作出的行政行为负有举证责任,应当提供作出该行政行为的证据和所依据的规范性文件
		第49条	提起诉讼应当符合下列条件: (一)原告是符合本法第二十五条规定的公民、法人或者其他组织; (二)有明确的被告; (三)有具体的诉讼请求和事实根据; (四)属于人民法院受案范围和受诉人民法院管辖
		第74条第2款	行政行为有下列情形之一,不需要撤销或者判决履行的,人民法院判决确认违法: (一)行政行为违法,但不具有可撤销内容的……
		第75条	行政行为有实施主体不具有行政主体资格或者没有依据等重大且明显违法情形,原告申请确认行政行为无效的,人民法院判决确认无效
5	《关于适用〈中华人民共和国行政诉讼法〉的解释》	第69条	有下列情形之一,已经立案的,应当裁定驳回起诉: (一)不符合行政诉讼法第四十九条规定的……
6	《税务登记管理办法》	第6条第3款	纳税人识别号具有唯一性
		第40条	已办理税务登记的纳税人未按照规定的期限申报纳税,在税务机关责令其限期改正后,逾期不改正的,税务机关应当派员实地检查,查无下落并且无法强制其履行纳税义务的,由检查人员制作非正常户认定书,存入纳税人档案,税务机关暂停其税务登记证件、发票领购簿和发票的使用
7	《关于修订纳税人识别号代码标准的公告》	第1条	已取得统一社会信用代码的法人和其他组织,其纳税人识别号使用18位的"统一社会信用代码",编码规则按照相关国家标准执行

续表

序号	法律规范名称	条款	条文内容
8	《关于自然人纳税人识别号有关事项的公告》	第1条	自然人纳税人识别号,是自然人纳税人办理各类涉税事项的唯一代码标识
		第2条	有中国公民身份号码的,以其中国公民身份号码作为纳税人识别号;没有中国公民身份号码的,由税务机关赋予其纳税人识别号
9	《关于进一步完善税务登记管理有关问题的公告》	第2条	严格非正常户认定管理。对经税务机关派员实地核查,查无下落的纳税人,如有欠税且有可以强制执行的财物的,税务机关应按照《税收征收管理法》第四十条的规定采取强制执行措施;纳税人无可以强制执行的财物或虽有可以强制执行的财物但经采取强制执行措施仍无法使其履行纳税义务的,方可认定为非正常户
10	《关于税收征管若干事项的公告》	第3条	关于非正常户的认定与解除 (一)……纳税人负有纳税申报义务,但连续三个月所有税种均未进行纳税申报的,税收征管系统自动将其认定为非正常户,并停止其发票领用簿和发票的使用…… (三)已认定为非正常户的纳税人,就其逾期未申报行为接受处罚、缴纳罚款,并补办纳税申报的,税收征管系统自动解除非正常状态,无需纳税人专门申请解除

(五)争议问题

1. 作为纳税主体的原告在不知情的情况下被认定为非正常户是否符合法律规定,其知情权是否受到侵害。

2. 作为征税主体的被告在行使税收处罚权时是否按照法律规定查明案件事实,履行法定程序,符合程序正义。

3. 作为司法机关的法院在被诉行政行为已撤销的情况下如何作出裁决,是否应当驳回抑或确认违法。

(六)裁判观点

北京市大兴区人民法院通过听取原告的诉请和被告的答辩,结合双方的举

证质证,审理查明案件事实,基于原告提出的具体诉讼请求,作出裁判说理,经梳理整合裁判观点如下:

1. 裁判观点一

(1)原告诉讼请求:要求判令被告2021年6月21日作出的16179号处罚决定为无效行政处罚。

(2)法院裁判结果:缺乏事实依据,依法予以驳回。

(3)法院裁判理由:《行政处罚法》第54条规定,“公民、法人或者其他组织对行政机关实施行政处罚的行为,有权申诉或者检举;行政机关应当认真审查,发现行政处罚有错误的,应当主动改正”。就本案而言,被告2021年6月21日作出16170号处罚决定后,发现该处罚决定确有错误并主动纠正,并于2021年7月13日作出24492号税务通知撤销16170号处罚决定且向原告邮寄送达。鉴于此,16170号处罚决定在原告提起诉讼前已被撤销,故原告要求确认16170号处罚决定无效的诉讼请求已经缺乏事实依据。

2. 裁判观点二

(1)原告诉讼请求:要求判令被告退还50元罚款。

(2)法院裁判结果:具有事实依据和法律依据,依法予以支持。

(3)法院裁判理由:《国家赔偿法》第36条规定,“侵犯公民、法人和其他组织的财产权造成损害的,按照下列规定处理:(一)处罚款、罚金、追缴、没收财产或者违法征收、征用财产的,返还财产……”就本案而言,被告已经自行将16170号处罚决定撤销,故依据该处罚决定罚款50元缺乏法律依据。鉴于此,被告应当将对原告所处的50元罚款予以返还。

3. 裁判观点三

(1)原告诉讼请求:要求判令被告立即解除原告纳税人识别号与经营者杜某居民身份证号码之间的非法绑定。

(2)法院裁判结果:缺乏事实依据,依法予以驳回。

(3)法院裁判理由:《行政诉讼法》第49条规定,“提起诉讼应当符合下列条件……(三)有具体的诉讼请求和事实根据……”最高人民法院《关于适用〈中华人民共和国行政诉讼法〉的解释》第69条第1款规定“有下列情形之一,已经立案的,应当裁定驳回起诉:(一)不符合行政诉讼法第四十九条规定的……”就本案而言,被告已于 2021 年 7 月 13 日将原告的纳税人识别号由经营者杜某的居民身份证号码变更为统一社会信用代码。鉴于此,原告主张立即解除纳税人识别号与经营者杜某居民身份证号码之间的非法绑定在提起诉讼前已经缺乏事实根据。

4. 裁判观点四

(1)原告诉讼请求:要求判令撤销被告 2011 年 11 月 28 日作出的非正常户注销状态认定记录。

(2)法院裁判结果:缺乏撤销内容,依法予以确认违法。

(3)法院裁判理由:《行政诉讼法》第 34 条规定,“被告对作出的行政行为负有举证责任,应当提供作出该行政行为的证据和所依据的规范性文件。被告不提供或者无正当理由逾期提供证据,视为没有相应证据……”国家税务总局《关于进一步完善税务登记管理有关问题的公告》第 2 条规定,“严格非正常户认定管理。对经税务机关派员实地核查,查无下落的纳税人,如有欠税且有可以强制执行的财物的,税务机关应按照《税收征收管理法》第四十条的规定采取强制执行措施;纳税人无可以强制执行的财物或虽有可以强制执行的财物但经采取强制执行措施仍无法使其履行纳税义务的,方可认定为非正常户……”就本案而言:第一,原告要求撤销被告 2011 年 11 月 28 日作出的非正常户注销状态认定记录不超过法定起诉期限,原告于 2021 年 6 月 21 日被行政处罚时才知道被认定为非正常户,从法定起诉期限制度设计出发点来看,不宜认定该项诉讼请求超过法定起诉期限。第二,尽管从现有证据无法直接认定被告系作出非正常户注销状态认定的主体,但是被告声称其具有认定非正常户的职权且未提交证据证明其不是作出非正常户认定的机关,故被告应当承担认定非正常户的法律后果。第三,被告未提交证据证明其将原告认定为非正常户履行了法定程序,故被告将原告认定为非正常户,属事实认定不清,主要证据不足,程序违法,依法应予撤销。第四,尽管本案被诉处罚决定被撤销,但是对原告及其经营者杜某仍然产生了负面影响,被告应当及时在其系统对相关处罚记录进行删除或标注已撤销等,避免对原告及其经营者杜某产生其他影响。鉴于此,被告已于 2021 年 6 月 24 日为原告解除非正常户认定,由于缺乏撤销内容,依法予以确认违法。

三、法理评析

(一)纳税主体视角:原告被认定为非正常户是否合法以及是否侵害原告的知情权

1. 事实认定层面

就本案而言,原告在2021年6月21日通过被告作出的16170号处罚决定才得知其于2011年11月28日被认定为“非正常户注销状态”,该非正常户的认定未尊重并核查事实真相,并且对原告的知情权造成了事实层面的侵害。首先,该非正常户的认定时隔10年之后才让原告知情,而并非在认定非正常户之日或之后的合理期限内对原告予以告知,在长达10年的时间里原告的知情权一直处在被侵害的状态,且这种侵害对原告的合法权益尤其对原告的经营者杜某个人产生了负面影响。其次,非正常户认定应当基于纳税人未按照规定期限申报纳税这一关键事实方能作出。原告在2011年1月至2012年7月不间断地进行纳税申报,被告未调查核实原告在此期间履行纳税申报义务的事实便径行认定原告为非正常户,系事实认定严重错误。最后,原告于2011年11月28日被认定为“非正常户注销状态”之前并未有税务机关责令其限期改正,被告对此未调查核实,亦未核实原告是否有限期改正的事实,被告缺少对事实充分的调查与核实便直接将原告认定为非正常户,系事实认定严重错误。

2. 法律适用层面

《税务登记管理办法》第40条规定,“已办理税务登记的纳税人未按照规定的期限申报纳税,在税务机关责令其限期改正后,逾期不改正的,税务机关应当派员实地检查,查无下落并且无法强制其履行纳税义务的,由检查人员制作非正常户认定书,存入纳税人档案,税务机关暂停其税务登记证件、发票领购簿和发票的使用”。基于此,原告被认定为非正常户应当完全符合以下法律要件且各法律要件缺一不可:第一,纳税人已经办理税务登记。原告作为纳税人已于2008年6月6日进行定额发票申请、办理税务登记且在举证环节提交相关证据予以证明,故该法律要件符合。第二,纳税人未按照规定的期限申报纳税。原告作为纳税人在2011年1月至2012年7月持续履行纳税申报义务,且在举证环节提交发票申购凭证和电子缴税付款凭证予以证明,故该法律要件不符合。

第三,税务机关已经责令限期改正。原告于2011年11月28日被认定为“非正常户注销状态”之前既未被税务机关通知责令限期改正,也未收到书面的《责令限期改正通知书》,被告在案件审理过程中亦不能提供责令原告限期改正的证据,故该法律要件不符合。第四,纳税人逾期并未改正。如前所述,原告未收到《责令限期改正通知书》,不存在逾期未改正的前置条件,故该法律要件不符合。第五,税务机关派员实地检查且查无下落。被告并未派员到原告经营场所进行实地检查,原告于2012年7月才撤店终止经营,而该时间远晚于原告被认定为非正常户的时间,原告在此期间并非查无下落,而是正常经营,故该法律要件不符合。第六,税务机关无法强制纳税人履行纳税义务。如前所述,原告既未违反纳税申报义务,且未有欠税事宜,不存在税务机关行使强制执行权的前置条件,故该法律要件不符合。原告被认定为非正常户需要满足六个法律要件,而实际情况是仅满足其中一个条件即纳税人已经办理税务登记,税务机关仅以此为由便能任意将一个合法的纳税人认定非正常户,既不合法又严重侵害纳税人的知情权。

3. 法理分析层面

纳税主体的知情权研究对于纳税主体权利理论的体系化具有重要作用,但是纳税主体的知情权问题在理论研究和立法实践层面仍然存在诸多不足,亟须引起足够的重视。就纳税主体知情权理论研究而言,财税法学界欠缺对纳税主权知情权系统全面的研究,笔者在中国知网进行主题检索,发现仅有40余篇学术期刊研究纳税主体知情权,其中高质量的研究成果偏少。就纳税主体知情权立法实践而言:首先,我国《宪法》仅规定了纳税主体依法纳税的法定义务,缺少关于纳税主体的权利规定,至于纳税主体的知情权更未提及,但是这并不能表明纳税主体的知情权无关紧要。其次,我国缺少税法领域的基本法,对于纳税主体的权利体系没有系统性的规定,纳税主体的知情权在税收实体法层面缺失。再次,尽管我国《税收征收管理法》第8条规定了纳税人有权向税务机关了解国家税收法律、行政法规的规定以及与纳税程序有关的情况,但是这一规定未对知情权的概念进行界定,未明确知情权的内涵与外延,并且在纳税主体知情权受到侵害时缺乏救济途径的相关规定。最后,国家税务总局《关于纳税人权利与义务的公告》中虽然明确规定了知情权且将知情权放置在14项权利之首,但是对于知情权的规定与《税收征收管理法》第8条的规定完全相同,仍然存在不足与缺陷。

就本案原告的知情权受到侵害而言,这在某种程度上与纳税主体知情权在理论研究和立法实践层面的不足具有关联性。鉴于多种因素的叠加传导,这将对诸多个案中纳税主体的知情权产生负面影响,值得庆幸的是本案原告及其经营者杜某具有极强的权利意识,这也为其寻求税收知情权的救济提供了源动力。笔者认为,纳税主体的知情权应当予以充分保护,但目前最重要的工作是在法律规范层面明确纳税主体知情权的权利内容。纳税主体知情权的权利内容应当包括实体和程序两个方面:从实体法角度,纳税主体对宏观层面的税收法律、行政法规和规范性文件的知情权;纳税主体对微观层面的征税对象、税基、税率、税收优惠政策的知情权。从程序法角度,纳税主体对税务登记、凭证管理、纳税申报等税务程序的知情权;纳税主体对税收行政处罚、税收强制措施等争议采取税务行政复议、税务行政诉讼、税务行政赔偿等税收救济的知情权。

(二)征税主体视角:被告行使税收处罚权是否违反法律规定

1. 事实认定层面

就本案而言,被告于2021年6月21日向原告作出16170号行政处罚决定,其所依据的事实主要有三点:依据经营者杜某的居民身份证号码认定原告为被处罚人,原告未按照规定期限办理纳税申报和报送纳税资料,原告于2011年11月28日被认定为“非正常户注销状态”。然而,被告作出行政处罚所依据的事实认定错误且未核实。首先,被告错误地将经营者杜某的居民身份证号码作为原告的纳税人识别码进而认定原告为被处罚人。原告的纳税人识别码应当为18位的统一社会信用代码,被告使用18位居民身份证号码作为纳税人识别码系错误认定事实。其次,被告作出行政处罚依据的核心事实便是原告未按照规定期限办理纳税申报和报送纳税资料,这种关键性的事实依据法定程序必须调查核实清楚。事实上,被告作出行政处罚时既未提供原告违反纳税申报义务的证据材料,又未听取原告的陈述申辩,更未给予原告提供证据材料的时间和机会,被告未履行法定程序,将事实真相置若罔闻的行为违反了法律规定。最后,只有非正常户的认定具有事实依据才能够将其作为行政处罚的前提条件。被告既不是2011年11月28日将原告认定为非正常户的税务机关,又无法提供原告为非正常户的认定书等书面证据材料,故被告作出的行政处罚决定缺乏足够的事实依据。

2. 法律适用层面

《行政处罚法》第40条规定,“公民、法人或者其他组织违反行政管理秩序的行为,依法应当给予行政处罚的,行政机关必须查明事实;违法事实不清、证据不足的,不得给予行政处罚”。第31条规定,“行政机关在作出行政处罚决定之前,应当告知当事人作出行政处罚决定的事实、理由及依据,并告知当事人依法享有的权利。”基于此,被告行使税收处罚权应当完全符合以下法律要件:第一,被处罚人实施违反行政管理秩序的行为。原告作为被处罚人既未在经营期间实施偷税漏税等违反税款征收的行为,又未在终止经营前实施不履行纳税申报义务等违反税务管理的行为,故该法律要件不符合。第二,行政机关必须查明被处罚人违法的事实。被告作为税务机关在对原告进行税务行政处罚前必须查明原告不履行纳税申报义务以及被认定为非正常户的事实,然而被告针对上述两项重要事实均未查明,甚至出现失实认定,严重违反法定程序,故该法律要件不符合。第三,行政机关必须告知被处罚人行政处罚的事实、理由和依据。被告作为税收机关虽然在《税务行政处罚决定书(简易)》中书面告知了原告事实、理由和依据,但是该事实认定不清、理由并不充分,同时未真正履行告知义务。为税务机关设定行政处罚告知前置程序是为了保护纳税主体的知情权,防止出现错误的行政处罚从而损害纳税主体的合法权益,但是一旦告知的内容缺乏真实性便失去了告知的意义,故该法律要件不符合。第四,行政机关必须告知被处罚人享有陈述权、申辩权、救济权。被告作为税收机关虽然在《税务行政处罚决定书(简易)》中书面告知原告享有陈述权、申辩权、救济权,但是原告的陈述和申辩并未被接受。被告明知该行政处罚存在事实不清,证据不足的情形依然于2021年6月24日重新作出行政处罚决定即16200号行政处罚决定,仅以文字表述错误为由将“被告被认定为非正常户注销状态”修改为“被告被认定为非正常户”且无任何事实依据。被告作为税务机关虽然形式上向原告履行了权利告知义务,但是连续两次实施违反法定程序的行政处罚,实质上违背了权利告知义务且对告知的权利产生实质上的侵害,故该法律要件不符合。鉴于此,被告行使税收处罚权不符合法律规定,严重违反法定程序。

3.法理分析层面

征税主体的税收处罚权在税收体系中具有关键地位,其仅次于税款征收权,毕竟税款征收权是基于税收强制性的特征而形成的,但是税收处罚权却对纳税主体产生潜在的利益侵害,故应当严格予以限制、监督,而通过正当程序来限制、监督征税主体的税收处罚权则成了现阶段的最优路径。然而,考虑到我国的特殊国情和税收实践,国家为了充分保障国库的税收利益,在税收立法的价值理念上更加强调效率优先于公平,在税收实体法和税收程序法的制度设计上更加强调实体正义优先于程序正义。因此,若征税机关在行使税收处罚权等权利时缺乏程序意识,或者是程序意识薄弱,在某种程度上对纳税主体的合法权益造成潜在隐患。此外,近些年税收诉讼案件量上升,税收诉讼的原因主要在于征税主体履行职权时程序违法或者程序不正当。鉴于此,如何督促征税主体行使税收处罚权程序正当,将税收处罚权限定在一个程序正义的框架之下则是需要研究的重点课题。

结合各国征税主体税收处罚权的程序类型来看,主要分为司法性程序、行政性程序和介于二者之间的程序类型。[1] 目前我国税收处罚权的程序属于行政性程序,主要由税务行政机关主导,执法主要依据为《行政处罚法》。然而,这种纯粹由税务行政机关主导的行政处罚程序内部监督机制不足,外部监督机制欠缺,极易造成税务行政机关恣意行使税收处罚权,需要对其形成程序性监督。无论是在《行政处罚法》还是《税收征收管理法》中,关于行政处罚的规定均欠缺系统详细的程序规则,仅作原则性的规定,这既不利于督促征税主体合法行使税收处罚权,又不利于保障纳税主体的合法权益。笔者认为,为了更好地规制税务行政机关的税收处罚权,将税收处罚权约束在正当程序的边界之中,应当从三个方面着重予以关注:第一,理念上,转变传统程序工具主义的理念,塑造程序本位主义的价值理念,将税收处罚权的行使程序予以规范化、流程化和严格化,避免税收处罚权的行使陷入程序误区。第二,模式上,突破纯粹的行政性程序模式,使完全以行政机关为主导的税收处罚权行使模式逐渐吸收借鉴司

[1] 参见施正文:《税收处罚程序的类型分析及其借鉴》,载《涉外税务》2005年第2期。

法性程序模式的优点，注重事实认定与证据充分，以实现税收处罚程序的合法性、合理性和正当性。第三，制度上，通过修订《税收征收管理法》将既有的税收处罚权进行程序前置，设立税收处罚权调查程序，且将调查程序置于处罚程序之前，只有调查程序符合法律规定且程序正当方能进入处罚程序，从而增强税收处罚权行使程序的正当性。

（三）司法机关视角：法院审理税务争议针对不同被诉行政行为的裁判方案

1. 事实认定层面

就本案而言，法院在审理原告与被告之间的税务争议时，面对原告提出的不同诉讼请求和被诉行政行为在事实层面进行了相对充分、客观的认定。作为司法机关的法院在处理税务争议时应充分遵守司法程序正当性，作出任何裁判均须查明案件事实，基于认定的事实进行裁判说理。首先，原告要求确认被告作出的16170号处罚决定无效。法院通过审理查明该处罚决定已经由被告于2021年7月13日通过京开一税通〔2021〕24492号税务通知予以撤销，故法院认定原告的诉讼请求缺乏事实依据。其次，原告要求被告退还50元罚款。法院通过审理查明原告于2021年6月21日收到16170号处罚决定时由原告经营者杜某现场扫码缴纳50元罚款，原告于2021年6月24日收到16200号处罚决定时原告并未缴纳50元罚款。尽管后期被告也通知原告前去办理退还罚款，但是双方对于退款名义和理由产生分歧导致未能退还罚款，故法院基于此认定被告应当向原告退还50元罚款具有事实依据。再次，原告要求解除其纳税人识别码与经营者杜某居民身份证号码之间的非法绑定。法院通过审理查明被告已于2021年7月13日将原告的纳税人识别码变更为其统一社会信用代码，至此原告的纳税人识别码未与经营者杜某居民身份证号码处于绑定状态，故法院基于此认定原告该项诉讼请求缺乏事实依据。最后，原告要求撤销被告将其认定为非正常户注销状态认定记录。法院通过审理查明原告被认定为非正常户已于2021年6月24日解除，尽管缺乏撤销的事实依据，但鉴于该非正常户认定记录仍然在相关系统网站存在且对原告造成了后续影响，故法院基于此确认被告违法。总体而言，法院在审理原告与被告的税务争议时在事实认定上既充分尊重客观事实,又结合事实作出相对公正的裁判,同时合理运用审判权化解税务争议,合理考虑原告的诉讼请求。

2. 法律适用层面

《行政诉讼法》第69条规定,"……原告申请被告履行法定职责或者给付义务理由不成立的,人民法院判决驳回原告的诉讼请求"。第73条规定,"人民法院经过审理,查明被告依法负有给付义务的,判决被告履行给付义务"。第74条第2款规定,"行政行为有下列情形之一,不需要撤销或者判决履行的,人民法院判决确认违法:(一)行政行为违法,但不具有可撤销内容的……"基于此,法院审理税务争议时针对不同被诉行政行为作出不同的裁判并进行不同的法律适用。第一,法院作出驳回诉求裁判。针对原告缺乏正当理由和事实依据的诉讼请求结合被诉行政行为已撤销的情形,法院据此判决驳回原告诉讼请求。第二,法院作出履行给付裁判。针对原告诉讼请求具有事实依据和法律依据,被告具有法定给付义务,并且法定给付义务未消灭,判决履行并不失去法律意义,法院据此判决被告履行给付义务。第三,法院作出确认违法裁判。针对原告诉讼请求中涉及被诉行政行为违法且已经不具有可撤销内容的情形,法院据此判决确认被告行为违法。鉴于此,本案法院审理税务争议时针对不同被诉行政行为所采取的裁判方案主要涉及驳回诉讼、履行给付、确认违法三种,这三种裁判方案均有与之对应的法律规定,法律适用正确无误,其裁判结果具有合法性。

3. 法理分析层面

司法机关审判权的运用在税收司法实践中主要围绕税收审理范围与税收诉讼类型展开,而在理论层面着重关注并研究税收审理范围和税收诉讼类型有利于促进司法机关审判权运用的合理化与规范化。

从税收审理范围角度来看,司法机关在审理税收诉讼案件时需要对纷繁复杂的税务争议进行脉络梳理,归纳核心争议焦点,最终聚焦到税务争议的审理范围进而合理规范运用审判权。税收审理范围从法律规定和诉讼实践来看,主要围绕实施税务行政行为的主体法定职权、事实和证据、法律依据、程序、合理性五个方面进行审查。[1] 第一,审查实施税务行政行为主体的法定职权。从法定职权积极行使角度体现为超越职权和滥用职权,从法定职权消极行使角度体现为不履行法定职责。本案中,被告行使税收处罚权虽然不超越职权,但是其错误将原告认定为非正常户构成滥用职权,且未及时退还罚款系不履行法定职责。第二,审查实施税务行政行为的事实和证据。征税主体实施税务行政行为必须严格查明事实,调查证据。事实不清与证据不足必然导致实施的税务行政行为无效或被撤销。本案中,被告对原告作出行政处罚时既未查明原告不履行纳税申报义务的事实,又未能调查原告被认定为非正常户的证据,故该行政处罚行为必然无效或应当被撤销。第三,审查实施税务行政行为的法律依据。征税主体实施税务行为必须依据现行有效的法律依据,对于已经失效的法律依据或者是效力位阶较低的规范性文件应作出甄别,同时需要正确理解适用法律依据。本案中,尽管被告依据《税收征收管理法》对原告给予行政处罚并未错误适用法律,但是其对所适用的法律依据并未正确理解,严重忽视法律适用的前置条件和事实条件。第四,审查实施税务行政行为的程序。征税主体实施税务行政行为是否符合程序正义既关乎纳税主体的合法权益,又影响税收征管的有效开展。本案中,被告在作出行政处罚决定前既未查明事实,亦未调查证据,更未尊重原告的陈述申辩权,径行作出行政处罚违反程序正当性。第五,审查实施税务行政行为的合理性。征税主体实施税务行政行为是否合理其本质涉及行政自由裁量权的问题,这是在合法性基础上的进一步审查,行政自由裁量权应当合理行使,不能显失公正,更不能恣意妄为。本案中,被告在向原告发出责令限期改正通知的同日作出行政处罚决定,并未实际给予原告改正的期限,该行为明显不具有合理性。

从税收诉讼类型角度来看,在税收司法实践中作为纳税主体的原告通常结合其实际诉求向法院提出不同类型的诉讼请求,而根据原告所提诉讼请求的不同可以将税收诉讼进行理论分类,分为撤销之诉、确认之诉、履行之诉和赔偿之诉。[2] 首先,撤销之诉主要是纳税主体不服征税主体的行政行为,针对其合法

---

〔1〕 参见刘剑文:《财税法——原理、案例与材料》,北京大学出版社 2017 年版,第 354 页。

〔2〕 参见张守文:《财税法学》,中国人民大学出版社 2018 年版,第 338 页。

性提出疑问并要求司法机关撤销违法行政行为的诉讼。本案中,原告要求撤销被告作出的行政处罚决定便是典型的撤销之诉,但是撤销之诉的前置性要件便是具有可撤销内容,一旦缺乏可撤销内容则可能转化为确认之诉以便形成裁判逻辑闭环。其次,确认之诉主要是纳税主体认为征税主体的行政行为无效或违法,针对其合法性提出疑问并要求司法机关确认行政行为违法的诉讼。本案中,原告要求撤销被告作出的非正常户注销状态认定记录,鉴于非正常户已经解除、无撤销内容,但又不能驳回该项诉讼请求,因此确认违法,从而符合裁判逻辑。再次,履行之诉主要是纳税主体为了督促征税主体履行法定职责,针对征税主体不履行或拖延履行法定职责的行为要求司法机关判决履行法定职责的诉讼。本案中,原告要求解除其与经营者杜某居民身份证号码之间关于纳税人识别号的非法绑定便是针对被告不履行法定职责所提出的履行之诉,尽管该非法绑定已在诉前解除,但不影响该项诉讼请求为履行之诉的性质。最后,赔偿之诉主要是纳税主体因征税主体的违法行为造成合法利益受损,针对征税主体违法行为造成的实际损失要求司法机关判决赔偿损失的诉讼。本案中,原告要求被告退还50元罚款,这种督促被告履行法定职责进行罚款退还的诉讼请求符合履行之诉的特点,但是同样属于典型的赔偿之诉,因为《国家赔偿法》明确规定返还财产罚款是一种典型的税收行政赔偿方式。履行之诉与赔偿之诉出现交叉融合,恰恰说明税收诉讼类型值得研究且需要进一步深入探索。

四、研究结论

(一)纳税主体救济权:积极行使权利

无救济则无权利。权利的依法行使需要充分的救济保障,在纳税主体的权利体系中,救济权居于首要地位。尽管我国税收立法中规定纳税主体享有相对充足的权利,并且对于征税主体的征管权进行了一定程度的限制以充分保障纳税主体权利的行使。然而,在税收实践过程中,鉴于我国综合国情的复杂性、税收本质的无偿性以及公民权利意识的薄弱性等,即使通过税收立法进行前置性权利保障,依然无法改变纳税主体与征税主体之间相对失衡的地位,故纳税主体的合法权益受到侵害既具有必然性又呈现常态化。因此,在观念上重视救济权,在实践中行使救济权,对于每个纳税主体而言必须将其内化于心,外化于行。就本案而言,原告作为中国万千纳税主体中的一员,其在自身合法权益遭受征税主体非法侵害时积极行使救济权,通过税务行政诉讼的救济途径最终维护了纳税主体应当享有的合法权益。这件典型的纳税主体通过行政诉讼途径行使救济权的司法案例为广大纳税主体树立了良好榜样,发挥了示范作用,在推动中国实现税收法治的历史进程中必将载入史册。

(二)征税主体征管权:符合程序正义

程序正义在法律世界中是最朴素、最真实的价值追求。任何公权力机关行使权力或职权时必须坚守程序正当的边界,恪守程序正当的理念,在实践中充分践行程序正义。无论在悠久的历史传统中,还是在持续的司法实践中,重实体而轻程序始终是普遍存在的价值观念,人们总以为实体正义便是法律最高的价值追求,严重忽视程序正义的重要意义。放眼税法体系和税务实践,程序正义相较于实体正义总是处于次要位置,这在征税主体行使征管权时体现得尤为明显。征税主体的征管权是一项权利束,集合了征税主体享有的各种法定职权和职责,其核心的权利主要体现为税务管理权、税务检查权、税款征收权和税收处罚权。征税主体在行使征管权时有时缺乏程序正义理念,这种根深蒂固的程序工具主义始终是征税主体无法摒弃的,并且这将导致其在权利行使过程中轻视程序正义,损害纳税主体的合法权益。就本案而言,被告作为典型的征税主体其在行使税收处罚权时忽视程序的正当性,将税收程序正义放置于税收实体正义之下,仅仅追求国家税收利益的最大化,坚持税收利益丝毫不容侵犯,这对作为纳税主体的原告产生了直接性的权利损害。这件反映程序正义的司法案例将为诸多缺乏程序正义观念的征税主体上演一场生动的实践课,引导征税主体从程序工具主义迈向程序本位主义。

(三)司法机关审判权:发挥救济功能

司法救济是救济公平的最后一道防线。从传统的救济理论来看,救济共分为三类即自力救济、社会救济和公力救济,前两类相较于公力救济而言均缺乏国家公权力机关的保障和支持,而在公力救济体系中,司法救济是最权威、最公正的救济,也发挥着兜底性的作用。因此,司法救济的重要性不言而喻,无论任何群体遭受何种不公,其最终寻求的救济渠道便是司法救济。司法救济是司法机关通过行使《宪法》所赋予的审判权,基于一系列的法律规范群并结合不同诉讼案件的争议事实和法定证据作出公正的裁判,最终为那些通过司法救济而寻求公平的当事人提供救济方案和公平结果。在税收司法实践中,纳税主体与征税主体之间因产生税务争议最终寻求司法救济屡见不鲜,这既表明纳税主体权利救济意识的觉醒,也体现了税务争议救济渠道现有的不足。因为在现有的税法体系下纳税主体寻求权利救济的渠道并非仅有税务行政诉讼,实际上还有税务行政复议。尽管税务行政复议制度的设立是为了将税务行政诉讼分流,缓解司法机关审判资源相对紧缺的压力,但实际上其权利救济效果并不好,归根结底在于其缺乏司法救济所独有的中立性。就本案而言,作为纳税主体的原告在被作为征税主体的被告处以行政处罚后并未选择税务行政复议,毕竟税务行政复议的复议机关依然是扮演征税主体角色的税务机关,很难赢得作为复议申请人的纳税主体的信任。作为本案司法机关的审理法院通过正确行使审判权,最终作出了相对公平的司法判决,真正发挥了司法机关审判权的救济功能,最大限度上保障了纳税主体的合法权益。

五、引申启示

(一)税收司法维度:公正司法与审查监督同步

税收司法在税法运行论中其作用主要是维护税法权威,发挥救济功能,保障征纳主体各自的合法权益,践行司法公正的价值理念,进而促进税法的良性运行。在利用个案研究的过程中,我们会发现不同的个案虽然具备各自的个性如主体名称类型各异,税务争议内容多样,案件事实证据复杂,但是却具备相同的特性,那便是纳税主体因与征税主体产生税务争议而积极行使救济权寻求司法机关公正司法,司法机关运用审判权进行审查监督,最终作出相对公平公正的司法判决。因此,从税收司法维度来看,如何通过个案研究进而实现公正司法与审查监督同步至关重要。首先,在价值理念上,司法机关在面对税务争议时应当始终恪守司法公正,将实现公正司法视为司法机关安身立命之根本。其次,在裁判方法上,司法机关应当正确处理税法规范与税法理论如税法立法目的、税法基本原则之间的关系,税收实体法与税收程序法之间的关系,以追求公正司法为导向,实现裁判的公正、合理。最后,在司法审查上,司法机关应当充分运用审判权,发挥司法审查监督的关键作用,针对征税主体作出的行政行为既要审查监督其合法性,以促使其执法合法化,又要审查监督其合理性,以督促其执法合理化。尤其针对征税主体的行政自由裁量权,务必慎重审查,监督其行政自由裁量权行使的正当性、客观性和适度性。

(二)税收执法维度:严格执法与程序正当并行

税收执法在税法运行论中的作用主要是践行税法理念,严格执行税法,发挥税法保障国家税收利益的功能,进而实现税法的程序正义。在利用个案研究的过程中,我们会发现纳税主体与征税主体之间产生税务争议主要原因或者说直接原因是征税主体在税收执法过程中执法程序并不正当,而这种程序正当性的缺乏既侵害纳税主体的合法权益,又损害征税主体的执法形象,影响整个国家的税收执法环境。征税主体与纳税主体之间存在天然的利益冲突和制度对抗,征税主体从国家税收利益的角度出发严格执法,纳税主体从自身合法权益的角度出发捍卫权利,故协调征税主体与纳税主体之间的矛盾冲突必须要将征税主体的税收执法权控制在法定边界,而程序正当便是控权的最佳路径。因此,从税收执法维度来看,如何通过个案研究实现严格执法与程序正当并行至关重要。首先,改善税收执法环境。征税主体应严格履行法定职权,将税收违法行为扼杀在萌芽状态,纳税主体也应增强纳税意识,不得违反税收征管规定。其次,提高执法人员素质。提高征税主体执法人员的素质是严格执法与程序正当的必由之路,应当从法律素质、道德素质、专业素质等角度综合提高。最后,健全执法监督机制。既要健全税收执法的内部监督机制,实现税收执法监督制约的内循环,又要健全税收执法的外部监督机制实现税收执法监督制约的外循环,最终形成有效的内外循环执法监督机制。

(三)税收守法维度:守法与权利保护兼顾

税收守法在税法运行论中其作用主要是贯彻税法宗旨,履行税法设定的义务,行使税法赋予的权利,提高税法遵从度,进而发挥税法的教导功能。在利用个案研究的过程中,我们会发现众多税收违法行为的发生其根本原因在于守法主体意识薄弱,税法遵从度低,缺乏法律遵从意识。任何一部法律的制定其最终的落脚点均在于守法,而不同的法律其守法主体各异,守法主体虽然在形式上具有多样性,但是在实质上则具有侧重性。尽管税收守法的主体包括纳税主体、征税主体甚至还包括扣缴主体,但是其侧重规制的守法主体依然是纳税主体。因此,从税收守法维度来看,如何通过个案研究进而实现守法与权利保护兼顾至关重要。首先,增加税收违法成本提高守法遵从度。在威权主义的影响之下,任何纳税主体对于违法后果均具有认知期待,但是税收违法成本的增加会加强纳税主体违法的谨慎性,从而选择被动守法。其次,建立守法奖励机制提高守法遵从度。纳税主体的违法实际上是利益驱动使然,违法的动机在于减少成本增加利益,而建立守法奖励机制会激励纳税主体进行利益衡量,从而选择主动守法。最后,加强权利保障力度提高守法遵从度。权利与义务具有一致性,守法是一种强制性义务,而履行这种强制性义务无形中必然会影响纳税主体的利益,只有充分保障纳税主体的权利,才能促使纳税主体积极守法。

成都金创盟科技有限公司、成都爱华康复医院有限公司拍卖合同纠纷争议案例评析

徐　立　湛凌峰*

一、前言

在执行程序中，一旦进入司法拍卖程序，就意味着被执行人已经处于危困状态，财务状况差，不具备以现金或者其他资产偿付债务的能力。在此情况下，生效法律文书确定的债务尚不一定能得到全部清偿，人民法院在拍卖公告中确定由被执行人缴纳不动产过户环节的税费，意味着税收的入库将得不到保障，执行程序推进受阻。为解决此问题，实践中人民法院根据案件的实际情况以及“习惯性做法”确定“一切税、费均由买受人承担”的规则，以实现税收入库、不动产顺利交付的目的。

由于“交易过程中所产生的一切税费由买受人承担”这种税费转嫁的表述较为简单笼统，且与人们正常交易中依照法律法规规定确定各方税费承担模式不同，此种表述在执行和计算过程中时常出现大量争议，如关于交易中税费的定义、税费的范围、税费的依据、税费的产生环节、是否包含欠税、税费的计算的争议，因双方的理解与利益差异，实践中诉争不断。

本文讨论的成都金创盟科技有限公司（以下简称金创盟公司）、成都爱华康复医院有限公司（以下简称爱华医院）拍卖合同纠纷争议案判决通过对《拍卖公告》条款进行文义解释、体系解释及对交易规则、习惯、诚实信用等原则进行解

---

* 徐立，广东国智律师事务所律师；湛凌峰，广东国智律师事务所律师。

读,分析城镇土地使用税的性质从而区分城镇土地使用税是否属于不动产权属变更相关的税费。本文的研究对日后司法拍卖税费条款设定具有一定指导意义,人民法院在司法拍卖的资产调查过程中,应加强与税务机关的联动,就拍卖资产的计税依据、征税项目、税率、纳税主体及税额予以公示,避免竞买人与出卖人就税费负担再次产生纠纷。

二、案情简介

成都市郫都区人民法院(以下简称郫都区法院)在该院淘宝网司法拍卖网络平台对爱华医院的土地及设备进行拍卖,由金创盟公司竞得。国家税务总局郫都区税务局郫筒税务所要求爱华医院申报案涉土地税务事项,包括城镇土地使用税、增值税、城建税及附加土地增值税、印花税、企业所得税。爱华医院缴纳税款后,根据司法拍卖合同中的包税条款,要求金创盟公司承担包括城镇土地使用税在内的所有税款,金创盟公司拒绝。爱华医院遂向法院起诉,请求金创盟公司向爱华医院支付不动产过户需清缴的税款及滞纳金。

金创盟公司对爱华医院主张的增值税 1 378 534.1 元、城市维护建设税 96 497.39 元、教育费附加收入 41 356.02 元,地方教育附加收入 27 570.68 元、土地增值税 2 185 203.74 元、印花税 14 669.5 元均无异议,但对上述税费产生的滞纳金和城镇土地使用税及滞纳金有异议。

(一)案件事实

四川省建强建筑工程有限责任公司依据原四川省郫县人民法院作出的(2010)成郫民初字第1187号民事判决,向郫都区法院申请执行。郫都区法院依法查封了爱华医院所有的位于郫县××镇××村九社面积为18 361.56平方米的土地及地上构筑物、机器设备(以下简称案涉土地及设备)。

在执行过程中,因爱华医院未履行前述生效法律文书确定的义务,郫都区法院于2018年7月25日发布《拍卖公告》。该公告第6条载明,"标的物过户登记手续由买受人自行办理。拍卖成交买受人付清全部拍卖价款后,凭法院出具的民事裁定书、协助执行通知书及拍卖成交确认书自行至相关管理部门办理标的物权属变更手续。办理过程中所涉及的买卖双方所需承担的一切税、费和所需补缴的相关税、费(包括但不限于所得税、营业税、土地增值税、契税、过户手续费、印花税、权证费、水利基金费、出让金以及房产及土地交易中规定缴纳的各种费用)及物管费、水、电等欠费均由买受人自行承担,具体费用请竞买人于拍卖前至相关单位自行查询”。

2018年8月26日至27日,郫都区法院在该院淘宝网司法拍卖网络平台,对案涉土地及设备依法进行拍卖。2018年8月27日,金创盟公司以29 339 060元的最高价竞得案涉土地及设备。

2018年10月30日,郫都区法院作出(2018)川0124执恢14号之二民事裁定书,裁定案涉土地及设备归金创盟公司所有,并裁定金创盟公司可凭该民事裁定书到相关部门办理上述不动产过户登记手续,相关过户费用由其自行承担。同日,金创盟公司(买受人)与郫都区法院(拍卖人)签订《拍卖成交确认书》。《拍卖成交确认书》第1条载明“买受人于2018年8月27日通过淘宝网司法拍卖网络平台以最高价竞得拍卖标的物……成交价为29339060元”,第2条载明“买受人在拍卖前已认真阅读《拍卖公告》《拍卖须知》等公示材料,自愿履行上述材料的相关规定。买受人(本标的竞得者)自愿根据《拍卖须知》的规定,把锁定的保证金3000000元自动转入法院指定账户抵作拍卖成交款,拍卖成交价余款26339060元已于2018年9月26日缴入法院指定账户”。郫都区法院于2018年10月30日出具三张《结算票据》,载明收到金创盟公司支付的29 339 060元。

2019年7月3日,金创盟公司缴纳国有土地使用权出让契税821 493.68元,经济合同印花税88元,产权转移书据印花税7188.1元。2019年7月5日,金创盟公司取得案涉土地使用权。

一审法院另查明,2019年9月19日,爱华医院收到国家税务总局郫都区税务局郫筒税务所送达的郫税通(2019)101号税务事项通知书,要求爱华医院于2019年10月11日前申报案涉土地税务事项,包括城镇土地使用税、增值税、城建税及附加土地增值税、印花税、企业所得税。2019年11月5日,爱华医院向金创盟公司送达了《爱华医院清算组关于缴纳税款的函》[(2019)爱华强清26号]。该函载明,“经与国家税务总局成都市郫都区税务局沟通,贵司在办理土地转移登记时并未缴纳相关税费。郫都区税务局初步核算爱华医院因本次拍卖欠缴城镇土地使用税、增值税、印花税、土地增值税及相应滞纳金合计6396828.42元。爱华医院清算组函请贵司与清算组联系,准备充足资金并在收到本函之日起10日内向郫都区税务局缴纳前述税费”。

2019年12月17日,郫都区税务局向爱华医院出具《债权申报表》[(2019)爱华债权申报第05号]、《爱华医院税务债权情况说明》及附表一《爱华医院欠交城镇土地使用税及滞纳金计算(2009年1月—2018年8月)》、附表二《爱华医院2018年8月资产拍卖收入应缴税费及2018年度企业所得税计算》。其中,《爱华医院税务债权情况说明》载明,“经金三系统核实,爱华医院2003年6月5日开业,2003年6月27日办理税务登记。(1)成立后该公司名下拥有面积18361.56平方米的土地使用权,应依法申报缴纳城镇土地使用税。该公司在2008年办理城镇土地使用税申报并缴纳了当年的税款,2009年及以后一直未申报城镇土地使用权税,我单位于2011年下发税务事项通知书,通知其申报缴纳2009年至2010年城镇土地使用税,但该公司一直未向我单位申报缴纳相关税款。根据《中华人民共和国税收征收管理法》第五十二条、第六十三条及《中华人民共和国税收征收管理法实施细则》的相关规定予以追征。(2)2018年10月30日被法院执行的土地及土地上的构筑物的所有权及构筑物内的机器设备价款29339060元,根据税法相关文件规定,爱华医院作为纳税主体,相关纳税义务已经发生,但未向我单位履行相关涉税义务,我单位依法追征”。同时,《爱华医院税务债权情况说明》及其附表还载明,爱华医院应缴纳城镇土地使用税1 579 094.16元及滞纳金1 325 236.41元、增值税1 378 534.1元及滞纳金154 395.82元、增值税附加税165 424.09元及滞纳金18 527.5元、土地增值税2 185 203.74元及滞纳金244 742.82元、印花税14 669.53元及滞纳金1642.99元。

2020年1月2日,郫都区税务局出具《债权确认书》。该局作为债权人,对爱华医院清算组送达的《债权初审意见通知书》上记载的债权金额及债权性质无异议,并同意债权金额为6 781 395.56元,其中5 322 925.63元的债权性质为税款,1 458 469.93元的债权性质为普通债权。2020年8月19日,郫都区税务局向爱华医院清算组出具《税收缴款书(银行经收专用)》,载明爱华医院已缴纳2009年1月1日至2018年12月31日城镇土地使用税1 579 094.16元及滞纳金 1 426 833.66 元;增值税 1 378 534.1 元及滞纳金 3700.32 元;城市维护建设税 96 497.39 元及滞纳金 27 935.99 元;教育费附加收入 41 356.02 元;地方教育附加收入 27 570.68 元;土地增值税 2 185 203.74 元;印花税 14 669.5 元。

(二)争议焦点

本案争议焦点为,金创盟公司是否应当承担爱华医院补缴的城镇土地使用税 1 579 094.16 元。

1. 爱华医院观点

(1)《拍卖公告》明确竞拍人应承担的税费包括所得税与出让金,而所得税与出让金并非土地权属变更手续办理过程中涉及的税费,据此可以证明金创盟公司应承担的税费并不限于权属变更中涉及的税费。

(2)如果需承担税费仅限权属变更中涉及的税费,则不存在"补缴"一说。

(3)根据税务局的复函,爱华医院并不满足免征城镇土地使用税的条件,金创盟公司所称爱华医院放弃免税优惠没有依据。

(4)《拍卖公告》及《拍卖成交确认书》已经提示本次竞买可能产生的成本和风险,金创盟公司负有核实爱华医院欠税情况的义务,应自行承担交易风险。

2. 金创盟公司观点

(1)郫都区法院 2018 年 7 月 25 日发布的《拍卖公告》第 6 条应解释为在权属变更手续办理过程中产生的税、费和需要补缴的税、费由买受人承担,城镇土地使用税不属于权属变更手续办理过程中产生的税费,不应由金创盟公司承担。

(2)案涉城镇土地使用税是爱华医院在经营过程中使用土地产生的行为税,与本次拍卖交易并无关系,且爱华医院未进行税收优惠申报,是该笔税费产生的重要原因,爱华医院应自行承担。

(3)执行法院在拍卖前明知产权办理中可能会产生较高税费,且有能力对税费负担进行调查核实,但并未在《拍卖公告》中对案涉巨额城镇土地使用税进行公示,更没有要求买受人承担该税费。

(4)《拍卖公告》内容违反最高人民法院《关于人民法院网络司法拍卖若干

问题的规定》第6条、第13条规定,未依法详细公示拍卖财产相关信息。二审法院在未查明《拍卖公告》实际内容的情况下,直接认定案涉城镇土地使用税应由金创盟公司承担属于事实认定错误、适用法律错误。

3. 二审判决观点

(1)金创盟公司自愿参加案涉竞拍且竞拍成功,《拍卖公告》对其具有约束力。

(2)《拍卖公告》已明确提示竞拍人须注意并接受标的物的一切已知和未知瑕疵,接受案涉土地及设备拍卖属于净值拍卖的事实。因此,人民法院已尽到合理的注意及风险提示义务。竞拍人可视自身风险承担能力而自由决定是否接受并参加竞拍。

(3)《拍卖公告》采用了"包括但不限于"的表述,显然涵盖了《拍卖公告》发布之时尚未确定但仍需补缴的相关税、费。

4. 再审判决观点

(1)网络司法拍卖本身形成的能够预见的权属变更税费,原则上由法律规定的纳税义务人承担,与权属变更无关的超出竞买人预见的税费更应由法定纳税人承担,除非买卖双方当事人有明确、具体的特别约定。

(2)当事人对合同条款理解存在争议的,应按照文义解释、体系解释、交易规则或者习惯、诚实信用等原则进行解释。

(3)"办理过程中所涉及的买卖双方所需承担的一切税、费和所需补缴的相关税、费"明确表明买受人需承担的仅限于"办理过程中所涉及的"。

(4)城镇土地使用税是基于土地使用权人实际占用土地而征缴的税种,是为提高土地使用效益设置的税种,与土地权属变更无关,不属于"办理过程中"的税费。

(5)关于税费负担的约定系在权属变更语境下作出的,并不包括权属变更过程之外的税费,即不包括案涉城镇土地使用税。

(6)竞买人一般无法从税务机关查询到被执行人欠税信息,即竞买人一般无法自行查询案涉城镇土地使用税欠缴情况。因此,在出卖人未披露欠缴城镇土地使用税的情况下,由竞买人承担拍卖时不属于权属交易行为产生的且无法预见的城镇土地使用税,有违公平原则。

(7)城镇土地使用税虽与案涉土地直接关联,但竞买人对需要补缴城镇土地使用税一般不会有预见,且其本身属于拍卖人纳税义务范畴。如若未经特别说明,要求竞买人承担该税费有违诚实信用原则。

三、法理评析

(一)本案主要法律依据

1. 最高人民法院《关于适用〈中华人民共和国民法典〉时间效力的若干规定》第1条第2款规定,“民法典施行前的法律事实引起的民事纠纷案件,适用当时的法律、司法解释的规定,但是法律、司法解释另有规定的除外”。

2.《合同法》(已失效)第125条第1款规定,“当事人对合同条款的理解有争议的,应当按照合同所使用的词句、合同的有关条款、合同的目的、交易习惯以及诚实信用原则,确定该条款的真实意思”。

3.《税收征收管理法》第8条第2款规定,“税务机关应当依法为纳税人、扣缴义务人的情况保密”。

4.《城镇土地使用税暂行条例》第3条第1款规定,“土地使用税以纳税人实际占用的土地面积为计税依据,依照规定税额计算征收”。

5. 最高人民法院《关于人民法院网络司法拍卖若干问题的规定》第6条第2项规定,实施网络司法拍卖的,人民法院应当履行:“查明拍卖财产现状、权利负担等内容,并予以说明”的职责。第14条第3项规定,实施网络司法拍卖的,人民法院应当在拍卖公告发布当日通过网络司法拍卖平台对“拍卖财产已知瑕疵和权利负担”予以特别提示。

6. 最高人民法院《关于人民法院网络司法拍卖若干问题的规定》第13条第9项规定,实施网络司法拍卖的,人民法院应当在拍卖公告发布当日通过网络司法拍卖平台公示“拍卖财产产权转移可能产生的税费及承担方式”。

7. 最高人民法院《关于人民法院网络司法拍卖若干问题的规定》第30条规定,“因网络司法拍卖本身形成的税费,应当依照相关法律、行政法规的规定,由相应主体承担;没有规定或者规定不明的,人民法院可以根据法律原则和案件实际情况确定税费承担的相关主体、数额”。

(二)法理分析

1. 合同交易中约定由单方缴纳全部税款非禁止性规定,是合同双方意思自治,属《民法典》调整范围

目前,我国开征的税种共有18个,《税收征收管理法》及各税种的法律、法规规定了相应的纳税义务人,但并未规定实际负税主体。也就是说,纳税义务主体若因种种原因无法缴纳税款,其他主体代为缴纳税款并不为法律、行政法规所禁止。

具体到司法拍卖当中,司法拍卖中人民法院通过行使司法强制权实现被执行人的财产变现,其实质上是一种公权力主导下的特殊买卖关系,属于《民法典》调整范围。

不动产司法拍卖过程往往涉及增值税、土地增值税、所得税、契税等多个税种,纳税义务人为拍卖标的物的所有权人。实践中被执行人前期欠税且下落不明的情况颇多,且此部分欠税很可能无法在司法拍卖中受偿。因此,在被执行人欠税未缴纳的情况下,税务机关无法出具被拍卖财产的完税证明,买受人不能顺利办理不动产过户,其他财产不能成功移交,对于网络司法拍卖目的的实现造成了很大的阻碍。为了避免上述问题,拍卖公告中一般会有税费转嫁条款。

本案二审法院也同样提出,"案涉网络司法拍卖发生时的税收征收管理法律、行政法规虽对各种税收明确规定了纳税义务人,对税种、税率、税额亦作了强制性规定,但均未对纳税义务人与合同相对人约定全部税款由单方缴纳特别是净值拍卖作出禁止性规定。因此,《拍卖公告》对自愿参加竞拍且竞拍成功的买受人具有约束力。并且,净值拍卖本身对税务机关没有约束力,不改变法律、行政法规规定的纳税义务主体"。

2. 对合同税费条款理解存在争议的解决路径

(1)以文义解释分析《拍卖公告》或《拍卖成交确认书》中"过户时产生的一切费用"

本案从条款文本上解读,买受人承担的税费应先以列举项目为准,如果某项税费不属于列举项目,则应判断是否属于"概括"范畴。案涉城镇土地使用税

并非列明项目。先列举后概括,而概括的项目又限制在“办理过程中所涉及的……一切税、费”范围内。

①《拍卖公告》第 6 条用概括加列举的方式明确了买受人需自行承担的税费,概括即“办理过程中所涉及的买卖双方所需承担的一切税、费和所需补缴的相关税、费”,列举即括号中列明的相关税费。按通常理解,买受人承担的税费应先以列举项目为准,如果某项税费不属于列举项目,则应判断是否属于“概括”范畴。案涉城镇土地使用税并非列明项目。

②在司法拍卖中,一般《拍卖规则》或《拍卖成交确认书》中都会载明“办理过程中所涉及的买卖双方所需承担的一切税、费和所需补缴的相关税、费”,但对“办理过程中所涉及的一切费用”如何解释,实务中存在一定的争议。

本案例从城镇土地使用税的性质和征收目的判断其是否属于“办理过程中所涉及的一切费用”,即根据《城镇土地使用税暂行条例》第 3 条第 1 款规定,“土地使用税以纳税人实际占用的土地面积为计税依据,依照规定税额计算征收”,是基于土地使用权人实际占用土地而征缴的税种,是为提高土地使用效益设置的税种,与土地权属变更无关,不属于“办理过程中”的税费。

(2)从体系解释、交易规则或习惯上分析拍卖条款

《拍卖公告》第 6 条由三句话组成,第三句话是对买受人自行承担税费的约定,前两句话为“标的物过户登记手续由买受人自行办理。拍卖成交买受人付清全部拍卖价款后,凭法院出具的民事裁定书、协助执行通知书及拍卖成交确认书自行至相关管理部门办理标的物权属变更手续”。可见,第三句关于税费负担的约定系在权属变更语境下作出的,并不包括权属变更过程之外的税费,即不包括案涉城镇土地使用税。

本案中,爱华医院并未举证其提供了与案涉土地相关的城镇土地使用税欠缴情况说明,《拍卖公告》未对该笔税费欠缴情况进行说明和提示,《评估报告》也未说明该欠缴情况及其对土地评估价格的影响。

根据最高人民法院《关于人民法院网络司法拍卖若干问题的规定》第 6 条第 2 项和第 14 条第 3 项的规定,司法拍卖中应当说明拍卖财产现状、权利负担等内容,并在拍卖公告中特别提示拍卖财产已知瑕疵和权利负担。拍卖财产的瑕疵和权利负担等类似信息应当为被执行人掌握。

基于对《拍卖公告》《评估报告》披露信息的信赖,金创盟公司在参与竞买时对承担城镇土地使用税未有预期应属正常。因此,在爱华医院未披露欠缴城镇土地使用税的情况下,由金创盟公司承担拍卖时不属于权属交易行为产生的且无法预见的1 579 094.16元城镇土地使用税,有违公平原则。

3. 买受人负担税费应以相对人能否通过公开渠道获知为限

《税收征收管理法》第8条第2款规定的"税务机关应当依法为纳税人、扣缴义务人的情况保密",竞买人一般无法从税务机关查询到被执行人欠税信息,即金创盟公司一般无法自行查询案涉城镇土地使用税欠缴情况。

据此,竞买人一般仅对权属变更本身形成的税费负担有合理预见。城镇土地使用税虽与案涉土地直接关联,但竞买人对需要补缴城镇土地使用税一般不会有预见,且其本身属于爱华医院纳税义务范畴。如若未经特别说明,即要求金创盟公司承担该税费有违诚实信用原则。

4. 关于滞纳金是否应得到支持

爱华医院向金创盟公司主张增值税、城市维护建设税、教育费附加、地方教育附加、土地增值税和印花税的滞纳金均未得到支持,虽然案例中未明确论述不支持该部分滞纳金的理由,但仍可从拍卖条款和纳税义务中判断出该部分滞纳金不应由金创盟公司承担。

(1)《拍卖公告》第6条载明"办理过程中所涉及的买卖双方所需承担的一切税、费和所需补缴的相关税、费……具体费用请竞买人于拍卖前至相关单位自行查询",依照前述文义解释可知产生的税费限于办理过程中,是拍卖前可以预见的,而该部分滞纳金是交易后才产生的,不属于《拍卖公告》约定的内容,不应由金创盟公司承担。

(2)《拍卖公告》虽载明一切税、费由竞买人负担,但根据税收法定原则,纳税义务人的身份不能因拍卖公告的条款而发生转移,此次司法拍卖不动产的纳税义务人仍然是爱华医院,爱华医院应在规定的纳税义务发生时间缴纳税款,金创盟公司无法预见爱华医院迟延纳税,由此迟延纳税产生的滞纳金应由爱华医院自行负担。

(3)就此延伸讨论,如本案中爱华医院已提前披露城镇土地使用税及滞纳金的情况,金创盟公司是否应当按照《拍卖公告》条款承担相应义务?笔者认为依照本案判决逻辑推导金创盟公司应向爱华医院支付城镇土地使用税及相应滞纳金。

四、结论与启示

1. 司法拍卖约定税费负担应有限度,不应无限扩张解释到所有税种

(1)诚然,让竞买人承担拍卖的所有税费有利于提高执行效率,但不应一刀切地要求竞买人承担标的物交易的所有税费。本案例提出从《拍卖公告》条款的文义解释、体系解释和交易规则、习惯、诚实信用等原则中确认竞买人不应承担城镇土地使用税。

在《拍卖公告》《评估报告》等文件中均未披露的税费不应由竞买人承担,司法拍卖约定的税费理应限制在竞买人能够获知的范围内。随意扩张税费负担范围不仅对竞买人不公平,更影响竞买人参与司法拍卖的积极性,更与设立"包税条款"的目的背道而驰。

(2)从目前大量涉税民事纠纷中不难发现,各地法院对民事合同中涉税条款的认定和解释参差不一,本案例对涉税民事合同纠纷提供了明确的解决路径,涉税条款本质上仍是合同双方达成合意后约定的合同条款,应遵循法律解释方法,从文义解释、历史解释、目的解释等入手解决合同双方纠纷中的疑难问题。

(3)笔者认为本案例仅立足于解决城镇土地使用税的负担问题,其采用文义解释等方法解决买卖双方税费争议,但未就拍卖公告列举的税种是否合理进行论述。

拍卖公告中列明了竞买人需承担"办理过程中的一切税、费",其中列举了所得税。所得税的课税对象是纳税人的最终收益,纳税人一般就是负税人,可用于直接调节纳税人的收入,严格意义上不应属于办理权属变更所涉及的税费。本案例中爱华医院的所得税显然实际产生但未向金创盟公司主张,若主张是否也应由金创盟公司承担?笔者认为根据本案例说理逻辑推论,爱华医院由此产生所得税不应由金创盟公司承担。

由此可见,司法拍卖中税费负担问题十分复杂,较难平衡执行效率和公平,实践中争议较多。目前,我国税收实体法律和程序法律已对纳税主体作出规

定,同时基于司法拍卖性质及最高人民法院《关于人民法院网络司法拍卖若干问题的规定》第30条的指引,一般情况下,依照税收相关法律选择由买卖双方各自负担相应税费的税费负担路径,即“各负各税”应为相对合理之路径。

2. 竞买人承担税款后的权利救济

诚然,在司法拍卖领域采用“包税条款”或竞买人负税的规定有利于解决强制执行过程中财产变现的各项难题,具有司法实务上的合理性,但无疑加重了竞买人的经济负担,也衍生了众多诉讼纠纷。竞买人承担出卖人税费后,仍需考虑其所负担税费能否作为企业所得税税前列支、退税权如何行使等一系列问题。

(1)竞买人代为缴纳税款的税前列支问题

根据《企业所得税法》第8条、《企业所得税法实施条例》第27条的规定,企业实际发生的与取得收入有关的、合理的支出,包括成本、费用、税金、损失和其他支出,准予在计算应纳税所得额时扣除。

拍卖公告中的税费承担条款并未改变纳税义务人,即使竞买人承担了原本应该由被执行人应承担的相关税费。代缴的税费既不属于买受人与取得收入直接相关的支出,也不符合生产经营活动常规,其代缴税费的税收缴款书或其他完税凭证也不属于买受人可扣除的合法有效凭证。因此,由买受人代替出卖人缴纳的税费,既不得在企业所得税税前扣除,也不得作为有关资产的成本。

税务机关开具的税收缴款书或其他完税凭证上的纳税人仍是被执行人,目前没有明确法律规定此类代缴税款能否作为竞买人企业所得税税前列支,各地税务机关对此认识不一,对竞买人造成较大的困惑,也间接影响竞买人参与司法拍卖的积极性。

在目前税收法律、行政规章未有明确规定的情形下,竞买人参与司法拍卖前宜先行与主管税务机关沟通,了解其对代缴税费的口径,以免产生不必要的纠纷和成本。

(2)竞买人代为缴纳税费后延伸权利行使障碍

如本案例所述,竞买人一般无法查询到拍卖标的的相应税费,竞买人只能通过人民法院、拍卖机构和出卖人所披露的信息了解和估算其所需要负担的税费,此种信息差有可能造成竞买人多缴税款,而《税收征收管理法》第8条将退税权确立为纳税人的法定权利。竞买人作为负税人只能请求作为卖方的纳税人向税务机关行使退税权后，再要求纳税人返还。若纳税人向税务机关申请退税后拒绝将税款返还负税人则构成不当得利，负税人再通过诉讼等其他途径获得救济；但当纳税人拒绝行使退税权时，负税人如何获得权利救济则成为实践难题。

再者，即使竞买人对相关税费负担存在异议，但因其不是法定的纳税义务人，在目前税收法律体系下也无法向税务机关提起复议、诉讼，无法切实地维护自身合法权益。

实践中，竞买人在参与司法拍卖前需充分了解相关情况才有可能避免产生此类纠纷，但恰恰如本案例所提出的，竞买人无法通过税务机关查询到被执行人的各类税收信息，竞买人要从卖方处核实种种涉税经济事实几近不可能。如土地增值税需要精确掌握卖方取得土地使用权支付的金额、房地开发成本、费用、与转让房地产有关的税金和其他扣除项目，税款的计算需要卖方提供财务会计报表等会计资料，竞买人如何在司法拍卖中保障自己的权益仍然是一大痛点，亟须解决。

持股平台转换组织形式补缴巨额税款案例评析

朱倩云*

一、前言

(一)案件背景情况

上海凯士奥信息咨询中心(有限合伙)(以下简称凯士奥中心)的前身为上海凯士奥信息网络技术有限公司(以下简称凯士奥公司),为表意明确和方便区分,在以下的论述中,上海凯士奥信息网络技术有限公司简称凯士奥公司,上海凯士奥信息咨询中心(有限合伙)简称凯士奥中心,如不需要区分时,则简称凯士奥。

凯士奥中心是同花顺公司的员工持股平台,目前持有同花顺公司9.47%的股权。凯士奥中心为了避税和保持控制权,于2020年4月在北京市将其组织形式由有限公司变更为有限合伙企业,然后于2020年7月迁回上海市。国家税务总局上海市宝山区税务局认为,凯士奥中心的组织形式变更属于企业清算,应当按照公允价值缴纳相关税款,并于2022年11月向凯士奥中心发出《税务事项通知书》,要求其补缴约25亿元的税款。凯士奥中心不服税务局的决定,认为其在北京市进行组织形式变更时已经按照账面价值缴清税款,并且没有逃避缴纳税款的主观恶意。同花顺公司在2023年3月20日的股东大会上公开回应了这一事件,并表示将积极配合税务机关的调查和处理,并寻求法律援助和专业咨询。

---

* 朱倩云,国浩律师(青岛)事务所律师。

(二)研究意义

1. 理论意义

股权激励作为一种激发员工积极性和创造力的有效手段,已经在我国上市企业和非上市企业中得到广泛应用。然而,股权激励涉及的税收问题却十分复杂,尚缺乏系统的理论研究和实务指导。本案例以同花顺公司为例,探讨了企业持股平台的组织机构形式对股权激励效应的影响,对于丰富和发展我国股权激励相关的税法理论具有重要的价值。特别是,本案例比较了有限合伙和有限责任公司两种不同的组织机构形式在股权激励方案中的优缺点和适用条件,对于提高我国股权激励制度设计的理论水平具有一定的启示作用。

此外,本文深入探讨了中关村改革创新的相关政策的性质、效力及其对上市公司股东的适用性,为理解和运用这些政策提供指导和借鉴。

2. 实践意义

中国证券登记结算公司在2009年以前并不支持有限合伙企业开立证券账户,因此很多公司大股东和核心人员通过有限责任公司的形式间接持有上市公司股权。在当前经济形势下,越来越多的企业将持股平台从有限责任公司形式转变为有限合伙形式,以实现其在降低税负和掌握控制权之间的优化平衡。本文分析了税务机关对企业持股平台组织机构形式调整的态度和作出相关决定的依据,具有以下实践意义:

(1)本文论证了凯士奥公司应当在北京市履行纳税义务,而上海市税务机关无权对凯士奥中心进行征管的理由,为维护上市公司股东的合法权益提供了一些依据和支持。

(2)本文讨论了凯士奥公司补缴税款的计算基数问题,指出应当考虑其所持股票的限售性、流动性折扣、股价波动等因素,为合理确定上市公司股东转换组织形式后的税收负担提供了一些思路和方法。

(3)本文分析了凯士奥公司补缴税款后对凯士奥中心股票账面价格的影响问题,建议进行相应调整,为未来出售股票时的重复计税问题提供预防和解决方案。

(4)本文引入了其他几个上市公司转换组织形式的案例,为各地税务机关执法提供参考,尽量实现同案同判,为促进社会公平和税收征管的公信力提供一些建议和启示。

二、案情简介

(一)主要案情

2007年8月,凯士奥公司在上海市注册成立,组织形式为有限责任公司。2018年9月,凯士奥公司由上海市迁至福建省石狮市。2019年9月,凯士奥公司由福建省石狮市迁至上海市。2020年4月,凯士奥公司由上海市迁至北京市中关村,并将组织形式从有限责任公司变更为有限合伙。2020年7月,凯士奥中心由北京市中关村迁至上海市,更名为上海凯士奥信息咨询中心(有限合伙)。2022年11月,国家税务总局上海市宝山区税务局第十七税务所向凯士奥中心发出沪税宝十七通(2022)913号《税务事项通知书》和(2022)7770号《责令限期改正通知书》,认为凯士奥中心“涉嫌在转换组织形式的过程中未申报缴纳相关税款”,按照财政部、国家税务总局《关于企业重组业务企业所得税处理若干问题的通知》(财税〔2009〕59号)等规定,因企业组织形式转换视同进行清算,要求自行补正申报并补缴税款。凯士奥中心认为,凯士奥出售股票所得,只有3亿多元,远远少于税务机关征缴的税额和滞纳金,企业无法接受。

(二)争议问题

双方争议问题为财税〔2009〕59号文是否适用中关村改革创新的“转换”行为、应纳税义务发生时间、限售股和大宗交易股票公允价值的确定方法、滞纳金是否征缴等。

(三)各方观点及其理由

1. 同花顺公司的观点

同花顺公司认为财税〔2009〕59号文不能适用中关村改革创新的“转换”行

为。其邀请部分权威法学专家论证，认为该等征税行为适用法规错误；并且从诚信政府和当事人信赖的角度分析，税务机关在企业转换登记前未明示征税而在事后对当事人课以纳税义务，不符合法治政府基本要求；能否稳妥处理此事件，关系到营商环境的保护和优化。

“转换”企业组织形式，是北京市中关村国家自主创新示范区根据党中央关于创新驱动发展战略的重大部署，先行先试改革的重要内容。“转换”前后的营业执照和税务登记证中的社会信用代码没有发生变化，股东及出资未发生变化，且持有的股票一直在同一企业账上，转换前的净资产未用于作价出资，资产所有权属未发生变化，更从未分配到个人。因此，“转换”前后，企业和个人均无“所得”，“视同清算”并不符合实事求是原则。

财税〔2009〕59 号文规定企业转变组织形式即征税，违背《企业所得税法》及《个人所得税法》中有“所得”才缴税的原则。财税〔2009〕59 号文的用词是“转变”，并非上述中关村政策中的“转换”，这本身就是差别。企业转换组织形式，对于企业和个人投资者而言，既不会因此产生股息所得，也不会取得股权转让所得，因此没有应纳税所得。事实上，我国任何财政法规和部门规章，均没有对企业“转换”组织形式的行为要求纳税的规定。

退一步说，即便要按财税〔2009〕59 号文执行，公司也没有执行的可能性。根据《证券法》和证券交易所相关要求，凯士奥持有同花顺公司的股票，每年转让的股份不超过年初所持有股份总数的 25%。经测算，其持有的股票全部解除限售，预计需要 39 年。按照税务机关的要求，将限售股转让也视同股票出售，以筹集税款，显然是违背上述法规的，也是企业无法做到的。同时，税务机关对不能出售的限售股，要求以流通股的公允价值作为计税基础，也不符合实事求是原则和相关财税法规。

2. 部分社会咨询机构、税务师事务所观点

笔者查询发现，目前网络上来源于税务师、律师的主流观点为：财税〔2009〕59 号文能够适用中关村改革创新的“转换”行为。大部分相关从业者认为：

公司不能直接通过更名的方式变更为合伙企业，法律上视同清算、注销公司，即股东用清算后的所得再投资成立新的合伙企业。但北京市、新疆维吾尔自治区等地出台了特殊政策，规定公司可直接由公司变更为合伙企业。《中关

村国家自主创新示范区企业组织形式转换登记试行办法》(京工商发〔2010〕131号)规定:在中关村国家自主创新示范区内登记注册的有限公司可转换企业组织形式;注册在此区域外的有限公司如要改为合伙企业,需到登记机关先办理原有限公司的注销,再申请设立有限合伙企业。

凯士奥在利用北京市直接转换企业性质的政策时,也出现了理解上的偏差。《中关村国家自主创新示范区企业组织形式转换登记试行办法》第14条规定,公司制企业法人、合伙企业、个人独资企业转换组织形式的,应当结清原企业各项税款,履行清算程序,并公告企业组织形式转换。

也就是说,虽然在工商层面,可直接将企业性质由公司转变为合伙企业,但在税务层面,公司仍然需要结清原企业各项税款,履行清算程序。凯士奥并没有履行该义务,仅直接在工商层面进行了变更,没有意识到税务层面的义务。

(四)税务机关和司法机关处理意见

主管税务机关认为,根据财税〔2009〕59号文"企业由法人转变为个人独资企业、合伙企业等非法人组织……视同企业进行清算、分配,股东重新投资成立新企业",将所持有上市公司股票(包括尚未出售的流通股和无法流通的限售股)全部视同进行清算、分配,以转换日的股票收盘价为基础,计算缴纳相关税款。

三、法理评析

(一)中关村的创新政策的性质和适用范围

本案中,中关村的政策是一个关键因素,依据是《中关村国家自主创新示范区企业组织形式转换登记试行办法》(京工商发〔2010〕131号),尽管从官网上未能查询到该文件的发文背景和官方解读,但从文号可以看出,发文单位为北京市工商行政管理局,其文件级别最高为地方政府规章。该文件是单一机构发文,并非国家税务总局或国家税务总局北京市税务局联合发文,可见不涉及或基本不涉及税务部分的相关内容。其创新的范围,不会超过工商行政管理局的权限范围。

财税〔2009〕59号文发文机关是财政部、国家税务总局,属于部门规章。其适用范围和法律效力当然高于京工商发〔2010〕131 号文。在并无特别说明的情况下，无论是北京市的“转换”，还是新疆维吾尔自治区的“变更”，从文义解释的角度上说，都属于财税〔2009〕59 号文所称的企业法律形式“改变”，属于企业重组的范畴，适用于财税〔2009〕59 号文。

（二）凯士奥公司在北京进行“转换”是否应当履行纳税义务

笔者查询发现，根据京工商发〔2010〕131 号文，很多企业都选择在北京市转换企业组织形式。诚如很多专家意见中提及的那样，该通知第 10 条、第 15 条中均明确规定无论是哪种企业组织形式转换，都应当履行清算程序，缴纳税款，并没有说有什么特别的免税政策。凯士奥中心指责税务机关“在企业转换登记前未明示征缴而在事后对当事人课以纳税义务”，并无道理。

但在实践中，确实存在两个稍显不同的意见：

1. 在北京市进行组织形式转换后，企业的社会统一信用代码没有改变，在中证登、证券公司等部门办理的是“名称变更”手续，而非“股权转让变更”手续。因此在实务处理时，都按照账面价值计价，并不按照公允价值清算缴纳相关税款。凯士奥中心“天价税款”正是账面价值和公允价值存在巨大出入而导致的。因此，企业确实也容易存在类似于凯士奥中心的误解，而在误解情况下，企业已经按照账面价值缴清税款，也确实不存在逃避缴纳税款等主观恶意。

2. 对于税务机关的行政行为，长期以来在社会上存在“法律不如实务”“民不告官不究”两种负面的理解。

“法律不如实务”，是指许多纳税人认为，与其自己钻研解读国家法律法规及税务机关的相关规定，不如通过内部关系进行了解。凯士奥中心在北京市进行组织形式转换，可能也事先征询了“其他如此操作的企业”、“税务专家”或是“北京市税务局”等人士的意见，是在充分借鉴其经验之谈之后作出的慎重决策。这些“经验之谈”也确实帮助凯士奥中心顺利完成了转换，但北京市的“经验之谈”并无法在上海市畅通无阻，因而导致了当下的尴尬局面。

“民不告官不究”，是指许多纳税人认为，除了常见的税款征缴业务以外，其他的小众的、零星的、偶发的税务查处都不必担心，除非有人举报，不然税务机关基本上不会查，也就不必主动履行相关义务。北京市特殊政策下的组织形式转换,需要清算缴纳税款,正是这样一个非常见业务。凯士奥中心也难免陷入这样一个误区:该种转换,从经济利益的角度出发,不必主动履行清算程序并缴纳大额税款。

因此,笔者认为,凯士奥公司应当在北京市履行清算及缴税义务,凯士奥公司现已处于注销状态,北京市税务局可要求其原股东对相关税款进行补缴。凯士奥公司及股东,虽因节税才进行的组织形式转变,但其在视同清算环节,并未表露出明显的偷税、漏税意图,也未实施虚假申报、篡改账目等偷税、漏税行为,而是基于对相关法律法规的错误理解,按照账面价值进行了缴税,从而导致少缴税款的事实,其行为不应涉及刑事责任。

(三)上海市税务局是否有权要求凯士奥中心对凯士奥公司欠缴的税款予以补缴

笔者检索发现,包括同花顺公司及凯士奥中心在内,几乎无专家学者质疑上海市税务局的征管权限。但是笔者认为,上海市税务局无权对上述事项进行处理。如果凯士奥中心确需补缴税款,也应当由2020年4月凯士奥中心在北京市转换时的主管税务机关进行征管。

本案的核心就在于在我国现行法律制度下,法人组织与有限合伙等非法人组织不存在转换的可能性,现有"转换"视同注销前者,然后再成立后者。无论财税〔2009〕59号文,还是京工商发〔2010〕131号文,实际上都贯穿着这样的一个基本原则。有所不同的是,财税〔2009〕59号文中不存在任何特殊情况,而京工商发〔2010〕131号文存在一种行政手续上的创新,即将原本独立的注销、成立两个环节紧密结合,在行政手续上实现了简政放权,给企业行方便。但是,京工商发〔2010〕131号文并没有从根本上实现对现有规章制度的突破或者说例外,仍然要求企业履行清算、结清税款等义务。因此,有限责任公司与有限合伙,在法律与事实上均是割裂开的,是两个独立的主体,清算缴税的依据便源于这一独立性。

凯士奥中心实际上是一家于2020年4月在北京市设立的有限合伙企业,而凯士奥中心的前身(有限公司)已经于2020年4月在北京市注销。一家已注销的有限责任公司,如税务机关审查发现其在注销前,存在欠缴税款的行为,应当由其注销时主管税务机关或相对应的稽查税务机关予以查处，查处的对象为原有限责任公司的股东。在本案中，作出《税务事项通知书》和《责令限期改正通知书》的却是这家已注销的有限责任公司转换组织形式后成立的有限合伙企业的主管税务机关，查处的对象为该有限合伙企业。可见，上海市税务局在判断凯士奥中心是否应当缴税时，认为有限责任公司和有限合伙是独立的主体，而在判断责任主体时，又在事实上承认了有限责任公司和有限合伙的承继关系，认为有限合伙应当对有限责任公司欠缴的税款承担责任，这无异于自相矛盾。

（四）限售股的公允价值确定问题

凯士奥中心的股票多数为限售股，而根据25亿元的补缴税款推算，上海市税务局在计算补缴金额时，很有可能是按照凯士奥公司转换当日的交易日收盘价确定的。因而，这里面还涉及一个限售股的公允价值应当如何确定的问题。

国家税务总局《关于企业转让上市公司限售股有关所得税问题的公告》（国家税务总局公告2011年第39号）第3条明确："企业在限售股解禁前将其持有的限售股转让给其他企业或个人（以下简称受让方），其企业所得税问题按以下规定处理：（一）企业应按减持在证券登记结算机构登记的限售股取得的全部收入，计入企业当年度应税收入计算纳税……"也就是说，相关法律法规并未直接规定以其收盘价作为公允价值计算，而是规定以其转让后实际取得的收入进行计算。

但实际情况是，凯士奥公司并未实际取得收入，若上海市税务局径行以收盘价为基础核算税款，并非十分公允。一方面，限售股的销售受到限制，其经济价值应当明显低于具有更强流动性的流通股，以流通股收盘价作为限售股公允价值进行判断，存在明显不妥。另一方面，在真实的清算过程中，需要对公司的资产进行处置变现，凯士奥公司所持股票数量比较大，考虑到大宗交易流动性折扣、后续股价下跌等情况，公司的资产在变现过程中可能产生较大损耗。

因此，笔者建议，如凯士奥公司及股东确需补缴税款，可由税务机关参照收盘价，综合考虑大宗交易流动性折扣、股价下跌等情况，核定交易价格。一方面,这样确定价格更为公允,有利于保护营商环境;另一方面,这样确定价格,可以将凯士奥公司和凯士奥中心的“收益”进行区分,避免税收征管的混乱和国家税款的流失。

(五)如果凯士奥公司本次补缴了相关税款及滞纳金,将来凯士奥中心出售相关股票时,该如何计税,是否存在重复计税的问题

笔者认为,如果凯士奥中心本次补缴了相关税款及滞纳金,应当同步对相应股票的账面价值进行调整,将其账面价值调整为与凯士奥公司缴税时计算税款相同的价格,如此才能避免后续争议。

本次凯士奥中心需补缴的税款金额巨大,一方面是因为同花顺公司的股价上涨,另一方面则是因为凯士奥中心作为持股平台,其取得同花顺股票的成本极低,此消彼长之下,难免产生巨额税款。

从凯士奥中心公开的信息来看,凯士奥中心目前持有股票的账面价值仍为当年其取得同花顺公司股票时的账面金额,该金额是非常低的,甚至很多专家认为可以低到忽略不计的程度。若凯士奥中心本次补缴了相关税款及滞纳金,相当于凯士奥公司在2020年4月30日出售了全部股票,而凯士奥中心在同日买入了全部股票。因而,凯士奥中心持有的上述股票的购入价格应当发生调整。否则,将来凯士奥中心出售相关股票时,已缴税部分就很可能发生重复计税的情况,届时,可能又会产生新的争议和混乱。

(六)同案同判问题

此前,多家公司特别是上市企业进行过类似的操作。同花顺公司在接受采访时曾表示,“据其初步了解,有100多家上市企业的股东都遇到了类似的问题”。

笔者通过网络途径查询发现,确实有许多上市企业通过与凯士奥基本相同的方式进行了组织形式的转换。

案例1:海康威视(002415. SZ)2011年年报显示,公司有两个股东均于2011年迁址到新疆维吾尔自治区乌鲁木齐市并变更企业性质。其中,杭州威讯投资管理有限公司(以下简称威讯投资)在迁址后,变更为新疆威讯投资管理有

限合伙企业;杭州康普投资有限公司(以下简称康普投资)在迁址后,变更为新疆普康投资有限合伙企业。完成企业组织形式变更后,两家公司又重新迁址回到杭州市。根据工商信息,威讯投资和康普投资的变更日期均为2011年4月14日,当日海康威视的收盘股价为79.98元。根据2010年年报,当时威讯投资和康普投资总计持有海康威视8550万股,占总股本的17.11%,所持股权合计总市值可能超过68亿元。假设按照当天股价缴税,两位股东的缴税金额也达27.2亿元。

案例2:汉森制药(002412.SZ)的控股股东海南汉森投资有限公司(以下简称汉森投资),于2014年迁址到新疆维吾尔自治区,变更为新疆汉森股权投资管理有限合伙企业。完成企业组织形式变更后,该公司重新迁回海南省,目前名为"海南汉森控股(有限合伙)"。工商信息显示,汉森投资在2014年5月5日进行企业组织形式变更,当日汉森制药的股价为61.56元。根据汉森制药2014年一季报,汉森投资持股7700万股,占汉森制药总股权的52.03%。据此计算,汉森投资2014年5月5日所持股票市值47亿元,若缴税税款可能接近19亿元。

案例3:九安医疗(002432.SZ)的控股股东天津市三和工业电器科技有限公司(以下简称三和公司),曾于2012年迁址至新疆维吾尔自治区石河子市,并变更为石河子三和股权投资合伙企业(有限合伙),但此后没有回迁到原址。此外,"天津市三和工业电器科技有限公司"已被注销。2012年12月20日,三和公司完成从有限公司到有限合伙的转换,当天九安医疗股票的收盘价为14.5元。根据九安医疗2011年年报,三和公司持有九安医疗1.28亿股权,持股比例为51.6%。据此计算,三和公司转换当天持有的股票市值为18.56亿元,若缴税税款可能为7.42亿元。

案例4:吉峰科技(300022.SZ)的股东四川神宇农业发展有限公司(以下简称神宇公司),于2013年迁址到西藏自治区山南市,变更为西藏山南神宇创业投资管理合伙企业(有限合伙),此后也没有回迁到原址。目前,"四川神宇农业发展有限公司"工商状态为"迁出"。根据吉峰科技公告,神宇公司在2013年3月11日前完成企业组织形式变更。公告显示,神宇公司当时持有吉峰科技3952万股,持股比例为11.06%。假设按2013年3月11日吉峰科技股票的收盘价34.59元计算,神宇公司持有股票总市值为13.67亿元,可能需缴税5.47亿元。

上述案例都与凯士奥的情况极为相似,如果按照类似的计算逻辑进行计算,也会产生数以亿计的税款,但并无相关消息显示上述公司实际缴纳了如此巨额的税款。

笔者认为,国家规定固然应当遵守,但行政机关把握的尺度也应当相对统一,不应因时间不同而明显不一致,也不应因地域不同而存在明显区别。如果情况极端类似的两家上市企业,在进行相同的转换行为后,一家需要缴纳二十几亿元的税款,而另一家不需要缴纳,对股东而言是十分不公平的,对于广大股民而言,也毫无预见性可言,难免影响股民对于我国税收制度及上市公司相关披露政策的信任度。税务机关应当加强各地区之间的沟通和协调,实现信息共享和政策协同,避免上述问题继续发生。

四、结论与启示

本文以同花顺公司的股东凯士奥中心为例,分析了其在北京市进行企业组织形式转换后,被上海市税务局追缴巨额税款的争议案件。文章从事实认定、法律适用、法理分析等方面,对案件所涉的以下几个问题进行了全面、深入的论述和剖析:

笔者认为,本案中存在法律规定与实务操作不一致、法人组织与非法人组织转换的独立性与承继性矛盾、限售股与流通股价值差异被忽视、不同地区税务机关执行标准不同等问题,这些问题共同导致凯士奥中心遭遇"天价税款"的尴尬局面。为解决这一难题,避免此类尴尬局面再次发生,需要从具体案件和整体把握两个方面予以解决:

从具体案件角度来讲,笔者认为,凯士奥公司确需补缴税款,但应当由其在北京市转换时的主管税务机关进行征管,补缴税款的主体应当为凯士奥公司,因其从法律性质的角度上说已经注销,可向其前股东追责。在确定应当补缴的税款时,依法依规应当按照凯士奥公司出售股票取得的收入作为计税依据,但考虑到凯士奥公司是视同清算而非实际清算,其股票并未实际出售,因而也并未实际取得收入,建议税务机关参照视同清算当日收盘价,综合考虑限售股的流通性缺失、大宗交易流动性折扣、股价下跌等情况，核定作为计税依据的交易价格。一方面这样的价格可能更加接近“市场价”，更加公平；另一方面，这样的价格可能更具有可操作性，可以避免过度征税，也更容易为纳税人所接受。在凯士奥公司原股东补缴税款后，应当对凯士奥中心持有股票的账面价值进行调整，避免将来凯士奥中心出售股票时出现混乱或重复征税的问题。此外，这样的解决方案，还有利于“区分”凯士奥公司和凯士奥中心的所得，既避免各地对于各主体税收征管衔接不当导致的国家税款流失，又避免各地征管混乱导致纳税人权益受到损害。

从整体把握的角度上看，笔者建议在妥善处理本次争议后，通过新闻发布会或者公告的方式，向社会公众介绍相关案件情况，避免广大公众对税务机关和我国税收征管制度产生不好的揣测或信任度的降低。与此同时，还应对本案涉及的争议或可能存在争议与误解的法律法规进行进一步解释说明，避免其他企业再产生类似误解。与此同时，还应加强我国各地税务机关之间的协同与沟通，避免在执行统一税收法律规定时，出现较大的执法差距，尽可能实现同案同判。在税收征管方面，适当加强信息披露和指导案例公示，加强税收法律与税收实务的一致性：一方面可以加深纳税人及税法工作者对相关法律法规的理解，避免各种误读；另一方面可以避免部分主体利用我国幅员辽阔，各地政策不同或衔接不畅进行偷税漏税。

最后，本文尝试对不同主体提出一些意见和建议：

对于税务机关及其工作人员而言，应当严格按照国家规定和统一标准执行税收征管工作，避免出现不必要的争议和纠纷。同时，应当加强与其他地区税务机关的沟通和协调，实现信息共享和政策协同。

对于公司而言，在实施股权激励之前，应当充分研读相关政策法规，合理选择企业组织形式。已经以有限责任公司的形式成立持股平台的公司，在进行组织形式转换时，应充分了解相关法律规定和税收政策，在决策层内部达成一致，并准备充足的流动资金，主动履行纳税义务，避免产生巨额滞纳金和罚款。同时，公司是上市企业的，应当及时向投资者披露相关信息，增强透明度和信任度。

对于股东而言，应当关注公司组织形式变更对自身权益的影响，并在必要时寻求专业人士的帮助和建议。避免侥幸心理,不要轻易相信“民不告官不究”等没有依据的“理论”,以及部分非正规咨询公司、税务局“相关人员”等的“避税秘籍”。同时,应当理性看待公司的经营状况和股价波动,并根据自身风险偏好作出合理投资决策。

A 机械设备有限公司税务处罚行政诉讼案例评析

刘　萍*

一、前言

在税收征管过程中，税务稽查局作为专司偷税、逃避追缴欠税、骗税、抗税案件查处的税务机关，面临被税务稽查对象申请行政复议或提起行政诉讼的风险。在行政诉讼中，税务稽查局作为天然的行政诉讼被告，往往需要承担充分的举证责任证明自己行政执法行为的合法性和合理性，否则需要承担举证不能的不利后果，所作出的税务处理决定或处罚决定面临被撤销的风险。

虽然我国税收领域相关法律法规对纳税人在履行纳税义务过程中享有的权利进行了明确规定，包括但不限于纳税人陈述申辩的权利、申请听证的权利、申请税务行政复议的权利、提起税务行政诉讼的权利、申请国家赔偿的权利等，但纳税人要想通过上述救济权利维护自己的合法权益，不仅需要依靠税务行政执法部门合理、合法行政，更需要充分发挥司法机制在保障纳税人合法权益中的重要作用。

笔者通过大数据搜索及实务经验总结发现，税务行政诉讼主要围绕稽查局的行政主体执法资格问题、举证时的角度和答辩思路、税务行政执法领域特殊规则的适用、虚开行政违法与刑事责任的区别和联系等涉税争议焦点。对于上

---

* 刘萍，山东齐鲁（青岛）律师事务所律师。

述争议焦点问题,不同地域、不同级别法院的认定标准不尽相同。本文通过对一起纳税人不服主管税务机关作出的税务行政处罚决定而提起的行政诉讼纠纷案的分析,详细阐述法律赋予纳税人的救济权利,剖析纳税人层面、行政执法层面及司法层面存在的问题和不足之处,并提出建议和措施,以推动法律赋予纳税人的权利救济途径的落实。

二、案情简介

(一)案件信息

A机械设备有限公司(以下简称A公司)接受上游企业虚开的增值税专用发票并对下游企业虚开增值税专用发票,价税合计在100万元以上,并未按照要求保管会计账簿。主管税务机关针对上述两个违法行为作出行政处罚决定,罚款合计51万元。

主管税务机关以A公司涉嫌虚开移送公安机关,若经法院审理后认定构成虚开增值税专用发票罪,将被判处10年以上有期徒刑或无期徒刑,并处罚金或没收财产。

(二)案件详情

1. 纳税人基本情况

A公司成立于2001年9月15日,注册资本500万元,为其他有限责任公司,注册地为Q市某区××号;经营范围是加工及维修机械设备及配件(不含特种设备)(不得在住所从事加工、维修业务),批发、零售电机设备、机电产品、水暖器材、五金、劳动防护用品、橡塑制品、日用百货、化工产品(不含危险品)、钢材、木材、水性涂料、电线电缆、电工器材、建筑材料、机械设备、不锈钢材料、玻璃制品、绝缘材料、办公用品。在税务登记信息中,登记的法定代表人、财务负责人、办税人均为李某。

2. 税务机关行政执法过程

2019年5月30日,S市税务局稽查局向Q市××稽查局发出《已证实虚开通知单》,证明徐州某贸易公司虚开给A公司176份增值税专用发票,发票金额16 477 582.95元,税额2 801 189.21元,价税合计19 278 772.16元。

Q 市 × × 稽查局接到 S 市税务局稽查局提供的《已证实虚开通知单》后，于 2019 年 6 月 26 日起，对 A 公司 2012 年 1 月 1 日至 2015 年 10 月 31 日的涉税情况进行检查。

在案件检查过程中，税务检查组依法检查了 A 公司 2012 年至 2015 年的账簿凭证，调取了 A 公司法定代表人李某和其妻子孙某（A 公司的实际控制人）等人的多个银行账号的资金交易情况，到徐州市、临沂市、哈尔滨市等地调取了涉案企业及相关人员的资金交易情况，对 A 公司的法定代表人李某及实际控制人孙某做了询问笔录，认定 A 公司存在违法事实，于 2021 年 12 月 8 日向 A 公司直接送达《税务行政处罚事项告知书》并告知其有权自收到告知书之日起 5 个工作日内书面提出听证申请，也依法告知其享有陈述、申辩权，实际控制人孙某在询问笔录上签字确认放弃陈述、申辩权。直至 2021 年 12 月 13 日，A 公司也没有提交书面听证申请。

2022 年 1 月 20 日，Q 市 × × 稽查局依法将此案件移送重大税务案件审理委员会，该委员会在审理后出具税务行政处罚意见，并于 2022 年 2 月 16 日作出《税务行政处罚决定书》，2022 年 4 月 16 日向 A 公司直接送达该税务文书。

Q 市 × × 稽查局在对 A 公司作出《税务行政处罚决定书》后，认为 A 公司涉嫌犯罪，故移送辖区公安机关立案侦查，目前案件处于侦查阶段。

（1）税务机关检查工作重点

在 Q 市 × × 稽查局对 A 公司税务检查过程中，从货物流、发票流、资金流方面重点开展税务检查工作。

在货物流方面，从 A 公司与上下游企业之间是否有真实的货物交易，货物产地或发货地是否是上下游企业所在地，原材料采购的具体途径、运输方式、入库出库等情况，原材料出入库记录与公司财务账簿之间是否一一对应，购货领用、生产订单的往来情况以及原材料的种类等方面展开税务检查。

在发票流方面，从企业的供应、财务、运输等部门，结合原材料的采购、货物运输、资金支付以及财务处理等方面开展税务检查工作，查清增值税抵扣凭证的来源、取得的方式及途径。

在资金流方面，通过对资金结算方式、资金流向等资料的调取和筛查，理清付款与受票、付款与购货、付款与运输等业务间的对应关系，深究是否存在资金回流情况以及回流资金的准确数额等问题。

(2)税务机关认定的违法事实

Q市××稽查局经过对A公司的税务检查,认定该公司在税务检查期间主要存在以下两种违法事实:

违法事实一:

2012年6月至2015年4月,A公司取得徐州某贸易公司开具的176份增值税专用发票,发票金额合计16 477 582.95元,税额合计2 801 189.21元,价税合计19 278 772.16元,货物名称为钢材、带钢、开平板,上述发票已全部认证抵扣,企业所得税汇算清缴未做纳税调整。对外开具给哈尔滨某经销公司增值税专用发票209份,其中作废7份,发票金额合计15 868 153.78元,税额合计2 697 586.06元,价税合计18 565 739.84元。

A公司在Q市××稽查局对其进行税务检查期间未提供与上下游企业的采购合同、运输费用单据、入库单、加工场地租赁证明、现金支付工人工资的证据,进、销货物品名及性状存在明显差异,委托加工费用与进销货物对应的生产能力并不匹配,水电费发生额不符合正常生产设备及能源消耗要求,存在资金回流问题。

违法事实二:

A公司未按照规定保管2015年度的账簿和记账凭证,经责令限期改正,仍未能提供2015年度账簿和记账凭证。A公司提供《情况说明》,指出因数次搬家导致2015年度记账凭证不慎丢失。

(3)税务机关作出的行政处罚决定

针对违法事实一,Q市××稽查局根据《发票管理办法》第22条[1]、国家税务总局《转发〈最高人民法院关于适用《全国人民代表大会常务委员会关于惩治虚开、伪造和非法出售增值税专用发票犯罪的决定》的若干问题的解释〉

[1] 《发票管理办法》第22条规定:“开具发票应当按照规定的时限、顺序、栏目,全部联次一次性如实开具,并加盖发票专用章。任何单位和个人不得有下列虚开发票行为:(一)为他人、为自己开具与实际经营业务情况不符的发票;(二)让他人为自己开具与实际经营业务情况不符的发票;(三)介绍他人开具与实际经营业务情况不符的发票。”

的通知》[1]的规定，认定 A 公司接受虚开的 176 份增值税专用发票以及实际对外开具给哈尔滨某经销公司 202 份增值税专用发票构成虚开增值税专用发票，虚开增值税专用发票 378 份，虚开金额合计 32 345 736.73 元，虚开税额 5 498 775.27 元。根据《发票管理办法》第 37 条[2]的规定，稽查局对其处以 50 万元罚款。

针对违法事实二，Q 市 × × 稽查局根据《税收征收管理法》第 60 条第 2 项[3]的规定，对 A 公司处以 1 万元罚款。

（三）争议焦点

Q 市 × × 稽查局作出的行政处罚是否合法。

（四）各方观点

1. A 公司观点

一审中，A 公司提出 Q 市 × × 稽查局作出的行政处罚决定事实不清，证据不足，法律适用错误，没有履行听证告知程序，应当依法予以撤销。

二审中，A 公司提出五点意见：第一，Q 市 × × 稽查局不能将 A 公司的上游企业虚开调查材料作为证据，属于认定事实不清、证据不足。第二，本案行政处罚期限已超过法律规定的时效，且不存在中止、中断或延长的情形。第三，Q 市 × × 稽查局未依法履行听证告知程序，严重损害 A 公司合法权益。第四，在上游企业未被追究虚开刑事责任的情况下，Q 市 × × 稽查局不能认定 A 公司的行为构成虚开行为。第五，本案符合中止审理的情形，应当待 A 公司的刑事程序结束后再做税务行政处罚或行政处理。故应当依法改判，支持 A 公司一审的诉讼请求。

---

〔1〕 国家税务总局《转发〈最高人民法院关于适用《全国人民代表大会常务委员会关于惩治虚开、伪造和非法出售增值税专用发票犯罪的决定》的若干问题的解释〉的通知》（国税发〔1996〕210 号），1996 年 11 月 15 日发布并实施。

〔2〕 《发票管理办法》第 37 条规定："违反本办法的规定虚开发票的，由税务机关没收违法所得；虚开金额在 1 万元以下的，可以并处 5 万元以下的罚款；虚开金额超过 1 万元的，并处 5 万元以上 50 万元以下的罚款；构成犯罪的，依法追究刑事责任。非法代开发票的，依照前款规定处罚。"

〔3〕 《税收征收管理法》第 60 条规定："纳税人有下列行为之一的，由税务机关责令限期改正，可以处二千元以下的罚款；情节严重的，处二千元以上一万元以下的罚款……（二）未按照规定设置、保管帐簿或者保管记帐凭证和有关资料的……"

2. 税务机关观点

第一,Q市××稽查局作出行政处罚决定的主体无误,认定事实清楚,适用法律正确,量罚适当。

第二,A公司作为依法成立并持续经营的企业,其开具发票的行为具有连续性,应当将接受虚开发票和开具虚开发票视为统一虚开行为,Q市××稽查局作出的行政处罚决定符合法律时效的规定。

第三,Q市××稽查局在向A公司送达《税务行政处罚事项告知书》时,已依法向A公司履行了听证告知义务,并告知其享有陈述、申辩的权利。

第四,作出税务行政处罚并不以A公司虚开行为构成刑事犯罪为前提,刑事责任的承担并不阻却税务机关行政执法权的行使。

第五,本案不符合最高人民法院《关于适用〈中华人民共和国行政诉讼法〉的解释》第87条〔1〕规定的中止审理的情形。

3. 一审法院观点

本案系A公司不服Q市××稽查局作出的行政处罚的案件,应从法定职权、事实认定、法律适用、程序方面就Q市××稽查局涉案行政行为合法性进行审查。

第一,在法定职权方面,根据《税收征收管理法实施细则》第9条第1款〔2〕之规定,Q市××稽查局具有作出涉案行政处罚决定的法定职权。

第二,在事实认定方面,根据Q市××稽查局提交的《已证实虚开通知单》及所附发票明细,《徐州某贸易有限公司一案案件集体审理纪要》,A公司的记账凭证、固定资产明细账、管理费用明细账、缴税认证清单、公户银行对账单,崔

〔1〕 最高人民法院《关于适用〈中华人民共和国行政诉讼法〉的解释》第87条规定:"在诉讼过程中,有下列情形之一的,中止诉讼:(一)原告死亡,须等待其近亲属表明是否参加诉讼的;(二)原告丧失诉讼行为能力,尚未确定法定代理人的;(三)作为一方当事人的行政机关、法人或者其他组织终止,尚未确定权利义务承受人的;(四)一方当事人因不可抗力的事由不能参加诉讼的;(五)案件涉及法律适用问题,需要送请有权机关作出解释或者确认的;(六)案件的审判须以相关民事、刑事或者其他行政案件的审理结果为依据,而相关案件尚未审结的;(七)其他应当中止诉讼的情形。中止诉讼的原因消除后,恢复诉讼。"

〔2〕《税收征收管理法实施细则》第9条第1款规定:"税收征管法第十四条所称按照国务院规定设立的并向社会公告的税务机构,是指省以下税务局的稽查局。稽查局专司偷税、逃避追缴欠税、骗税、抗税案件的查处。"

某等个人银行对账单，税务稽查工作底稿，A 公司的《情况说明》《询问（调查）笔录》等证据，足以认定 Q 市××稽查局对 A 公司认定的违法事实无误。

第三，在法律适用方面，Q 市××稽查局根据《发票管理办法》第 22 条第 2 款〔1〕及第 37 条〔2〕、全国人民代表大会常务委员会《关于惩治虚开、伪造和非法出售增值税专用发票犯罪的决定》〔3〕、最高人民法院《关于适用〈全国人民代表大会常务委员会关于惩治虚开、伪造和非法出售增值税专用发票犯罪的决定〉的若干问题的解释的通知》〔4〕第 1 项、《Q 市税务行政处罚裁量权实施办法》的规定，对 A 公司涉案虚开增值税发票的违法行为处以 50 万元罚款的行政处罚，适用法律正确、量罚适当；根据《税收征收管理法》第 60 条之规定，对 A 公司未按规定保管账簿凭证的行为罚款 1 万元，适用法律正确、量罚适当。

第四，在程序方面，Q 市××稽查局根据《行政处罚法》第 63 条第 1 项〔5〕、《Q 市税务行政处罚裁量权实施办法》第 21 条〔6〕之规定，在向 A 公司送达《税务行政处罚事项告知书》时已告知其有陈述、申辩权，并可以自收到该税务文书之日起 5 日内提出书面听证申请，但 A 公司的实际控制人孙某明确不陈述、申辩，也没有在规定的期限内申请听证，故 Q 市××稽查局对 A 公司作出涉案行政处罚决定的程序合法。

第五，针对 A 公司提出的行政处罚时效问题，因为《税收征收管理法》属于

---

〔1〕《发票管理办法》第 22 条第 2 款规定："任何单位和个人不得有下列虚开发票行为：（一）为他人、为自己开具与实际经营业务情况不符的发票；（二）让他人为自己开具与实际经营业务情况不符的发票；（三）介绍他人开具与实际经营业务情况不符的发票。"

〔2〕《发票管理办法》第 37 条规定："违反本办法的规定虚开发票的，由税务机关没收违法所得；虚开金额在 1 万元以下的，可以并处 5 万元以下的罚款；虚开金额超过 1 万元的，并处 5 万元以上 50 万元以下的罚款；构成犯罪的，依法追究刑事责任。非法代开发票的，依照前款规定处罚。"

〔3〕全国人民代表大会常务委员会《关于惩治虚开、伪造和非法出售增值税专用发票犯罪的决定》，1995 年 10 月 30 日第八届全国人民代表大会常务委员会第十六次会议通过，1995 年 10 月 30 日中华人民共和国主席令第五十七号公布，自公布之日起施行。

〔4〕最高人民法院《关于适用〈全国人民代表大会常务委员会关于惩治虚开、伪造和非法出售增值税专用发票犯罪的决定〉的若干问题的解释的通知》，法发〔1996〕30 号，1996 年 10 月 17 日起施行。

〔5〕《行政处罚法》第 63 条规定："行政机关拟作出下列行政处罚决定，应当告知当事人有要求听证的权利，当事人要求听证的，行政机关应当组织听证：（一）较大数额罚款……"

〔6〕《Q 市税务行政处罚裁量权实施办法》第 21 条规定："Q 市国家税务局和 Q 市地方税务局根据本办法结合有关法律、法规和规章的规定，制定《Q 市税务行政处罚裁量基准》（见附件）。全市各级税务机关在实施行政处罚时，应按照《Q 市税务行政处罚裁量基准》执行。"

特别法,故应当适用第86条规定的5年时效期限。A公司自2012年至2015年虚开增值税专用发票罪的行为均系针对同一上游企业和下游企业,触犯的系同一法律条款,根据案件查明事实可以认定,A公司接受和开具增值税专用发票的行为相互交叉,形成完整的虚开链条,该行为具有连续性,该行为一直持续到2015年4月。根据《行政处罚法》第36条第2款[1]之规定,Q市××稽查局就A公司的虚开行为进行处罚未超过法律规定的处罚时效。

4. 二审法院观点

第一,在事实认定方面,根据《税收征收管理法》第19条[2]及第54条[3]、《税收征收管理法实施细则》第22条第1款[4]之规定,A公司有及时、准确设置会计账簿的义务,在Q市××稽查局对其开展税务检查过程中未如实提供会计账簿等相关资料,无法真实、准确反映其生产经营情况的前提下,Q市××稽查局根据S市税务局稽查局提供的《已证实虚开通知单》对A公司开展税务检查,并无不当。

在税务检查期间,A公司未提供证明其业务真实性的有关资料(包括但不限于与上下游企业的购销合同、运输费用单据、出入库单据、加工场地租赁证明、现金支付凭证等),进销货物品名及性质、状态等存在明显差异,账簿数据与进销货物对应的生产能力不匹配,水电费发生额不符合正常生产设备及能源消耗要求,无法解释其与上下游企业间存在的资金回流情况,经责令限期改正后仍不能提供2015年度账簿资料。Q市××稽查局根据其调查情况作出处罚决定书,事实清楚、证据充分。

第二,关于A公司主张本案行政处罚的前提是查明其是否构成虚开增值税

---

〔1〕《行政处罚法》第36条第2款规定:"前款规定的期限,从违法行为发生之日起计算;违法行为有连续或者继续状态的,从行为终了之日起计算。"

〔2〕《税收征收管理法》第19条规定:"纳税人、扣缴义务人按照有关法律、行政法规和国务院财政、税务主管部门的规定设置帐簿,根据合法、有效凭证记帐,进行核算。"

〔3〕《税收征收管理法》第54条规定:"税务机关有权进行下列税务检查:(一)检查纳税人的帐簿、记帐凭证、报表和有关资料,检查扣缴义务人代扣代缴、代收代缴税款帐簿、记帐凭证和有关资料;(二)到纳税人的生产、经营场所和货物存放地检查纳税人应纳税的商品、货物或者其他财产,检查扣缴义务人与代扣代缴、代收代缴税款有关的经营情况……"

〔4〕《税收征收管理法实施细则》第22条第1款规定:"从事生产、经营的纳税人应当自领取营业执照或者发生纳税义务之日起15日内,按照国家有关规定设置账簿……"

专用发票罪,本案应当中止,等待刑事案件的处理结果的问题。根据《发票管理办法》第 37 条第 1 款[1]之规定,A 公司对外虚开或接受虚开的行为扰乱了发票管理秩序,Q 市××稽查局根据《发票管理办法》的相关规定对其进行税务检查并作出相应行政处罚决定,是其履行行政执法权、及时维护发票管理秩序的体现,不以查明 A 公司的上下游企业是否构成刑事犯罪为前提,A 公司是否构成虚开增值税专用发票罪不影响本案的审理。

二审法院的观点,与一审法院相同,在此不赘述。

(五)案件结果

一审法院:驳回 A 公司的诉讼请求。

二审法院:驳回上诉,维持原判。

三、法理评析

(一)税务行政处罚决定的行政主体及量罚幅度的合法性问题

1. Q 市××稽查局有权对 A 公司进行税务检查,对在税务检查过程中发现的行政违法行为,有独立的行政执法权,可以依法对其进行行政处罚

根据《发票管理办法》第 37 条第 1 款[2]之规定,根据不同的违法情节、过错程度及危害程度可将违反上述法律规定的行为区分为刑事违法行为和行政违法行为,司法机关可以依法对构成刑事违法的行为追究刑事责任,税务机关则可以对构成行政违法的行为进行行政处罚。

本案中,A 公司虚开或接受虚开发票的行为扰乱了发票管理秩序,Q 市××稽查局根据《发票管理办法》的相关规定对其作出罚款的行政处罚决定,是 Q 市××稽查局依法履行法定行政执法权、维护和稳定发票管理秩序之举。

---

[1] 《发票管理办法》第 37 条第 1 款规定:"违反本办法的规定虚开发票的,由税务机关没收违法所得;虚开金额在 1 万元以下的,可以并处 5 万元以下的罚款;虚开金额超过 1 万元的,并处 5 万元以上 50 万元以下的罚款;构成犯罪的,依法追究刑事责任。"

[2] 《发票管理办法》第 37 条第 1 款规定:"违反本办法的规定虚开发票的,由税务机关没收违法所得;虚开金额在 1 万元以下的,可以并处 5 万元以下的罚款;虚开金额超过 1 万元的,并处 5 万元以上 50 万元以下的罚款;构成犯罪的,依法追究刑事责任。"

作为A公司的主管税务机关,Q市××稽查局有权对其虚开或接受虚开发票的行为进行独立的税务检查,且不以A公司的上下游企业构成刑事犯罪为前提。至于A公司的行为是否构成刑事犯罪,并不影响Q市××稽查局依法行使行政执法权,也不影响Q市××稽查局依法作出行政处罚,是否应当追究A公司的刑事责任应由司法机关根据法定程序进行认定,不是在行政诉讼中解决的问题。

2. Q市××稽查局作出的行政处罚决定主体无误,认定事实清楚,适用法律正确,量罚适当

第一,法定职权方面。根据《税收征收管理法实施细则》第9条第1项"税收征管法第十四条所称按照国务院规定设立的并向社会公告的税务机关,是指省以下税务局的稽查局。稽查局专司偷税、逃避缴纳欠税、骗税、抗税案件的查处"之规定,Q市××稽查局具有作出涉案行政处罚决定的法定职权。

但在实务中,纳税人通常还会因为税务稽查局的执法主体资格问题产生争议。对此,国家税务总局《关于税务稽查分局等机构是否具有执法主体问题的批复》(国税函发〔1995〕586号,已失效)[1]、国家税务总局《关于税务稽查机构执法主体资格问题的通知》(国税发〔1997〕148号,已失效)[2]、国家税务总局稽查局《关于印发程法光副局长重申稽查局是税务行政执法主体的讲话的函》(国税稽〔1999〕82号)[3]、国家税务总局《关于稽查局职责问题的通知》(国税

---

〔1〕 国家税务总局《关于税务稽查分局等机构是否具有执法主体问题的批复》(国税函发〔1995〕586号,已失效),1995年11月8日发布并实施,该篇法规被《关于公布全文失效废止 部分条款失效废止的税收规范性文件目录的公告》(2011年1月4日发布、2011年1月4日实施)废止。

〔2〕 国家税务总局《关于税务稽查机构执法主体资格问题的通知》(国税发〔1997〕148号,已失效),1997年9月8日发布并实施,本篇法规被《关于公布全文失效废止 部分条款失效废止的税收规范性文件目录的公告》(2011年1月4日发布,2011年1月4日实施)废止。

〔3〕 国家税务总局稽查局《关于印发程法光副局长重申稽查局是税务行政执法主体的讲话的函》(国税稽〔1999〕82号)规定:"三、国家税务总局已经明确,稽查局是税务局的直属局。因此,稽查局不是税务局的内设机构,而是税务局的直属机构,可以在职权范围内以自己的名义作出包括行政处罚在内的税务处理决定。这并不违背《行政处罚法》及国务院《关于贯彻实施〈中华人民共和国行政处罚法〉的通知》(国发〔1996〕13号)关于内设机构不得以自己的名义实施行政处罚的精神。"该法规自1999年6月25日发布并实施。

函〔2003〕140 号)〔1〕、国家税务总局《关于印发〈关于进一步规范国家税务局系统机构设置明确职责分工的意见〉的通知》(国税发〔2004〕125 号)〔2〕等文,对税务稽查局的独立执法资格问题作出回应,明确税务稽查局不是税务局的内设机构,而是税务局的直属机构,二者不属于同一机构。

另外,根据《行政诉讼法》第 26 条〔3〕,《行政复议法》第 10 条〔4〕以及《税务行政复议规则》第 17 条〔5〕、第 30 条〔6〕之规定可以看出,法律已经对税务稽查局的行政执法资格问题进行明确规定,无论从体系解释还是文义解释的角度,税务稽查局均是独立的行政执法主体,能够作为独立的行政复议被申请人或行政诉讼的被告。

第二,事实认定方面。根据《税收征收管理法》第 19 条〔7〕、第 54 条第 1 款〔8〕,

---

〔1〕 国家税务总局《关于稽查局职责问题的通知》(国税函〔2003〕140 号)指出:"稽查局的现行职责是指:稽查业务管理、税务检查和税收违法案件查处;凡需要对纳税人、扣缴义务人进行账证检查或者调查取证,并对其税收违法行为进行税务行政处理(处罚)的执法活动,仍由各级稽查局负责。"该法规自 2003 年 2 月 18 日发布并实施。

〔2〕 国家税务总局《关于印发〈关于进一步规范国家税务局系统机构设置明确职责分工的意见〉的通知》(国税发〔2004〕125 号)规定:"二……(四)各级国家税务局稽查局是各级国家税务局依法对外设置的直属机构,级别与所属国家税务局内设机构一致。地级市的城区如有需要,可以设置稽查局,城区稽查局视不同情况既可按行政区划设置,也可跨区设置,由所属区国家税务局管理,业务上接受上级国家税务局稽查局的指导。"该法规于 2004 年 9 月 3 日发布并实施。

〔3〕 《行政诉讼法》第 26 条规定:"公民、法人或者其他组织直接向人民法院提起诉讼的,作出行政行为的行政机关是被告。经复议的案件,复议机关决定维持原行政行为的,作出原行政行为的行政机关和复议机关是共同被告;复议机关改变原行政行为的,复议机关是被告。复议机关在法定期限内未作出复议决定,公民、法人或者其他组织起诉原行政行为的,作出原行政行为的行政机关是被告;起诉复议机关不作为的,复议机关是被告……"

〔4〕 《行政复议法》第 10 条规定:"……公民、法人或者其他组织对行政机关的具体行政行为不服申请行政复议的,作出具体行政行为的行政机关是被申请人……"

〔5〕 《税务行政复议规则》第 17 条规定:"对税务所(分局)、各级税务局的稽查局的具体行政行为不服的,向其所属税务局申请行政复议。"

〔6〕 《税务行政复议规则》第 30 条规定:"税务机关设立的派出机构、内设机构或者其他组织,未经法律、法规授权,以自己名义对外作出具体行政行为的,税务机关为被申请人。"

〔7〕 《税收征收管理法》第 19 条规定:"纳税人、扣缴义务人按照有关法律、行政法规和国务院财政、税务主管部门的规定设置帐簿,根据合法、有效凭证记帐,进行核算。"

〔8〕 《税收征收管理法》第 54 条规定:"税务机关有权进行下列税务检查:(一)检查纳税人的帐簿、记帐凭证、报表和有关资料,检查扣缴义务人代扣代缴、代收代缴税款帐簿、记帐凭证和有关资料……"

《税收征收管理法实施细则》第 22 条第 1 款[1]以及《会计法》的相关规定,A 公司有及时、准确设置会计账簿的义务,Q 市 × ×稽查局在开展税务检查期间有权对 A 公司的账簿、记账凭证、报表和有关资料进行检查,A 公司的账簿、记账凭证、报表等有关资料应当准确、客观反映其真实的生产经营情况。

本案中,因为 A 公司在 Q 市 × ×稽查局税务检查期间未如实提供会计账簿等相关资料,无法真实、准确反映其生产经营情况,故 Q 市 × ×稽查局以 S 市税务局提供的《已证实虚开通知单》为线索,对 A 公司开展税务检查,并安排税务检查人员亲赴哈尔滨市对哈尔滨某经销公司该期间的纳税经营情况开展调查(通过公开渠道查询得知,哈尔滨某经销公司已在 2014 年 10 月 14 日被注销)。A 公司在上述期间自徐州某贸易公司取得的 176 份增值税专用发票(发票金额16 477 582.95元,税额 2 801 189.21 元,价税合计 19 278 772.16 元)以及开具给哈尔滨某经销公司的 202 份增值税专用发票(发票金额合计 15 868 153.78元,税额合计 2 697 586.06 元,价税合计 1 856 739.84 元)均系无真实业务的虚开或接受虚开行为。

在 Q 市 × ×稽查局对 A 公司开展税务检查期间,A 公司未能提供其与上下游公司之间的购销合同、运输费用单据、入库单、加工场地租赁证明、现金支付工人工资的证据,进销货物品名及性质、状态等存在明显差异,委托加工费用与进销货物对应的生产能力并不匹配,水电费发生额不符合正常生产设备及能源消耗要求。A 公司无法解释其与上下游企业之间存在公户对公户、公户对私户、私户对私户等形式的资金回流情况,在税务检查人员再三追问的情况下依旧解释不清。A 公司未按照规定保管 2015 年度的账簿资料和记账凭证,经责令限期改正后仍不能提供,并出具情况说明称系因数次搬家导致 2015 年度记账凭证丢失。对上述事实可以进一步推断,A 公司在面对 Q 市 × ×稽查局的税务检查时,是抵触的、不配合的,这进一步增大了 Q 市 × ×稽查局对 A 公司虚开发票事实认定的合理怀疑。

第三,法律适用方面。根据国家税务总局《转发〈最高人民法院关于适用

---

[1] 《税收征收管理法实施细则》第 22 条第 1 款规定:“从事生产、经营的纳税人应当自领取营业执照或者发生纳税义务之日起 15 日内,按照国家有关规定设置账簿。”

《全国人民代表大会常务委员会关于惩治虚开、伪造和非法出售增值税专用发票犯罪的决定》的若干问题的解释〉的通知》(国税发〔1996〕210 号)、《发票管理办法》第 22 条之规定,A 公司的上述操作属于虚开增值税专用发票的行为,虚开增值税专用发票共计 378 份,虚开发票金额共计32 345 736.73 元,虚开税额共计 5 498 775.27 元,价税共计 37 844 512.00 元。根据《发票管理办法》第 37 条之规定以及《Q 市税务行政处罚裁量权实施办法》对虚开行为情节严重的裁量标准,Q 市 × ×稽查局对 A 公司作出罚款 50 万元的处罚决定适用法律正确,符合法律规定。

根据《税收征收管理法》第 60 条之规定,A 公司未按照规定提供 2015 年度的账簿资料和记账凭证,经责令限期改正后仍未提供,并出具情况说明,称因数次搬家导致 2015 年度记账凭证丢失,故 Q 市 × ×稽查局对 A 公司作出罚款 1 万元的处罚决定适用法律正确,符合法律规定。

(二)虚开发票行为的连续性及行政处罚的时效性问题

1. A 公司作为依法成立并持续经营的企业,其开具发票的行为具有连续性

A 公司在庭审过程中强调自己是合法持续经营的企业,根据《税收征收管理法》第 4 条之规定,只要 A 公司依法成立并持续经营,其就属于税法领域负有纳税义务的单位。根据《增值税暂行条例》的相关规定,结合增值税价外税及购进扣税、留抵结转抵扣的税种特点,只要 A 公司持续经营,其接受和开具增值税专用发票(接受进项发票、开具销项发票)的行为就不会中断、终止,足以认定其接受和开具增值税专用发票的行为具有连续性,具体可参考(2017)鄂 01 行终 640 号以及(2019)渝 03 行终 85 号中的有关法院观点。其中,2005 年国务院原法制办公室在给湖北省人民政府法制办的复函[1]中,也对这一问题进行了明确的答复。

---

〔1〕《国务院法制办公室对湖北省人民政府法制办公室〈关于如何确认违法行为连续或继续状态的请示〉的复函》(国法函〔2005〕442 号)规定:"《中华人民共和国行政处罚法》第二十九条中规定的违法行为的连续状态,是指当事人基于同一个违法故意,连续实施数个独立的行政违法行为,并触犯同一个行政处罚规定的情形。"

2. 应当将接受虚开发票和开具虚开发票视为统一的虚开行为

在认定虚开增值税专用发票罪的案件中,经侦对犯罪嫌疑人接受上游企业虚开和为下游企业虚开行为进行综合侦查,要求其主观上有骗取国家税款的故意,客观上最终给国家造成税款损失。从该罪客观构成要件中不难得出一个结论:增值税抵扣链条的完整性是认定该罪必不可少的。

本案中,作为一般纳税人的A公司,其在计算应交增值税时适用一般计税方法,即应交增值税税额=销项税额-进项税额,其接受徐州某贸易公司开具的发票所对应的是进项税额,开具给哈尔滨某经销公司的发票对应销项税额。结合A公司开具给哈尔滨某经销公司发票的时间可以得知,销项税额的发生部分前置于进项税额(正常业务应该是先有进项再有销项,这也可以说明A公司与上下游企业之间没有真实的业务)。如果没有徐州某贸易公司的进项税额,就不能抵销虚开给哈尔滨某经销公司的销项税额,其便需要承担全部虚开给哈尔滨某经销公司的销项税额,这使其接受徐州某贸易公司虚开的进项发票,以此抵扣哈尔滨某经销公司的销项税额。

A公司接受徐州某贸易公司虚开发票和为哈尔滨某经销公司虚开发票均属于虚开行为,其为实现虚开的目的,必然要满足增值税交易链条的完整性(进项税额和销项税额相对应),这就必然体现为同一纳税主体的接受虚开进项与对外虚开销项相互交织。对于最高可能被判处10年以上有期徒刑或者无期徒刑的虚开增值税专用发票罪的认定必然采用合理、严谨的认定标准,这套标准放到判定纳税人是否应当承担行政责任上也应适用。只有将进项虚开手段与销项虚开手段相结合,通过完整链条的视角来看待虚开行为,才能真正做到责罚统一。

3. Q市××稽查局作出的行政处罚决定符合法律时效的规定

根据《行政处罚法》第36条[1]以及《税收征收管理法》第86条[2]的规定,

---

〔1〕《行政处罚法》第36条规定:“违法行为在二年内未被发现的,不再给予行政处罚;涉及公民生命健康安全、金融安全且有危害后果的,上述期限延长至五年。法律另有规定的除外。前款规定的期限,从违法行为发生之日起计算;违法行为有连续或者继续状态的,从行为终了之日起计算。”

〔2〕《税收征收管理法》第86条规定:“违反税收法律、行政法规应当给予行政处罚的行为,在五年内未被发现的,不再给予行政处罚。”

结合 A 公司自己作出的有关发票开具及账簿资料问题的《情况说明》,Q 市 × ×稽查局对 A 公司虚开增值税专用发票的违法行为给予行政处罚的时效自 A 公司与上游公司的发票往来期间届满之日起计算。Q 市 × ×稽查局在 5 年内进行税务检查立案,于当年的 6 月 26 日向 A 公司送达《税务检查通知书》,A 公司当日在税务文书送达回证上签字(盖章),相应税务检查行为已经证明 Q 市 × ×稽查局的税务检查行为符合《税收征收管理法》第 86 条对时效的限制。

(三)纳税人在税收征管领域享有的救济权利和途径问题

2009 年 11 月,国家税务总局《关于纳税人权利与义务的公告》[1] 对纳税人应该享有的权利和应尽的义务进行公告。根据《税收征收管理法》《发票管理办法》等法律法规以及该公告的相关内容,纳税人在被主管税务机关行政处罚后,享有的权利包括但不限于知情权、陈述申辩权、提出听证的权利、申请行政复议的权利以及提起行政诉讼的权利。本案系纳税人在被税务行政处罚后依法提起行政诉讼引发的纠纷。

纳税人在整个生命周期中,拥有的法定救济权利和途径主要体现在日常税收管理、税收申报、税务监督、税款缴纳以及税务处理处罚等方面,共有 14 类权利和途径。比如在日常税收管理过程中,纳税人拥有向税务机关了解国家税收法律、行政法规的规定以及与纳税程序有关的情况以及享有被告知与自身纳税义务有关信息的权利;当与税务机关在纳税、处罚和采取强制执行措施方面发生争议或纠纷时,纳税人有权利知晓可以采取的法律救济途径及需要满足的条件等的知情权;纳税人拥有要求税务机关对其商业秘密及个人隐私保密的权利;对于税务机关的税收征管和其他纳税主体的纳税情况拥有税收监督权;在税收申报过程中,有权利按照税收征管法及相关具体税种的法律规定选择适合自己的纳税申报方式、享有申请延期申报纳税的权利;在税款缴纳过程中,纳税人确有特殊困难不能按期缴纳税款时,享有申请延期缴纳税款的权利,以及发现自己缴纳的税款超过应纳税额缴纳的税款时,拥有申请退还多缴税款的权

---

[1] 国家税务总局《关于纳税人权利与义务的公告》(国家税务总局公告 2009 年第 1 号),2009 年 11 月 6 日发布并实施,本篇法规被《国家税务总局关于修改部分税收规范性文件的公告》(2018 年 6 月 15 日发布,2018 年 6 月 15 日实施)修订。

利;对于法律、行政法规规定的税收优惠政策,依法享有享受税收优惠的权利;对于除法律规定必须由纳税人自行办理的税务事项外的其他事项享有委托税务代理的权利;对税务机关所作出的行政处罚决定,享有陈述、申辩的权利;对未出示税务检查证和税务检查通知书的检查享有拒绝检查权;对税务机关作出的决定,依法享有申请行政复议、提起行政诉讼、请求国家赔偿等权利以及依法要求听证、索取有关税收凭证的权利等。

(四)虚开行政违法与刑事犯罪的界限

税务机关作出税务行政处罚依据的是税收征管领域的特别法,针对的是税收行政违法行为。置于本案中,Q市××稽查局作出的税务行政处罚针对的是《发票管理法》中的虚开发票行为以及《税收征收管理法》所捍卫的发票管理秩序。也就是说,虚开行政违法行为侵犯的客体是国家的发票管理秩序,而《刑法》第205条在设置虚开增值税专用发票罪时立法本意中犯罪嫌疑人所侵犯的客体具有复杂性,其中除国家发票管理秩序外,还包括行为人的虚开行政违法行为对国家税款造成的损失,二者缺一不可。

在目前的司法实践中,很多检察院、法院在审理、审判涉虚开增值税专用发票罪案件中,对于经过审理、审判后认为行为人主观上不以骗取或抵扣税款为目的、客观上也未造成国家税款损失的,一般会作出不起诉或者认为不构成虚开增值税专用发票罪的审理、审判结果。但是税务机关针对纳税人虚开发票行为作出的税务行政处罚,其本质上是从税收征管角度对纳税人的发票开具行为是否合乎发票管理领域的规定进行的处理、处罚。在很多情况下,税务机关虽然认为纳税人涉嫌虚开的发票金额符合刑事立案标准,但结合纳税人在税务稽查过程中的配合程度、认错态度、处罚次数、纳税能力以及社会地位等方面综合考虑后,仍作出不移送公安司法机关的决定。这也说明,司法机关在认定是否构成虚开刑事犯罪方面的观点已经成为现在税务机关是否将涉嫌虚开刑事犯罪案件移送司法机关的重要考量因素。

最高人民法院研究室《关于如何认定以"挂靠"有关公司名义实施经营活动并让有关公司为自己虚开增值税专用发票行为的性质征求意见的复函》(法研〔2015〕58号)中规定,对于行为人利用他人的名义从事经营活动,并以他人名义开具增值税专用发票的，即便行为人与该他人之间不存在挂靠关系，但如行为人进行了实际的经营活动，主观上并无骗取抵扣税款的故意，客观上也未造成国家增值税款损失的，不宜认定为虚开增值税专用发票罪。《〈全国部分法院经济犯罪案件审判工作座谈会综述(2004)〉的意见》[1]也对不宜认定为虚开增值税专用发票罪的情形进行了穷尽式列举。上述规定或意见均将特定情形下的"虚开"发票行为排除在承担刑事责任范围之外，也进一步说明法律在顺应时代发展的过程中也在不断完善和发展。

实务中，税务机关目前的主流观点还是认为该罪系单纯的行为犯而移送司法机关，缺乏对该罪目的的审理和认定，这也是很多案件为什么移送公安机关侦查后不立案或者检察院不起诉的原因。但随着我国税收相关法律的完善，税务机关在行政执法权威性和公信力上的建设会更加健全。

(五)行政违法处罚金额与刑事犯罪刑罚金额之间的关系

A 公司是否构成刑事犯罪应当由公安机关立案侦查，在公安机关立案侦查前，Q 市 × ×稽查局作为独立的行政执法主体，有权利在纳税人被追究刑事责任前对其进行行政处罚(罚款)，税务机关作出税务行政处罚决定并不以 A 公司构成刑事犯罪为前提，且相应的行政处罚甚至可折抵刑罚。

根据《行政处罚法》第 7 条第 2 款[2]以及第 28 条[3]之规定，行政机关有权对在执法过程中发现的行政违法行为进行罚款，在法院判处罚金时对相应罚款折抵罚金的规定，更说明刑事责任的承担并不阻却行政责任，对于行政机关

[1] 《〈全国部分法院经济犯罪案件审判工作座谈会综述(2004)〉的意见》明确，对于"(1)为虚增营业额、扩大销售收入或者制造虚假繁荣，相互对开或环开增值税专用发票的行为；(2)在货物销售过程中，一般纳税人为夸大销售业绩，虚增货物的销售环节，虚开进项增值税专用发票和销项增值税专用发票，但依法缴纳增值税并未造成国家税款损失的行为；(3)为夸大企业经济实力，通过虚开进项增值税专用发票虚增企业的固定资产、但并未利用增值税专用发票抵扣税款，国家税款亦未收到损失的行为"，不宜认定为虚开增值税专用发票犯罪。

[2] 《行政处罚法》第 7 条第 2 款规定："公民、法人或者其他组织因行政机关违法给予行政处罚受到损害的，有权依法提出赔偿要求。"

[3] 《行政处罚法》第 28 条规定："行政机关实施行政处罚时，应当责令当事人改正或者限期改正违法行为。当事人有违法所得，除依法应当退赔的外，应当予以没收。违法所得是指实施违法行为所取得的款项。法律、行政法规、部门规章对违法所得的计算另有规定的，从其规定。"

在行政执法过程中对行政相对人违法行为作出行政罚款处罚决定的,并不会因为可能会被追究刑事责任判处罚金而中止处罚决定的执行。

四、结论与启示

(一)纳税人角度

法律从不保护无视法律权威的人,但也无法保护躺在权利上睡觉的人。在日常的生产、经营活动中,纳税人往往心存侥幸,通过增加中间交易环节、将自己的剩余发票出售给用票单位(有的甚至“友情帮助”)、利用第三方服务平台(如互联网财税服务平台、灵活用工服务平台)开具发票、在没有真实交易的情况下以自己的名义对外开票或者要求他人给自己开票、利用地方财政返还的税收优惠政策虚开发票、制造多手资金流向妄图隐匿资金回流情况、虚假填写业务交易原始凭证、内外两套账等行为或方式,企图在短时间内达到少缴税款的目的。上述行为使纳税人在扮演经济环境下滑的受害者的同时,成为国家税收管理秩序的加害者。还有的纳税人在被税务处理或处罚后,忽视自己的正当救济权利,没有在法定期限内陈述申辩,提出听证、申请行政复议或诉讼等,面临巨额罚款或补缴税款时,选择转移资产、走逃失联、注销企业等手段来拖延履行税务处理或处罚结果。

本文通过对个案的剖析,警醒纳税人在面临税务检查或行政处理、处罚时,一定要树立正确的风险防范观念,在接到主管税务机关下达的《税务事项通知书》后应积极配合税务机关进行税务检查并及时自查自纠,对能够说清楚、讲明白的业务情况进行完善说明,对确实因管理不善造成的税收问题及时进行合规处理,增强对国家税收监管秩序的认知,做好自身的专项税务合规,必要时寻求专业的税务律师提供帮助,充分行使自己的法定救济权利以保障自身的合法权益。

(二)税务机关角度

税务机关作为税收监管领域的行政执法者和地区营商环境税收领域“看得见的手”的掌舵者,应当严格按照法律规定履行自己的法定职权,做到法无授权即禁止,合理、合法行使自己的职权。随着大数据和人工智能的发展,税收领域的监管力度不断加强，与此同时税务机关的一言一行皆成为纳税人不断完善和规范自己业务模式的指引。故而，税务机关更要加强对业务能力的考核和法律适用问题的研究，在行政执法层面降低被行政复议或行政诉讼的可能性。对于特殊地域环境或特殊行业的历史遗留问题要灵活处理，在做好国家税收领域的监管者、维护好国家税收管理秩序的同时，也要因地制宜出台一定的帮扶政策，让纳税人充分感受到税收杠杆在企业生产经营过程中的积极作用。

税务机关要不断增强自身的权威性和公信力，提高对虚开发票行为的执法认知，提高对涉税刑事犯罪问题的理论研究和实务探讨，经常组织多部门研讨会，尽量避免出现行政处罚代替刑事追责的情形，正确理解行政执法过程中的法律适用问题。在行政执法过程中，充分尊重纳税人的合法权利，及时履行相关权利的告知义务，在认定纳税人违法事实时要充分告知纳税人不配合或拒绝提供税务检查资料的后果，对于纳税人确实无法提供但对认定纳税人违法事实有重要作用的证据资料，在必要时可依职权进行税务调查，充分利用税、警、银等多部门的联合协查手段，对于穷尽税务调查手段无法认定的纳税人的违法事实，应当参照"存疑时有利于被告人"的原则，作出对纳税人有利的税务处理决定，保障纳税人的合法权益不受公权力的侵犯。

（三）司法机关角度

涉税刑事犯罪及其相关联的刑事犯罪主要规定在《刑法》分则的第三章第二节的部分走私类犯罪、第三章第六节危害税收征管类犯罪以及第九章中涉税渎职类犯罪。司法机关作为保障纳税人权利的最后一道屏障，在认定纳税人是否需要被追究刑事责任时应当保证其自身司法的独立性和公平性。刑罚的严厉性决定了一旦启动必将对纳税人产生实质且深远的影响，故对于司法机关业务能力和水平的要求相较税务机关可能更加严苛。只有司法机关充分理解立法本意和立法目的，才能更合理、公平地作出判断，减少冤假错案的数量，从根本上维护国家税收征管秩序，更好地推动国家机器的运转。

税务行政处罚裁量基准适用案例评析

刘文怡*

一、前言

2021年10月，中共中央、国务院印发《成渝地区双城经济圈建设规划纲要》，明确提出“推进税收征管一体化”，为成渝地区双城经济圈建设、推进区域执法协同、不断深化征管改革提供指引。川渝两地税务部门主动探索跨区域税收协作新模式，在服务成渝地区双城经济圈建设中创新实践。服务成渝地区双城经济圈建设，税收政策的解读口径一致、执行口径一致是基础。

二、川渝地区税务行政处罚裁量基准统一

（一）川渝地区推动税收征管一体化

为了确保税收政策的一致性和执行的准确性，川渝两地税务部门积极开展了协作合作。川渝两地税务部门在推进税收征管一体化方面取得了积极的进展，通过建立沟通机制、信息共享平台，加强人员培训和交流，与其他部门合作等方式，确保税收政策的一致性和执行的准确性。这些举措不仅促进了川渝地区税收法治化的进步，也为成渝地区双城经济圈的建设提供了有力支持。未来，川渝两地税务部门将继续加强合作，进一步推进税收征管一体化，为成渝地区双城经济圈的发展贡献力量。

---

* 刘文怡，中汇智谷（四川）税务师事务所合伙人。

2年来两地税务部门已统一了西部大开发企业所得税优惠政策、建筑施工扬尘排污系数等40多项政策执行标准。2021年12月31日，川渝两地税务部门又联合发布了《川渝地区税务行政处罚裁量权实施办法》及《川渝地区税务行政处罚裁量基准》(以下简称《基准》)，统一了两地62项税收违法违章行为处罚标准，细化、量化了税务行政处罚裁量尺度。

(二)川渝地区统一税务行政处罚裁量尺度

税务行政处罚是指税务机关根据税收法律法规规定，对违反税收法律法规的纳税人或其他相关主体进行的一种行政制裁措施。它是税务机关依法履行税收征管职责的重要手段之一。税务行政处罚措施主要包括罚款、没收违法所得、停止出口退税权等，其中最常见的是罚款。具体的处罚措施根据违法行为的性质、情节和影响程度而定，旨在惩罚违法行为、维护税收秩序、促使纳税人遵守税收法律法规。

1. 行政处罚裁量尺度的确定

行政处罚的自由裁量尺度，一直以来是执法的难点和痛点。税务行政处罚裁量尺度是指税务机关在行使行政处罚权力时，根据法律规定和具体情况，对违法行为的性质、情节、后果等进行综合评估，确定处罚的种类和程度的一种标准或指导原则。它包括对违法行为的认定、处罚种类、处罚幅度等方面的规定。

(1)违法行为的认定：裁量尺度要明确界定违法行为，确定何种行为构成违法，并对具体的违法行为进行分类和描述。

(2)处罚种类：裁量尺度规定了可能适用的处罚种类，如罚款、没收违法所得、责令停业整顿等。

(3)处罚幅度：裁量尺度规定了不同违法行为对应的处罚幅度，如罚款金额的上下限、没收违法所得的比例。

以税务行政处罚中的罚款金额为例，裁量尺度可以规定不同违法行为对应的罚款幅度。从灵活性和适用性而言，裁量尺度考虑了违法行为的情节和后果，允许税务机关根据具体情况进行灵活的裁量，使处罚更加符合实际情况和公共利益的需要。税务机关在具体案件中，根据违法行为的情节、后果等因素，结合裁量尺度进行裁量,确定具体的罚款金额。

2. 行政处罚裁量权标准的统一具有重要意义

理论上,以上述标准确定行政处罚的尺度,可以保证处罚的公正性和合理性,对不同情况下的违法行为进行适当的惩罚。但在实践中,由于存在主观因素,不同地区、不同部门、不同人的处理标准不可能完全统一,横向的公平难以实现,因此裁量标准统一对于公平正义尤为重要。

裁量基准的制定可以使税务机关在作出行政处罚时有一个统一的标准,避免了处罚的随意性和不确定性,保证了处罚的公正性和一致性。自2022年2月起,川渝两地税务局已开始执行《川渝地区税务行政处罚裁量权实施办法》。

三、征管法的裁量权基准补充

《税收征收管理法》第62条规定:纳税人未按照规定的期限办理纳税申报和报送纳税资料的,或者扣缴义务人未按照规定的期限向税务机关报送代扣代缴、代收代缴税款报告表和有关资料的,由税务机关责令限期改正,可以处2000元以下的罚款;情节严重的,可以处2000元以上1万元以下的罚款。

《税收征收管理法》的规定为行政处罚的自由裁量权留下了较大空间:"可以"二字说明可以不处罚款,而不是必须罚款;罚款金额仅规定了一个范围,对什么情况是一般情节,什么时候是严重情节,缺乏定义。在实务中,容易出现同事不同罚的现象,如A和B都是2年应申报未申报的企业,规模、行业、情形都类似,甚至受同一个税务机关管辖,但是仍有可能出现处罚金额不同、甚至处罚A而不处罚B的情况,显然缺乏公允。这种缺乏公允的现象有时会导致纳税人的税收遵从度受到负面影响。

为了最大限度消除这种负面影响,川渝在总局的指导下开展区域化协同,联合发布了《基准》,明确了罚款执行标准、考量因素、具体情形特征,让每一项违法行为都可量化。《基准》把违法程度按四档分类,分别是"轻微"、"较轻"、"一般"及"严重",在税收征管法的基础上,把一般情形分成三类,将严重情形单独作为一类,同时也明确了量化标准。

四、四档违法程度,不同考量因素

《基准》将所有违法行为进行分类并编号,使大类内的每一种具体行政违法行为的代码和名称一一对应,列明法律依据、处罚种类(包括罚款、没收财物和违法所得、停止出口退税权、吊销准印证),明确罚款执行标准(包括违法程度、最低限额和最高限额)和考量因素(包含因素一、因素二、最高额度和最低额度),明确具体情形特征(如首次发生且危害后果轻微,在税务机关发现前主动改正或者在税务机关责令限期改正的期限内改正的,不予行政处罚)、罚款金额是否采用公式计算及具体计算公式等。

以《基准》中 0201 号违法行为为例,即“纳税人未按照规定期限办理纳税申报和报送纳税资料”:过去四川省的行政处罚裁量基准按照国家税务总局四川省税务局公告 2019 年第 4 号确定,其规定“在责令期限内改正的,对个人处每次 50 元以下罚款,对单位处每次 200 元以下罚款;超过责令期限改正的,对个人处每次 50 元以上 2000 元以下罚款,对单位处每次 200 元以上 2000 元以下罚款;情节严重的,处 2000 元以上 1 万元以下的罚款”,但没有明确什么情况属于情节严重,也没有具体的量化标准,只是区分了一般情形的主体,并且把罚款区间细分。因此在执行中仍可能出现,同样金额的同类案件,A 税务机关认为其情节严重罚款 5000 元,而 B 税务机关认为其不属于情节严重,罚款 1000 元的情形。

按照《基准》对违法程度的划分,具体的裁量尺度适用如下:

1. 违法程度“轻微”

《基准》明确了违法程度“轻微”以纳税人“遵从度”为主要考量因素,即“首次发生且危害后果轻微,在税务机关发现前主动改正或者在税务机关责令限期改正的期限内改正的,不予行政处罚”,重点是首犯且后果轻微,改正态度良好,则可以适用“首违不罚”规则,这和刑法的量刑原则一脉相承。

2. 违法程度“较轻”

违法程度“较轻”则以“纳税人状态”为主要考量因素,纳税人未被认定为非正常户的,除首次逾期申报违法行为不予处罚外:对个人,不考虑逾期申报的次数,统一罚款金额为50元;对单位,逾期申报违法行为按次数计,每次罚100元,公式为100×N,最高罚款500元。N代表除首违不罚外其余逾期申报的次数;同一个征收期内存在1个及以上税种未申报的,按1次计算(下同)。

3. 违法程度“一般”

违法程度“一般”在“纳税人状态”的基础上增加了以“违法次数”作为考量因素,被认定为非正常户不满2年的:对个人每次罚50元,公式为50×N,最高罚款2000元;对单位每次罚100元,公式为100×N,按公式计算后不满500元的,按500元处罚,最高罚款2000元。

4. 违法程度“严重”

违法程度“严重”与“一般”的考量因素相同,但标准和金额上下限都有所提升。被认定为非正常户2年以上的:对个人每次罚50元,公式为50×N,按公式计算后不满2000元的,按2000元处罚,最高罚款1万元;对单位每次罚100元,公式为100×N,最高罚款1万元。

与原四川省处罚裁量基准相比,新基准提供了量化的具体标准,同时对违反程度明确规定了判断标准,这能够大大降低因裁量权导致的不可确定性,是川渝地区税收法治化的一大进步。

五、真实案例及适用情况

笔者了解到,在最近一起办理非正常户解封的案件中,已开始适用该基准。该案例涉及《税收征收管理法》第62条,它展示了税务机关在行政处罚中如何行使自由裁量权,以及如何通过与纳税人的沟通和协商来解决纳税人对处罚决定的争议。在这个案例中,税企双方最初的理解不同,但经过双方的讨论和协商,最终得到了一个妥善的解决方案。

(一)基本案情

陈某于2010年创办了1家企业,因业务长期没有起色,遂放弃。2022年陈某欲再成立1家公司,却发现自己在税务系统的黑名单里,经查询,系因原2010年成立的公司未办理注销。市场监督管理局(原工商局、质监局、药监局、物价局等合并而来)表示,原来的公司现在已经是非正常户,不能使用,需注销原公司后才能解除黑名单,否则陈某无法成立新公司。随后陈某申请注销原企业,市场监督管理局告知其需先到税务局办理注销,税务注销后才能办理工商注销。但税务局工作人员告知陈某,其2010年成立的公司长期未办理纳税申报,已违反了《税收征收管理法》的规定,需要补申报以前年度税款(零申报也要申报),并且缴纳罚款。

(二)案情分析

一家从未盈利过的公司,因为没有按期申报而被处以罚款是否合理?根据《税收征收管理法》第62条的规定,纳税人未按照规定的期限办理纳税申报和报送纳税资料的,或者扣缴义务人未按照规定的期限向税务机关报送代扣代缴、代收代缴税款报告表和有关资料的,由税务机关责令限期改正,可以处2000元以下的罚款;情节严重的,可以处2000元以上1万元以下的罚款。

该非正常户自2014年5月开始应申报而未申报,自2018年3月被认定为非正常户,构成了《基准》中代码为0201和0202的违法行为,即“纳税人未按照规定期限办理纳税申报和报送纳税资料”和“扣缴义务人未按照规定的期限报送代扣代缴、代收代缴税款报告表和有关资料”,处罚种类是罚款。

从考量因素来看,2018年该公司被认定为非正常户,至2022年2月办理时,已超过2年,属于违法程度严重的情形。该非正常户是有限责任公司,应按“对单位每次罚100元,公式为100×N,最高罚款1万元”的标准执行。

然而,纳税人对处罚决定提出了异议,认为税务机关的处罚决定不公正。面对这种争议,税务机关决定与纳税人进行进一步的沟通和协商。他们邀请纳税人和相关专业人士参与讨论,共同审视纳税人的案件,并就处罚决定进行深入的分析和评估。税务机关充分尊重纳税人的权益,听取了他们的意见和解释,并考虑了纳税人的特殊情况和实际情况。

通过这次沟通和协商,税务机关与纳税人最终达成了一致。他们共同认识到,尽管《基准》已经足够量化和细化,但在具体执行过程中仍然会有一些细节和口径上的差异。税务机关承认在这个案件中可能存在一些特殊情况,因此他们决定对纳税人的处罚作出适当的调整。

这起案件经过税企双方在几个细化方面深入讨论,最终达成一致,妥善解决新基准与旧基准的衔接问题,对其他地区税务机关或能起到借鉴作用。

六、案件争议焦点分析

本文讨论了3个关于《税收征收管理法》第62条的争议。

第一个争议是关于如何计算纳税人未按规定期限办理纳税申报和报送纳税资料的次数。观点一认为,无论是否被认定为非正常户,纳税人不按规定申报的违法行为仍会持续,因此认定非正常户之后的期间也应计入违法次数。观点二认为,被认定为非正常户后,纳税人无法进行纳税申报,对其进行处罚不公平。在本例中,税务机关采纳了观点二,只计算认定非正常户之前的未申报次数。

第二个争议是关于纳税人和扣缴义务人的次数重叠问题。观点一认为应分别计算,因为纳税人和扣缴义务人是不同的角色,存在不同的违法行为。观点二认为不应分别计算,因为纳税人和扣缴义务人未申报所涉及的行为本质上是相同的。在本例中,税务机关采取了观点二,不分别计算处罚金额。

第三个争议是关于政策追溯问题。观点一认为应按违法行为发生时间来确定适用的裁量基准,以保护纳税人的合法权益。观点二认为应按处理时间来确定适用的裁量基准,以保证行政处罚的公正性和透明度。在本例中,税务机关适用了原来的裁量权基准,以有利于纳税人为原则。

具体争议焦点分析如下:

(一)争议一:认定非正常户之后是否计算次数?

该非正常户自2014年5月开始应申报未申报,至2022年2月,已经接近8年(93个月)未进行申报,是否应按照93个月的时间计算次数呢?或是只有认定非正常户之前的未申报月份才计入违法次数?

观点一:非正常户的认定不影响纳税人的申报义务,且无论是否被认定为非正常户,纳税人不按规定进行申报都构成违法行为,也就是说,即使不被认定为非正常户,纳税人不按规定申报的违法行为仍会持续到2022年2月,认定非正常户只是税务机关的一种管理手段,是《税务登记管理办法》规定的,不能抵抗上位法《税收征收管理法》规定的纳税义务,即使被认定为非正常户,纳税人仍然应该尽力履行纳税义务,通过其他途径向税务机关报备相关信息,以免进一步增加违法次数和罚款金额,如与税务机关进行沟通,争取重新被认定为正常户,以便能够正常履行纳税义务。因此,即使被认定为非正常户之后的期间,也应纳入计算"纳税人未按照规定期限办理纳税申报和报送纳税资料"的次数。

观点二:只有认定非正常户之前的未申报月份才计入违法次数,在被认定为非正常户后,纳税人客观上无法进行纳税申报,对纳税人进行处罚有失公平。原因是,《税务登记管理办法》第38条规定,已办理税务登记的纳税人未按照规定的期限申报纳税,在税务机关责令其限期改正后,逾期不改正的,税务机关应当派员实地检查,查无下落并且无法强制其履行纳税义务的,由检查人员制作非正常户认定书,存入纳税人档案,税务机关暂停其税务登记证件、发票领购簿和发票的使用。从《税务登记管理办法》第38条和税务申报系统来看,非正常户无法办理纳税申报是不争的事实,因此,被认定为非正常户之后,即使纳税人愿意,也无法正常进行纳税申报,所以,只有认定非正常户之前的未申报次数,才纳入处罚次数。

本例中,税务机关采取了对纳税人有利的第二种观点。该非正常户自2014年5月开始应申报未申报,自2018年3月被认定为非正常户,2014年5月至2018年2月,一共有46个月应申报未申报,同一个征收期内存在1个及以上税种未申报的,按1次计算。由于首违不罚,所以N=46-1,罚款金额为100×N=4500元。

（二）争议二:在纳税人应申报未申报的每个月里,也同时实施了"扣缴义务人未按照规定的期限报送代扣代缴、代收代缴税款报告表和有关资料"的违法行为,是否要分别计算呢?

观点一:应当分别计算。首先,不是所有的纳税人都负有扣缴义务,只有进行了扣缴登记的单位才负有扣缴义务,少部分纳税人可能并不负有扣缴义务,比如个人,如果不进行分别计算,则不能实现横向公平。其次,可能存在按时进行纳税申报,但没有按时扣缴税款的单位或个人,也可能存在按时扣缴税款,但没有按时申报自身税款的单位或个人,如果不分别计算,那么就会出现既没有按时进行纳税申报,又没有扣缴税款的单位或个人,处罚金额与履行了部分义务的单位或个人一致,也难以实现这部分群体的横向公平;并且在《基准》中,把纳税人和扣缴义务人未申报分为两个不同的违法行为,所以其本质是两个不同的义务,可以分别履行,未履行时也应当分别计算。

观点二:不应当分别计算。首先,虽然《基准》把纳税人和扣缴义务人未申报分为两个不同的违法行为,但在其上位法《税收征收管理法》中,其实属于第62条规定的同一类违法行为,计算两次实质上是重复罚款;其次,从实质重于形式的角度,对于纳税人来说,这本身就是同一个违法行为,其不履行的行为也是同一个行为,强行把其分成两个行为,罔顾常识。因此,如果按两次分别计算处罚金额,则违反了"一事不二罚"的原则。

本例中,税务机关采取了对纳税人有利的第二种观点。纳税人和扣缴义务人未申报所涉及的行为本质上是相同的,只是角色不同。因此,将其分别计算处罚金额会导致对同一违法行为的重复处罚,违反了"一事不二罚"的原则。因此,税企双方一致认为,虽然根据《基准》0202代码,该非正常户符合"逾期未报送代扣代缴、代收代缴报告表和有关资料发生次数在21次以上的"情形严重的标准,但不应实施重复处罚,应根据税法原则从高适用处罚。

本例中,按0201或0202代码计算的罚款金额一致,都是4500元,不应加总计算,而应按4500元处罚。

(三)争议三:新政适用以违法行为发生时间还是处理时间为准?

1.法律适用应遵循法不溯及既往原则

法不溯及既往原则,是指法律不适用于过去发生的行为,即法律只能适用于自其施行之日起发生的行为。该原则是现代法治国家的基本原则之一,具有以下几个方面的内涵:

法律效力:法律只对其生效后发生的行为产生效力,不对过去的行为产生效力。这意味着法律不会对过去已经合法的行为进行追责或改变其法律后果。

保护合法权益:法律不溯及既往原则保护了个人和组织的合法权益,确保他们可以依据当时有效的法律规定进行行为,而不会受到后来的法律变化的不利影响。

法律确定性:法律不溯及既往原则增强了法律的确定性和可预见性,使人们能够依据现行法律规则来规划和决策,而不必担心将来法律变动会对过去的行为产生影响。

公平正义:法律不溯及既往原则体现了公平正义的原则,避免了对过去行为的不合理追究和惩罚,保障了个人的尊严和人权。

2. 新法适用的衔接问题

在按照新基准明确了上述两个问题后,纳税人又提出了新的诉求:

《基准》附件《政策解读》第2条第2项规定,“本办法自2022年2月1日起施行;本办法生效前尚未作出行政处罚决定的税收违法行为,按照原规则处理,但按照本办法处理有利于当事人的除外”。

观点一:从法律原则来说,按税收违法行为发生时间似乎更为合理,根据法不溯及既往原则,该基准应自2022年2月1日起生效,不溯及之前的案件。因为在违法行为发生时,旧有的裁量标准是有效的,税务机关应该根据当时的规定进行处罚。此外,这也可以避免对旧有违法行为的“追溯性”处罚,保障纳税人的合法权益。纳税人的违法行为发生在2022年2月以前,因此应适用旧规则。因为原基准会使纳税人形成合理预期,那么,按新的《基准》“一刀切”执行,可能会大大增加纳税人的成本。

观点二:附件《政策解读》第2条第2项规定引发了一些问题。该规定指出,对于在《基准》生效前尚未作出行政处罚决定的税收违法行为,按照决定作出的时间来执行处罚。从字面上看,这意味着对于在新规生效前实施的违法行为,如果没有作出处理决定,也将按照新的裁量标准进行处罚。新的裁量基准的出台是为了提高行政处罚的公正性和透明度,并未加重处罚,目的是减少不同纳税人在相似情况下受到不同处罚的情况。如果对于旧有的违法行为仍然按照旧有的裁量标准进行处罚,就会产生不公平的现象。

最终,税务机关按照有利于纳税人的原则,适用了原来的裁量权基准(观点一):根据国家税务总局四川省税务局公告2019年第4号文,“超过责令期限改正的,对个人处每次50元以上2000元以下罚款,对单位处每次200元以上2000元以下罚款”,对该非正常户按照2000元封顶处罚。由于该第4号文没有明确哪种情形属于“情节严重”,税务机关也按照有利于纳税人的原则,适用了一般情节处罚。

综上所述,税务机关在行政处罚中采取了有利于纳税人的原则,明确了计算次数、重叠问题和政策追溯问题。

该案例从税企双方一开始的理解不同,到经过讨论达成一致,最终得到妥善解决。

从此案例中,我们可以看出税务机关在行使自由裁量权时标准统一的重要性。尽管新的《基准》已经提供了一定的指导和规范,但在具体执行过程中仍然会面临一些细节和口径上的差异。税务机关通过与纳税人的沟通和协商,展示了专业尽职、合理合法行使自由裁量权的能力。这种沟通和协商不仅有助于解决纳税人的争议,还有助于税务机关更好地理解纳税人的实际情况和特殊情况,从而制定更公正和合理的处罚决定。

该案中税务机关通过与纳税人的沟通,专业尽职、合理合法地行使自由裁量权,促使这项法案落到实处,真正规范了税务机关的自由裁量权,实现共建共治,共同促进税收法治。

(后附《基准》内容,见表1)

表 1　川渝地区税务行政处罚裁量基准

违法行为种类	序号	违法行为		法律依据	处罚种类				罚款执行标准			考量因素				具体情形特征	罚款金额是否采用公式计算	备注
		代码	名称		罚款	没收财物和违法所得	停止出口退税权	吊销准印证	违法程度	最低限额	最高限额	因素一	因素二	最低额度	最高额度			
违反纳税申报类的处罚	10	0201	纳税人未按照规定期限办理纳税申报和报送纳税资料	《税收征收管理法》第62条规定:“纳税人未按照规定的期限办理纳税申报和报送纳税资料的,或者扣缴义务人未按照规定的期限向税务机关报送代扣代缴、代收代缴税款报告表和有关资料的,由税务机关责令限期改正,可以处2000元以下的罚款;情节严重的,处2000元以上1万元以下的罚款。”	√				轻微			遵从度				首次发生且危害后果轻微,在税务机关发现前主动改正或者在税务机关责令限期改正的期限内改正的,不予行政处罚		属于“首违不罚”事项
									较轻	个人50元、单位100元	个人50元、单位500元	纳税人状态				未被认定为非正常户的	是	1. 对个人,除首次逾期申报违法行为不予处罚外,不考虑逾期申报的次数,统一罚款金额为50元。 2. 对单位,除首次逾期申报违法行为不予处罚外,其余逾期申报违法行为按次数计,每次罚100元,公式为100×N,最高罚款500元。 3. N代表除首违不罚外其余逾期申报的次数。 4. 同一个征收期内存在1个及以上税种未申报的,按1次计算

续表

违法行为种类	序号	违法行为		法律依据	处罚种类				罚款执行标准			考量因素				具体情形特征	罚款金额是否采用公式计算	备注
		代码	名称		罚款	没收财物和违法所得	停止出口退税权	吊销准印证	违法程度	最低限额	最高限额	因素一	因素二	最低额度	最高额度			
违反纳税申报类的处罚	10	0201	纳税人未按照规定期限办理纳税申报和报送纳税资料	《税收征收管理法》第62条规定："纳税人未按照规定的期限办理纳税申报和报送纳税资料的，或者扣缴义务人未按照规定的期限向税务机关报送代扣代缴、代收代缴税款报告表和有关资料的，由税务机关责令限期改正，可以处2000元以下的罚款；情节严重的，处2000元以上1万元以下的罚款。"	√				一般	个人50元、单位500元	2000元	纳税人状态	违法次数			被认定为非正常户不满2年的	是	1. 对个人每次罚50元，公式为50×N，最高罚款2000元。 2. 对单位每次罚100元，公式为100×N，按公式计算后不满500元的，按500元处罚，最高罚款2000元。 3. N代表除首违不罚外其余应申报未申报的次数。 4. 同一个征收期内存在1个及以上税种应申报未申报的，按1次计算
									严重	2000元	1万元	纳税人状态	违法次数			被认定为非正常户2年以上的	是	1. 对个人每次罚50元，公式为50×N，按公式计算后不满2000元的，按2000元处罚，最高罚款1万元。 2. 对单位每次罚100元，公式为100×N，最高罚款1万元。 3. N代表除首违不罚外其余应申报未申报的次数。 4. 同一个征收期内存在1个及以上税种应申报未申报的，按1次计算

续表

违法行为种类	序号	违法行为		法律依据	处罚种类				罚款执行标准			考量因素				具体情形特征	罚款金额是否采用公式计算	备注
		代码	名称		罚款	没收财物和违法所得	停止出口退税权	吊销准印证	违法程度	最低限额	最高限额	因素一	因素二	最低额度	最高额度			
违反纳税申报类的处罚	11	0202	扣缴义务人未按照规定的期限报送代扣代缴、代收代缴税款报告表和有关资料	《税收征收管理法》第62条规定："纳税人未按照规定的期限办理纳税申报和报送纳税资料的，或者扣缴义务人未按照规定的期限向税务机关报送代扣代缴、代收代缴税款报告表和有关资料的，由税务机关责令限期改正，可以处2000元以下的罚款；情节严重的，处2000元以上1万元以下的罚款。"	√				轻微			遵从度				首次发生且危害后果轻微，在税务机关发现前主动改正或者在税务机关责令限期改正的期限内改正的，不予行政处罚		属于"首违不罚"事项
									较轻	100元	500元	违法次数		1次	5次	逾期未报送代扣代缴、代收代缴报告表和有关资料发生次数在5次以下的	是	1. 除首次逾期未报送代扣代缴、代收代缴报告表和有关资料违法行为不予处罚以外，按次计算，每次罚款100元，公式为100×N，最高罚款500元。 2. N代表除首违不罚外其余逾期未报送代扣代缴、代收代缴报告表和有关资料的次数。 3. 1个征收期内存在多个逾期未代扣代缴、代收代缴报告表和有关资料行为的，按1次计算

续表

违法行为种类	序号	违法行为		法律依据	处罚种类				罚款执行标准			考量因素				具体情形特征	罚款金额是否采用公式计算	备注
		代码	名称		罚款	没收财物和违法所得	停止出口退税权	吊销准印证	违法程度	最低限额	最高限额	因素一	因素二	最低额度	最高额度			
违反纳税申报类的处罚	11	0202	扣缴义务人未按照规定的期限报送代扣代缴、代收代缴税款报告表和有关资料	《税收征收管理法》第62条规定："纳税人未按照规定的期限办理纳税申报和报送纳税资料的，或者扣缴义务人未按照规定的期限向税务机关报送代扣代缴、代收代缴税款报告表和有关资料的，由税务机关责令限期改正，可以处2000元以下的罚款；情节严重的，处2000元以上1万元以下的罚款。"	√				一般	500元	2000元	违法次数		6次	20次	逾期未报送代扣代缴、代收代缴报告表和有关资料发生次数在6次以上20次以下的	是	1.除首次逾期未报送代扣代缴、代收代缴报告表和有关资料违法行为不予处罚以外，按次计算，每次罚款100元，公式为100×N，最高罚款2000元。 2.N代表除首违不罚外其余逾期未报送代扣代缴、代收代缴报告表和有关资料的次数。 3.1个征收期内存在多个逾期未代扣代缴、代收代缴报告表和有关资料行为的，按1次计算
									严重	2000元	1万元	违法次数		21次		逾期未报送代扣代缴、代收代缴报告表和有关资料发生次数在21次以上的	是	1.除首次逾期未报送代扣代缴、代收代缴报告表和有关资料违法行为不予处罚以外，按次计算，每次罚款100元，公式为100×N，最高罚款1万元。 2.N代表除首违不罚外其余逾期未报送代扣代缴、代收代缴报告表和有关资料的次数。 3.1个征收期内存在多个逾期未代扣代缴、代收代缴报告表和有关资料行为的，按1次计算

B公司阴阳合同股权转让偷税案案例评析

邹　旺[*]

一、前言

股权转让一直是税收重点监管领域，以阴阳合同进行股权转让一直是股权转让常用的违法避税手段，本文以笔者2023年2月代理的一起税务行政诉讼案为例对阴阳合同股权转让行为进行剖析，本案在类案代表性、事实认定、法律法理等层面具有重要研究借鉴意义，包括但是不限于：

(1)在股权交易程序中，两次股权交易，既涉及自然人股权转让以及个人所得税纳税义务、代扣代缴义务争议，也涉及居民企业股权转让以及企业所得税纳税义务争议，同时还涉及股权代持等法律问题。

(2)在税务检查程序中，稽查取证面临诸多财税法疑难问题，包括但是不限于对股权代持下交易主体、真实意思表示、真实交易金额、交易收入计算、交易成本分摊等涉税事实取证、认定。

(3)在税务行政处罚中，既认定偷税以无限期追征税款和滞纳金，同时基于偷税行为在5年内未被发现，不再给予行政处罚，作出《不予行政处罚决定书》，但纳税人仍对《不予行政处罚决定书》提起行政诉讼。

(4)在行政诉讼程序中，法院审理模式、评述思路既有效审查了“认定偷税”之合法性，也避免了对税务行政处罚案件审理范围界定不当，从而导致实质突破税务行政案件中缴纳担保前置、复议前置制度设置初衷。

---

* 邹旺，泰和泰(重庆)律师事务所合伙人。

二、案情简介

(一)主体信息

(1)J公司,房地产开发企业,有限责任公司,居民企业。

(2)曾某、洪某、鲁某均为J公司自然人股东,分别持有J公司60%、20%、20%的股权。

(3)B公司,房地产开发企业,有限责任公司,居民企业,被稽查对象,一审原告,二审上诉人。

(4)郭某1,B公司实际控制人、控股股东、法定代表人;郭某2,郭某1之子。

(5)M公司,房地产开发企业,有限责任公司,居民企业。

(6)稽查局,国家税务总局C市税务局稽查局,行政诉讼一审被告、二审被上诉人。

(7)一审法院,×市×区人民法院,B公司起诉稽查局的一审主审法院。

(8)二审法院,×市第一中级人民法院,B公司上诉稽查局的二审主审法院。

(二)主要案情

1. B公司股权受让阶段

1996年12月10日,J公司成立,截至案涉股权交易前,曾某、洪某、鲁某成为J公司自然人股东,分别持有J公司60%、20%、20%的股权,其中曾某持有股权的取得成本4005万元。B公司股权受让相关情况如下:

(1)协议签订

2010年9月27日,鲁某、洪某与曾某签订《股权转让协议书》(以下简称购入协议一),约定曾某将持有的J公司60%股权转让给B公司(由鲁某、洪某指定),转让对价为6000万元,股权过户至B公司名下。

2010年9月30日,B公司与曾某签订《股权转让协议》(以下简称购入协议二),约定B公司受让曾某持有的J公司60%的股权,转让对价为877.935471万元。双方以此协议备案进行了股权变更登记。

2010 年 10 月 12 日,B 公司与鲁某、洪某签订《股权转让协议》(以下简称购入协议三),约定曾某将名下 J 公司 60% 的股权变更登记至 B 公司名下,鲁某、洪某将名下 J 公司 40% 的股权变更登记至 B 公司名下,B 公司受让 J 公司 100% 的股权,转让对价为 11 315 万元。

2010 年 11 月 23 日,鲁某、洪某分别与案外人郭某 2 签订《股权转让协议》(以下简称购入协议四),将各自持有的 J 公司 20% 的股权转让给郭某 2,交易对价分别为 292. 615210 万元、292. 645119 万元。双方以此协议备案进行了股权变更登记。

(2)资金支付

B 公司分 4 次向 J 公司支付了 11 315 万元,J 公司收到款项后将其中 6000 万元一次性支付至曾某指定的公司,将其中 5315 万元分 3 次支付至鲁某、洪某指定的公司。

(3)股权变更

2010 年 9 月 30 日,J 公司作出股东会决议,全体股东即曾某、鲁某、洪某一致同意曾某将其持有公司的 60% 的股权转让给 B 公司;2010 年 11 月 23 日,J 公司作出股东会决议,全体股东即鲁某、洪某、B 公司一致同意将鲁某和洪某各持有的 J 公司的 20% 的股权转给郭某 2[此项事实已由(2019)×0118 刑初×号刑事判决书及(2021)×05 刑终×号刑事裁定书查明]。用于股权变更登记的交易合同分别为购入协议二、购入协议四。

(4)账务处理

B 公司财务记账明细科目为“其他应收款—联建投资款”。

2. B 公司转让股权阶段

(1)协议签订

2010 年 11 月 25 日,B 公司与 M 公司签订《股权转让协议》(以下简称转让协议一),约定 B 公司将持有的 J 公司的 38% 的股权转让给 M 公司,转让对价为 8010. 4 万元。

2010 年 11 月 26 日,B 公司与 M 公司签订《股权转让协议》(以下简称转让协议二),约定 B 公司将持有的 J 公司的 18% 的股权转让给 M 公司,转让对价为 263. 38064 万元。双方以此协议备案进行了股权变更登记。

2010年11月26日,案外人郭某2与M公司签订《股权转让协议》(以下简称转让协议三),约定郭某2将持有的J公司的20%的股权转让给M公司,转让对价为292.645210万元。双方以此协议备案进行了股权变更登记。

(2)资金支付

B公司分别于2010年11月19日和11月29日收到M公司转款1720万元、6290.4万元,合计8010.4万元。

(3)股权变更

2010年11月26日,J公司作出股东会决议,全体股东一致同意B公司将其持有的J公司的18%的股权转让给M公司,同意郭某2将持有的J公司的20%的股权转让给M公司[此项事实已由(2019)×0118刑初×号刑事判决书及(2021)×05刑终×号刑事裁定书查明]。用于工商变更登记的交易合同分别为转让协议二、转让协议三。

(4)账务处理

B公司财务记账明细科目均为"其他应收款—项目往来款"。

3.稽查处理、处罚阶段

(1)2021年7月22日,稽查局对B公司涉嫌阴阳合同受让、转让J公司股权偷税进行检查。

(2)2021年12月,稽查局对B公司作出《不予行政处罚决定书》《处理决定书》,《不予行政处罚决定书》主要内容如下:

①少申报缴纳印花税。

2010年10月12日,B公司与鲁某、洪某签订购入协议三,协议价款113 150 000.00元;2010年11月25日,B公司与M公司签订转让协议一,协议价款80 104 000.00元。B公司未依法如实入账记载上述交易,也未对上述合同应缴纳的印花税进行纳税申报。根据《印花税暂行条例》(中华人民共和国国务院令第11号,已失效)第2条、第7条及其附件《印花税税目税率表》和《印花税暂行条例施行细则》(已失效)第16条之规定,B公司上述合同少申报缴纳印花税96 627.00元。

②少申报缴纳企业所得税。

2010年9月至11月,B公司采取签订阴阳合同、在账簿上通过往来科目核算的方式，隐瞒受让并转让股权的事实，不列被收购公司 60% 的股权的受让成本 60 000 000.00 元，不列被收购公司 18% 的股权转让收入 37 944 000.00 元，股权转让所得 19 944 000.00 元未依法如实入账记载，也未进行相应的纳税申报。根据《企业所得税法》（中华人民共和国主席令第 23 号）第 6 条、第 8 条、第 21 条及《企业所得税法实施条例》（中华人民共和国国务院令第 714 号）第 16 条之规定，本次检查应调增股权转让所得 19 944 000.00 元，调增营业税金及附加支出 96 627.00 元，B 公司少申报缴纳企业所得税 4 961 843.25 元。

③未依法代扣代缴个人所得税。

B 公司于 2010 年受让曾某持有的被收购公司 60% 的股权，向其支付股权转让款 60 000 000.00 元。根据《个人所得税法》（根据 2007 年 12 月 29 日第十届全国人民代表大会常务委员会第三十一次会议《关于修改〈中华人民共和国个人所得税法〉的决定》第五次修正）第 8 条"个人所得税，以所得人为纳税义务人，以支付所得的单位或者个人为扣缴义务人"之规定，B 公司为扣缴义务人，应代扣代缴曾某股权转让的个人所得税但未依法代扣代缴，直至检查期间才将应扣未扣的个人所得税 3 990 000 元补缴入库。

④上述行为违反《税收征收管理法》第 63 条第 1 款和第 69 条的规定。鉴于上述税收违法行为属于超过 5 年被发现的违法行为，依照《税收征收管理法》第 86 条的规定，决定不予行政处罚。

4. 行政诉讼的审理阶段

（1）2022 年 3 月 23 日，一审法院受理 B 公司起诉，B 公司提起行政诉讼请求撤销《不予税务行政处罚决定书》，案件诉讼费由稽查局承担。

（2）2022 年 9 月 28 日，一审法院作出（2022）×0112 行初 × 号《行政判决书》，驳回 B 公司诉讼请求。

（3）2022 年 12 月 7 日，二审法院受理 B 公司上诉，B 公司上诉请求为撤销一审判决，依法改判撤销被上诉人作出的《不予税务行政处罚决定书》，或者变更判决为虽不撤销但确认该决定书违法。

（4）2023 年 2 月 28 日，二审法院作出（2022）×01 行终 × 号《行政判决书》，驳回 B 公司上诉，维持原判。

三、争议问题及各方观点

基于案件交易事实,在稽查局调查、审理,法院一审、二审阶段,主要争议问题及各方观点如下:

(一)争议问题一:B公司股权受让自何方及取得比例、成本

1. B公司主要观点及理由

(1)本案有四份购入协议,每一份购入协议约定的内容有差异,稽查局应当明确界定,在B公司股权受让过程中哪一份购入协议是真实意思表示,而事实上稽查局并未予以明确界定。

(2)本案存在多份股权受让协议:根据购入协议一,曾某先将60%的股权转让至洪某、鲁某;根据购入协议三,由洪某、鲁某将受让自曾某的60%的股权转让至B公司,同时洪某、鲁某将各自持有的20%的股权,共计40%的股权转让至B公司;至此,B公司取得100%的股权。

同时基于购入协议三,B公司取得100%的股权的取得成本为11 315万元,每1%的股权对应成本应为113.15万元,而非稽查局认定的100万元。即使按照稽查局的逻辑计算,取得成本也应当是6789万元而非6000万元。

综上,可以看出稽查局认定事实不清、认定事实错误。

2. 稽查局主要观点及理由

不能仅仅从四份购入协议签订主体来界定B公司股权受让至何方,结合如下证据足以认定"B公司自曾某处受让J公司60%股权,取得成本为6000万元"的事实:

(1)曾某本人确认:转让价格为6000万元,转让比例为60%,实际收到6000万元;检查期间,曾某按照"转让60%共计6000万元"的事实,主动进行补充扣缴、完税399万元。

(2)资金支付情况:资金流水显示B公司向J公司支付6789万元,其后曾某指定收款主体收款6000万元,另有789万元转入鲁某、洪某指定的收款主体,鲁某、洪某笔录确认,789万元实际受益人为其二人,并非曾某。

(3)经办人喻某(鲁某的丈夫)确认:100%的股权转让价格为11 315万元,

曾某 60% 的股权转让价格为 6000 万元，鲁某、洪某 40% 的股权转让价格为 5315 万元，转到指定收款主体后，鲁某与洪某各一半。

（4）工商备案登记：根据购入协议二，曾某将持有的 J 公司 60% 的股权转让给 B 公司。

（5）（2019）×0118 刑初 × 号刑事判决书及（2021）×05 刑终 × 号刑事裁定书"经审理查明"记载：曾某将其持有的公司 60% 的股权转让给 B 公司、鲁某和洪某将其各持有的 J 公司 20% 的股权转给郭某 2。

3. 法院主要观点及理由

一审法院对本争议问题没有明确回应，但二审法院在"本院认为"部分指出：根据三份股权转让协议和四份股权购入协议以及（2019）×0118 刑初 × 号刑事判决书及（2021）×05 刑终 × 号刑事裁定书，能够认定 B 公司自曾某处取得股权比例为 60%，成本为 6000 万元，自鲁某、洪某处取得股权比例为 40%，成本为 5315 万元。

（二）争议问题二：B 公司股权转让至给何方及转让比例、成本

1. B 公司主要观点及理由

（1）本案有三份转让协议，每一份转让协议约定的内容有差异，稽查局应当明确界定，B 公司股权转让过程中哪一份转让协议是真实意思表示，而事实上稽查局并未予以明确界定。

（2）根据转让协议一，B 公司将 J 公司 38% 的股权转让给 M 公司，价款为 8010.4 万元，如根据转让协议二，转让 18% 的股权收入应为 263.38064 万元，稽查局认定转让价款为 3794.4 万元明显缺乏依据。

综上，可以看出稽查局认定事实不清、认定事实错误。

2. 稽查局主要观点及理由

结合如下证据综合足以认定"B 公司自曾某处受让 J 公司 60% 的股权，取得成本为 6000 万元"的事实：

（1）转让协议一作为框架协议，约定共计转让 38% 的股权给 M 公司。

（2）资金支付：M 公司收到 B 公司转让的 18% 的股权、郭某 2 转让的 20% 的股权的转让款共计 8010.4 万元。

(3)工商备案登记:基于转让协议二、转让协议三,由B公司转让18%的股权给M公司,郭某2转让20%的股权给M公司。

(4)(2019)×0118刑初×号刑事判决书及(2021)×05刑终×号刑事裁定书:对B公司转让18%的股权进行了确认。

3. 法院主要观点及理由

一审法院、二审法院均未对此明确回应。但结合二审法院对争议问题一的回应,可以推测二审法院对此争议问题与争议问题一认定一致。

(三)争议问题三:B公司股权交易中介费及企业所得税计算是否正确

1. B公司主要观点及理由

(1)B公司在股权受让、转让过程中共计向张某支付了590万元的中介费用,应当在计算企业所得税时予以扣除。

(2)基于前述争议问题一、争议问题二,稽查局对受让、转让的对象、比例认定事实不清和错误,同时未考虑股权交易中介费,故企业所得计算错误。

2. 稽查局主要观点及理由

(1)基于如下事实,B公司主张的中介费无事实依据:

①经查询B公司建设银行流水,其开具支票590万元,银行回复该笔交易是交换支取,无法查到收款人。

②经向张某(已去世)之子张某2询问核实,张某及其公司交易流水并无该笔款项或交易。

③为进一步维护B公司合法权益,已经书面告知B公司提供中介费相关的合同协议、发票等双方合意凭证,以进一步确认是否可以扣除,但是B公司未能提供任何资料,故最终对中介费用不予认可。

(2)基于如下事实,关于企业所得税的计算金额准确:

①B公司自曾某处受让J公司60%的股权,取得成本为6000万元;郭某2自洪某、鲁某处分别受让J公司20%(共计40%)的股权,取得成本为5315万元。

②M公司共计受让38%的股权(B公司向M公司转让20%的股权、郭某2向M公司转让18%的股权),支付转让价款8010.4万元。

③B 公司应纳税所得 = 转让 18% 的股权对应的收入(8010.4 ÷ 38% × 18% = 3794.4 万元) - 股权取得成本(6000 ÷ 60% × 18% = 1800 万元) = 1994.4 万元。

3. 法院主要观点及理由

一审法院、二审法院均未对此予以明确回应。其中,二审法院在"本院认为部分"指出:认定 B 公司少申报缴纳印花税、少申报缴纳企业所得税以及未依法代扣代缴个人所得税的金额,因不影响不予处罚决定的结果,故法院不予确认。

(四)争议问题四:B 公司受让股权是否有代扣代缴曾某个税义务

1. B 公司主要观点及理由

(1)基于前述争议问题一,B 公司并非自曾某处受让 60% 的股权,而是自洪某、鲁某处受让,故 B 公司没有对曾某的代扣代缴义务。

(2)B 公司并未直接向曾某支付股权受让款,曾某在未实际取得转让所得的情况下,B 公司没有代为扣缴个税的义务。

(3)不予行政处罚决定书未追加曾某为第三人,依照国务院《关于全面印发全面推进依法行政实施纲要的通知》"行政机关作出对行政管理相对人、利害关系人的行政决定之前,应当告知行政管理相对人、利害关系人,并提供陈述和申辩的机会"的规定,稽查局未追加曾某为第三人,程序违法。

2. 稽查局主要观点及理由

(1)基于前述争议问题一,B 公司自曾某处受让 60% 的股权,《个人所得税法》第 8 条规定:"个人所得税,以所得人为纳税义务人,以支付所得的单位或者个人为扣缴义务人。"

(2)曾某按照"转让 60% 的股权共计取得 6000 万元"的事实,由 B 公司主动进行补充扣缴、曾某进行补充完税 399 万元,即该事实再次得到 B 公司、曾某确认。

3. 法院主要观点及理由

一审法院在判决书中确认:本案中,B 公司作为扣缴义务人,未依法及时代扣代缴购股款对应的个人所得税。稽查局据此认定 B 公司存在不及时代扣代缴个人所得税的违法行为,事实清楚、证据充分。

二审法院在判决书中确认:本案中,B 公司受让曾某持有的 J 公司 60% 的股权,作为扣缴义务人,直至税务检查期间才将前述他人对应的应扣未扣个人所得税补缴入库。同时,二审法院指出:认定B公司少申报缴纳印花税、少申报缴纳企业所得税以及未依法代扣代缴个人所得税的金额,因不影响不予处罚决定的结果,故法院不予确认。

(五)争议问题五:B公司是否构成偷税及不予行政处罚是否正确

1. B公司主要观点及理由

B公司不具有偷税的故意,且决定书没有对偷税的故意进行认定,认定事实不清,主要证据不足。根据国家税务总局办公厅《关于呼和浩特市昌隆食品有限公司有关涉税行为定性问题的复函》(国税办函〔2007〕513号)"《税收征管法》未具体规定纳税人自我纠正少缴税行为的性质问题,在处理此类情况时,仍应按《税收征管法》关于偷税应当具有主观故意,客观手段和行为后果的规定进行是否偷税的定性。税务机关在实施检查前纳税人自我纠正属补报补缴少缴的税款,不能证明纳税人存在偷税的主观故意,不应定性为偷税"的规定,及国家税务总局《关于税务检查期间补正申报补缴税款是否影响含税行为定性有关问题的批复》(税总函〔2013〕196号)"税务机关没有证据证明纳税人具有偷税主观故意的,不按偷税处理"的规定,稽查局不能证明B公司偷税。

2. 稽查局主要观点及理由

从B公司签订的多份股权交易文件可以看出,B公司主观上具有少报股权转让对价、少报收入和合同金额的故意,客观上实施了隐瞒真实交易金额和收入的行为,已经明显构成偷税。

3. 法院主要观点及理由

一审法院、二审法院均认为:本案中,B公司不依法如实入账交易,以签订阴阳合同、账簿上通过往来科目核算的方式,不列转让股权收入,不列股权受让成本,不缴、少缴应纳税款。稽查局据此认定原告的行为属于偷税,事实清楚、证据充分。

（六）争议问题六：不予处罚决定书是否对 B 公司产生影响

1. B 公司主要观点及理由

不予行政处罚决定对 B 公司权利不产生实质影响，但其中关于 B 公司行为属偷税的认定内容对 B 公司产生严重不利影响，B 公司的税务登记评级将由 A 级直接降为 D 级，将导致 B 公司及旗下企业向银行等金融机构贷款融资等融资渠道被斩断，而 B 公司及旗下企业身处房地产行业，无法融资意味着无法经营，公司面临倒闭、员工面临失业的紧迫危险。因此，对于决定书中 B 公司行为属于偷税的错误认定，必须依法予以纠正。

根据《行政诉讼法》第 74 条第 2 款的规定，即便认为税务机关作出的不予行政处罚决定不具有可撤销内容而不需要撤销，但由于稽查局作出的偷税认定存在主要证据不足、适用法律错误、明显不当等多种违法情形，人民法院应当判决确认违法。

2. 稽查局主要观点及理由

一方面，稽查局认定 B 公司偷税事实清楚、适用法律正确、程序合法，B 公司主张判决缺乏法律和事实依据，也不符合行政诉讼法的规定。另一方面，B 公司存在常识性错误、逻辑混乱，其所称的税务评级、经营困难等不利后果并非稽查局执法行为直接或间接造成，既无事实关联、更无法律上的关联。

3. 法院主要观点及理由

一审法院、二审法院未对此予以明确回应。

四、法理评析

（一）争议问题一：B 公司股权受让自何方及取得比例、成本

笔者认为，综合全案证据，争议问题一本质为：个人股权转让中纳税义务人（本案与一般的阴阳合同股权转让偷税案不同之处，即应依法认定为两次股权转让还是一次股权转让）、股权转让收入如何确定。

对于此争议问题，法理评析如下：

依照最高人民法院《关于行政诉讼证据若干问题的规定》第 39 条、第 55 条、第 56 条等对证据质证的规定，本案中存在两份以上的股权转让协议，每份

协议均存在一定程度的真实意思表示,非全阴或全阳,稽查局无法直接采信其中一份协议,必须且已经延伸至从曾某本人确认、资金支付情况、经办人喻某(鲁某的丈夫)确认角度进行取证,该证据对交易事实认定的关联性高、真实性强,证明效力高。

依照最高人民法院《关于行政诉讼证据若干问题的规定》第63条对证明效力等级的规定,国家机关以及其他职能部门依职权制作的公文文书优于其他书证,稽查局还从工商备案登记、(2019)×0118刑初×号刑事判决书及(2021)×05刑终×号刑事裁定书等证据角度进行综合认定,该证据对交易事实认定的关联性高、真实性强,证明效力高。

依照《行政诉讼法》第34条举证责任倒置的规定,无论稽查局、一审法院如何认定此争议问题,B公司均会提出与稽查局、一审法院相反的主张和质疑,那么稽查局、一审法院在证据采信、认定时,必须选择更充实、更合法、更合理的认定方式、思路。

(二)争议问题二:B公司股权转让至何方及转让比例、成本

笔者认为,综合全案证据,争议问题二本质为:B公司股权转让中纳税义务人(本案与一般的阴阳合同股权转让偷税案不同之处,即应依法认定股权转让主体)、股权转让收入、股权转让原值如何确定。

对于此争议问题,法理评析思路与上述争议问题一一致。

(三)争议问题三:B公司股权交易中介费及企业所得税计算是否正确

对于此争议问题,笔者赞同稽查局理由及观点,法理评析如下:

依照最高人民法院《关于行政诉讼证据若干问题的规定》第53条的规定,人民法院裁判行政案件,应当以证据证明的案件事实为依据,本案中,B公司虽然主张股权取得过程中存在中介费支出,但是,经稽查局延伸调查取证,未取得任何相关证据。虽然《行政诉讼法》第34条存在责任倒置的规定,但是稽查局为充分保障B公司的合法权益,已经依照《税收征收管理法》第57条等书面要求、告知B公司提供对其有利的证据,但B公司未能提供。

依照《企业所得税法实施条例》第71条、国家税务总局《关于贯彻落实企业

所得税法若干税收问题的通知》第 3 条的规定,基于争议问题一、争议问题二以及争议问题三的中介费支出的认定,关于争议问题三中企业所得税计算问题,B 公司股权转让收入、股权取得成本等核心参数一经确定,据此计算的应纳税所得额准确。

(四)争议问题四:B 公司受让股权是否有代扣代缴曾某个税义务

对于此争议问题,笔者赞同稽查局、法院的理由及观点,法理评析如下:

《个人所得税法》第 8 条规定:"个人所得税,以所得人为纳税义务人,以支付所得的单位或者个人为扣缴义务人。"基于前述争议问题一,扣缴义务人身份、扣缴金额即确定。

(五)争议问题五:B 公司是否构成偷税及不予行政处罚是否正确

对于此争议问题,笔者赞同法院处理方式,法理评析如下:

依照《税收征收管理法》第 63 条的规定,纳税人伪造、变造、隐匿、擅自销毁账簿、记账凭证,或者在账簿上多列支出或者不列、少列收入,或者经税务机关通知申报而拒不申报或者进行虚假的纳税申报,不缴或者少缴应纳税款的,是偷税。本案中,B 公司不依法如实入账交易,以签订阴阳合同、账簿上通过往来科目核算的方式,不列转让股权收入,不列股权受让成本,不缴、少缴应纳税款,满足偷税认定依据。

现行有效的《行政处罚法》第 33 条规定,当事人有证据足以证明没有主观过错的,不予行政处罚。笔者发现在诸多文件、税务行政诉讼裁判案例中,多强调"主观故意"是认定偷税的前提和基础,但具体到本案:一是 B 公司主观上具有少报股权转让收入和合同金额的故意;二是客观上实施了隐瞒真实交易金额和收入的行为,偷税意图明显;三是 B 公司对其行为没有作出任何合理的解释。稽查局、法院认定 B 公司构成偷税准确。

《不予处罚决定书》中认定 B 公司少申报缴纳印花税、少申报缴纳企业所得税以及未依法代扣代缴个人所得税的金额,因不影响不予处罚决定的结果,故法院不予确认的处理方式极具智慧,既能有效审查行政行为合法性,又避免了 B 公司拟通过对行政处罚诉讼进而就实体问题变相越过《税收征收管理法》第

88 条规定的缴纳担保前置、复议前置。

(六)争议问题六:不予处罚决定书是否对 B 公司产生影响

对于此争议问题,笔者认为:

(1)如就前述争议问题判断后,稽查局认定偷税事实清楚、适用法律正确、程序合法,那么判断处罚决定书是否对 B 公司产生影响与否,没有意义。

(2)B 公司提出此观点,主要是想适用《行政诉讼法》第 74 条第 2 款的规定,“行政行为有下列情形之一,不需要撤销或者判决履行的,人民法院判决确认违法:(一)行政行为违法,但不具有可撤销内容的……”但事实上本案与此规定毫不相关,B 公司误将不予行政处罚认定为不具有可撤销内容。

五、结论与启示

(一)税收征管层面,加强股权转让所得税征管工作

从资本市场的发展趋势看,股权投资和转让前景广阔,税源潜力很大,是社会财富分配的重要渠道,在税收征管层面要强化对股权投资重要性的认识,充分发挥税收在资本市场发展过程中的职能作用。但股权交易具有隐蔽性强、涉税数额大、税收易流失等特点,需要进一步加大征管力度。既要继续对实体经济税源加强征管,也要对日益壮大的股权交易税源倾注更多的征管努力,建立健全征管机制,保障税负公平,提高税收征收率。具体而言:

(1)拓展股权转让信息渠道。内部信息渠道主要依赖于纳税人自主申报,要加强外部信息获取渠道,包括北京、深圳、重庆、四川等多地已经实施的个人股权转让先税务后工商的征管模式,包括规范的公开信息收集制度,充分利用上市公司公告、产权交易所网站信息、各大门户网站财经频道股权交易新闻等加强信息比对分析。

(2)创新股权转让管理方式。以金税系统为基础,加强信息化建设,将股权转让征管纳入风险管理和后续管理的总体框架,嵌入统一的税收管理平台,形成征管合力。

(3)引导纳税人主动遵从、建立长效的管理机制。包括发布统一的规范性文件、政策,建立确定性征管工作机制,统一政策执行口径,细化政策操作规程,

畅通基层交流、反馈问题的渠道，定期跟踪政策执行效果。

（二）税收稽查层面，建立行政诉讼取证、举证模式

与本案类似的复杂阴阳合同股权转让，存在诸多财税法综合性疑难问题，包括但是不限于真实交易主体、真实意思表示、真实交易金额、交易收入、交易成本、纳税义务发生时间、代扣代缴义务等涉税事实确定。对于稽查人员的财税法综合素质要求高，为规避行政诉讼败诉风险，应当建立行政诉讼取证、举证模式，在提高取证效率的同时防范行政诉讼风险。

依照《税务稽查案件办理程序规定》第 3 章的规定，检查证据无论如何庞杂，最终都应回归最高人民法院《关于行政诉讼证据若干问题的规定》第 39 条等规定，对证据的关联性、真实性、合法性、证据能力、证明效力等因素进行综合考量，因此检查人员能否参照法院逻辑和思路采信证据、认定事实就尤为重要。

近年来，笔者接受若干稽查局委托，对特定稽查案件提供非诉讼法律咨询服务，除了对行政行为合法合规性进行评价等传统法律服务内容外，最主要服务内容即是回归《行政诉讼法》、最高人民法院《关于行政诉讼证据若干问题的规定》等规范性文件，对稽查证据进行诉讼风险评估。具体到本案，以争议问题一、争议问题二为例，在行政诉讼中，无论稽查局按照何种方式认定股权交易主体、比例，B 公司均会选择反方向抗辩，那么稽查人员对于全案证据回归最高人民法院《关于行政诉讼证据若干问题的规定》第 39 条等规定，对证据的关联性、真实性、合法性、证据能力、证明效力等因素进行综合考量就显得尤为重要。

（三）法院审理阶段，本案的审理逻辑对类案具有引导作用

依照《税务稽查案件办理程序规定》第 42 条的规定，税收违法行为通常同时面临税务处理、税务处罚，再依照《税收征收管理法》第 88 条，纳税争议实行缴纳担保前置、复议前置，处罚决定既可以申请行政复议也可以启动诉讼。

在实务中，许多被稽查对象试图通过对行政处罚进行诉讼，引导法院审理纳税争议，进而间接影响税务处理决定，以期越过纳税争议的缴纳担保前置、复议前置。其原因主要是：（1）依照《税收征收管理法》第 52 条，处罚决定书对偷税、抗税、骗税的认定直接影响处理决定书中追缴期限；（2）依照《税收征收管理

法》第63条,对偷税等行为的处罚金额准确性有赖于处理决定书中处理金额准确性。

本案中,二审法院对不予处罚决定书中行政行为合法性评述意见为“关于《不予处罚决定书》中认定B公司少申报缴纳印花税、少申报缴纳企业所得税以及未依法代扣代缴个人所得税的金额,因不影响不予处罚决定的结果,故本院不予确认”;既有效审查了稽查局“认定偷税”之合法性,也避免了本案审理范围界定不当,实质违反纳税争议缴纳担保前置、复议前置的制度设置初衷。

破产重整程序中新生涉税款项清偿纠纷案例评析

刘思璠*

一、前言

企业因财务困难进入破产重整程序，债权清偿问题贯穿将重整全程。我国《企业破产法》规定在法院裁定受理债务人的重整申请后，作为债权人的税务局将参加讨论重整计划草案的债权人会议，申报该重整企业在破产受理前应缴而未缴的税款，该部分税款经核对无误后，将作为破产程序中的税款债权进行清偿。然而当企业进入破产重整程序后，由于企业仍然存续，无法避免履行合同、持有各类资产等应税行为，故相关税款及其滞纳金也会随之产生。根据国家税务总局《关于税收征管若干事项的公告》（国家税务总局公告2019年第48号，以下简称国税总局2019年48号文件）第4条第2项的规定，在人民法院裁定受理破产申请之日至企业注销之日期间，企业应当接受税务机关的税务管理，履行税法规定的相关义务，因此税务机关不会因企业进入破产程序而放弃新生涉税款项的追偿权。我国《企业破产法》第46条规定："未到期的债权，在破产申请受理时视为到期。附利息的债权自破产申请受理时起停止计息。"故当前实务界基本认为新生税款不属于破产税款债权，但其具体性质并不明确。同时，国税总局2019年48号文件第4条第1项中明确破产清算程序中企业所欠税款和滞纳金"以人民法院裁定受理破产申请之日为截止日计算确定"，破产重整新

* 刘思璠，西北政法大学经济法学院硕士研究生。

生税款滞纳金具有怎样的性质、是否可以使用该规定以及适用该规定的适配程度亟须分析。新生涉税款项性质认定不清的现状加剧了税务机关对其进行追偿的困难程度,既不利于国家税收征管工作有序开展,又对企业破产重整效率造成影响,深入剖析破产重整程序新生涉税款项具有一定的现实意义。

因此,本文以国家税务总局鞍山市高新技术产业开发区税务局(以下简称高新区税务局)与鞍山市高新兴隆百货有限公司破产债权确认纠纷为例,[1]通过梳理案件争议焦点,对该案中税款债权和新生涉税款项的处理进行评析,剖析破产重整后新产生税款和滞纳金的性质,研究新生涉税款项的清偿之道,助力我国税收征管制度发展,落实税收公平原则,维护市场经济稳定运行。

二、案情简介

(一)基本案情

兴隆百货因经营需要使用鞍山市立山区两块土地用于开发,高新区税务局系兴隆百货经营地的主管税务机关,兴隆百货应每月向高新区税务局申报并缴纳城镇土地使用税、房产税及个人所得税。兴隆百货自 2018 年 6 月起未如期向高新区税务局缴纳相应税款。2020 年 1 月 20 日,鞍山市中级人民法院裁定受理兴隆百货破产重整申请,并指定鞍山市高新兴隆百货有限公司清算组担任兴隆百货管理人。高新区税务局依法向管理人申报债权,债权包括兴隆百货因持有地块、进行开发经营而产生的税款和滞纳金,且这些税款和滞纳金在实际缴纳前将会继续产生。2021 年 9 月 3 日,管理人出具一份债权表核查异议的复核通知,该通知记载高新区税务局申报的债权金额为破产重整受理前的税款总额,债权性质为税款债权。法院查明截至 2020 年 1 月 20 日即鞍山市中级人民法院裁定兴隆百货重整日,兴隆百货拖欠高新区税务局房产税、城镇土地使用税、代扣代缴个人所得税三项税款金额及滞纳金与管理人出具的复核通知中记载的金额相同。

高新区税务局向鞍山市立山区人民法院起诉请求:(1)确认兴隆百货出具的 2021 年 9 月 3 日复核通知无效;(2)确认自 2018 年 6 月(兴隆百货开始欠税

[1] 参见辽宁省鞍山市中级人民法院民事判决书,(2022)辽 03 民终 4502 号。

时间)至2021年9月1日的全部税款及滞纳金,包括法院裁定受理兴隆百货破产重整申请之后产生的税款及滞纳金;(3)保留高新区税务局依法仍可继续行使截止日期后的税款债权追缴权等其他法律权利;(4)诉讼费由兴隆百货承担。

(二)裁判观点

1. 一审法院:破产受理日后的新生税款及滞纳金不属于破产债权

一审法院审理认为,缴纳税款是每个纳税人的义务,兴隆百货应按照法律规定缴纳税款及滞纳金。本案中,兴隆百货对高新区税务局欠缴至2020年1月20日(破产重整受理日)的税款本金及滞纳金金额无异议,依法予以确认。关于高新区税务局主张2020年1月20日以后产生的税金及滞纳金,根据《企业破产法》的规定,债权人应当在人民法院确定的债权申报期限内向管理人申报债权,未到期的债权,在破产申请受理时视为到期。高新区税务局主张的该部分税款及滞纳金债权并非在该范围内,不应作为破产债权予以确认,且高新区税务局未举证证明该债权在破产受理后仍可随时清偿,故法院对高新区税务局该项主张不予支持。因此,一审法院作出(2021)辽0304民初6089号民事判决书,确认高新区税务局享有破产重整受理日之前的税款债权,驳回其他诉讼请求,案件受理费由高新区税务局承担。高新区税务局不服判决,向辽宁省鞍山市中级人民法院提起上诉。

2. 二审法院:破产受理日后的新生税款及滞纳金不属于破产债权,但税务局仍可依法追征

二审期间,高新区税务局向二审法院提交纳税人申报明细一份,拟证明:(1)税款数额在不断变化,属于新增的应纳税金;(2)兴隆百货在二审期间仍然主动向高新区税务局申报税款债权,用该事实行为承认了2020年1月20日后仍存在税款债权的客观事实。同时该行为也否认了兴隆百货2021年9月3日出具的复核通知中管理人对异议的审查意见,及如果破产管理人因为税款债权按《企业破产法》第46条加速到期的话,那么就不需要后期再进行申报。所以该部分内容前后矛盾,9月3日的复核通知应当被认定为无效。

二审法院审理认为:第一,关于2020年1月20日之后新产生的税款问题。《企业破产法》第46条规定,"未到期的债权,在破产申请受理时视为到期",可

见确定破产债权的时间点是以人民法院裁定受理之日为准。国税总局2019年第48号文件第4条第2项规定,在人民法院裁定受理破产申请之日至企业注销之日期间,企业应当接受税务机关的税务管理,履行税法规定的相关义务。破产程序中如发生应税情形,应按规定申报纳税。从人民法院指定管理人之日起,管理人可以按照《企业破产法》第25条的规定,以企业名义办理纳税申报等涉税事宜。从前述规定可以看出,人民法院裁定受理破产申请之后,破产企业管理人是以企业的名义履行税法规定的纳税申报等相关涉税义务,而相关税款是在破产申请裁定受理后新产生的应纳税款项,并不能认定为破产税款债权。故法院对高新区税务局要求确认上述款项为税款债权的主张不予支持。2021年9月3日,债权表核查异议的复核通知确认2020年1月20日之前的税款债权并未违反法律、行政法规的强制性规定,并没有直接剥夺高新区税务局作为国家税务机关依法征税的权利,合法有效。一审法院对该复核通知的效力未作出确认,二审法院予以明确。因为2020年1月20日之后产生的税款在性质上不属于破产税款债权,故对高新区税务局要求确认2020年1月20日之后新产生税款为税款债权的主张不予支持,但并不因此影响高新区税务局依照2020年1月20日之后新产生税款的性质另行主张权利。

第二,关于2020年1月20日之后产生的滞纳金问题。根据最高人民法院《关于税务机关就破产企业欠缴税款产生的滞纳金提起的债权确认之诉应否受理问题的批复》的规定,对于破产案件受理后因欠缴税款产生的滞纳金,人民法院应当依照最高人民法院《关于审理企业破产案件若干问题的规定》第61条的规定处理。根据该规定第61条第2项,人民法院受理破产案件后债务人未支付应付款项的滞纳金不属于破产债权。据此,高新区税务局要求确认的该部分滞纳金不属于破产债权,该项确认请求法院不予支持。因此,辽宁省鞍山市中级人民法院作出(2022)辽03民终4502号民事判决书,驳回上诉,维持原判。

三、法理评析

本案中,原告高新区税务局与被告兴隆百货的争议焦点为2020年1月20日法院受理破产重整后至2021年9月1日的税款及滞纳金引发的破产债权确认问题,即针对破产重整新生涉税款项的清偿纠纷。高新区税务局要求确认新生税款为税款债权,并且可继续行使截止日期后的税款债权追缴权。一审和二审法院均认为破产重整受理日之后的税款及滞纳金债权不属于破产税款债权,不支持高新区税务局该项主张。虽然二审法院于判决书中指明"并不因法院不支持高新区税务局的税款债权确认主张而影响其依照破产受理日之后新产生税款的性质另行主张权利",但其并未提出新生税款及其滞纳金的具体性质,本案一审法院、二审法院也未能明晰新生税款及其滞纳金的清偿问题。鉴于本案是破产重整程序中的税款债权确认纠纷,重点涉及破产重整新生涉税款项的清偿问题。故本文将以破产重整程序为背景,明确界定破产重整程序税收债权与新生税款,围绕新生税款及其滞纳金的具体性质,给出新生税款清偿顺位以及新生税款滞纳金税务处理的制度建议。

(一)破产债权与新生税款的界定

本案中,双方对 2020 年 1 月 20 日人民法院裁定受理兴隆百货重整申请前的税款债权数额均无异议,高新区税务局主要是针对 2020 年 1 月 20 日之后产生的相关税款及滞纳金提出确认要求。税务局请求确认的破产受理日之后的税款,实则是由破产受理日之前的税款债权延续而来,而非受理日后由于新的应税事项产生的税款,故案涉新生税款与因新业务产生新税款的情况大不相同。

《企业破产法》第 46 条明确规定:"未到期的债权,在破产申请受理时视为到期。"因此破产债权是破产宣告之前发生的债权请求权。税务机关在债权申报期内向破产管理人申报的税款债权应为破产重整企业在重整受理日之前应缴而未缴的税款,即本案中被告兴隆百货破产管理人出具的复核通知中记载的税款金额。根据《企业破产法》第 113 条的规定,税款债权与破产费用、共益债务、职工债权和普通债权同属于破产债权范畴。在破产财产清偿各类债权时,从税款债权主体来看,税款债权的申报主体是国家税务机关,由税务机关代表国家行使征税权力,以维护国家利益为首要宗旨,其他破产债权权利人为私法性质下的民商事主体。从税款债权的性质来看,税务机关的申报目的是为国家谋求利益,同时防止国家税源流失,税款债权本身便具备公权力特征。因此税款债权将优先于普通债权获得清偿,本案原告高新区税务局主张的自 2018 年 6

月兴隆百货欠税时间起至2020年1月20日人民法院裁定受理兴隆百货重整申请之日止的欠缴税款性质为破产税款债权,将优先于普通债权获得清偿。

按照《企业破产法》第46条的规定,以法院裁定受理破产重整日为时间节点,时间节点之前税务机关因企业欠缴税款而相应享有的税收请求权为税款债权,当至破产重整受理日这一临界点时,未到期的债权视为到期,因此分界线之后的新生税款当然不属于税款债权范畴,本案一审法院和二审法院对税款债权和新生税款的判断正确。本案特殊性在于兴隆百货因开发经营而持续使用土地和房产,国税总局2019年48号文件第4条第2项规定,“破产程序中如发生应税情形,应按规定申报纳税”。因此兴隆百货理应每月向高新区税务局申报并缴纳城镇土地使用税、房产税及个人所得税。在高新区税务局的上诉事实与理由中,兴隆百货破产管理人于2021年9月1日出具的复核通知中明确载明“破产重整受理之日后的税务债权税务局依法可继续行使追缴权等法律权利”,并且对于破产企业新产生的税款及滞纳金一直在向高新区税务局主动进行税款申报的行为符合法律规定,但是并不因此证明高新区税务局针对案涉新生税款享有破产税款债权,仅能证明高新区税务局享有追缴新生税款的权利,然而如何追缴却尚无定论。

破产重整受理日前后案涉税款被分割为破产债权和新生税款两种不同的债权,本案一审法院、二审法院均只明确破产重整受理日之前的税款债权的清偿问题,新生税款清偿遇到障碍。进入破产重整的企业有两种结局:若破产重整成功,企业将重获新生,成为具有正常经营状态的企业,届时企业将缴纳破产重整程序的新生税款与滞纳金。若破产重整失败,企业将走向破产清算,此时应当在制度层面明确新生税款及其滞纳金的具体性质和清偿问题。

(二)破产重整程序中新生涉税款项清偿解决进路

本案中,一审法院和二审法院均未明确指出兴隆百货在破产重整受理后新生税款的具体属性,二审法院仅在判决中提到高新区税务局可以“依照破产受理日之后新产生税款的性质另行主张权利”,对新生税款滞纳金的性质与清偿更未提及,可见法院对新生涉税款项的态度模糊。在审判实践中法院对破产重整新生税款及其滞纳金性质的厘清,除法院自身需要提高重视程度外,还需要立法者在制度层面回应二者清偿与税务处理问题，只有制度的完善才能使法院的裁判更具备说服力。

1. 明确破产重整程序新生税款的性质和清偿位次

(1)破产重整程序新生税款的性质

破产重整期间发生的应税事项在审判实践中通常会被认定为破产费用或共益债务，具体认定须通过分析法律规定作出合理判断。我国《企业破产法》第41条第2项规定管理债务人财产的费用属于破产费用，破产费用是推动破产程序进行所必需的费用，是破产程序运行之前提。[1]本案中，被告兴隆百货由于持续持有经营地块，应负担向原告高新区税务局申报并缴纳城镇土地使用税、房产税和代扣代缴个人所得税的义务。由于兴隆百货尚未进入破产清算，重整期间维持企业存续状态资产管理的加持不可缺少，故而兴隆百货持有经营地块符合管理债务人财产的特征，由此产生的税款属于需要从债务人的破产财产中支出的必要性费用。[2]因此，本案兴隆百货持续持有经营地块导致在破产重整期间新产生的城镇土地使用税和房产税，其性质为破产费用。根据《企业破产法》第43条的规定，高新区税务局主张的该部分新生税款作为破产费用具有超级优先地位，依法可以随时获得清偿。本案除持有经营地块而产生税款的情形外，还存在积极处置债务人财产从而产生增值税的情况，该处置行为属于“变价、分配债务人财产”的范畴，也应纳入破产费用。

破产重整程序新生税款除按照《企业破产法》第41条的规定被视为破产费用外，还有部分新生税款符合共益债务的性质。共益债务顾名思义，是破产程序中因债务人及其破产管理人为维护全体债权人利益管理债务人财产从而产生的相关债务。共益债务最明显的特点是因全体债权人的利益而产生，由于共益债务的产生原因涉及全体债权人，故清偿时处于仅次于破产费用的优先清偿顺位。《企业破产法》第42条详细列举了共益债务的类型，重整企业继续履行破产重整受理前尚未履行完毕的合同或为维持经营和促进重整而销售商品、服务所关联的税费，属于法律规定的共益债务范畴。兴隆百货在持续持有的地块

---

〔1〕 参见徐阳光、范志勇等：《破产法与税法的理念融合及制度衔接》，法律出版社2021年版，第57页。

〔2〕 参见戴芳、朱哲：《论破产程序中新生税款的税法治理》，载《河南财政税务高等专科学校学报》2022年第1期。

从事经营活动,对其员工产生的个人所得税负有代扣代缴义务,高新区税务局受理破产重整申请后,由此产生的相关债务应当认定为共益债务。然而,新生税款的破产费用和共益债务性质需经过法律条文的明确认定才会在实务中更具备说服力。

(2)破产重整程序新生税款的清偿位次

由于破产重整新生税款的特殊性,具体清偿顺位是否应当与普通破产费用和共益债务完全一致值得考量。破产重整的目标是悬崖勒马,促使企业转危为安。当法院批准通过企业的重整计划后,企业将按照计划中的债权调整与清偿方案进入破产重整执行阶段。由于企业希冀尽快实现重整计划,维护债权人利益,因此将进行一些应税的商品和服务交易,同时因经营需要持续持有不动产,很多新的税款在破产重整执行阶段产生。本案中,由于兴隆百货持有不动产的期间持续计算,与持有经营地块相关的税款将贯穿企业正常经营和破产重整程序的全过程。在分析破产重整程序新生税款属于破产费用和共益债务之后,有必要明确破产重整期间是否包括破产重整计划执行期间,该问题的厘清有助于新生税款具体清偿位次的明确。

《企业破产法》第72条将"人民法院裁定债务人重整之日起至重整程序终止"的期间认定为破产重整期间。该条指出破产重整期间的起点是法院裁定重整之日,但是并未明确重整程序终止之日。一方面,仔细剖析《企业破产法》第86条至第88条关于审查重整计划草案的规定,易发现不管草案是否符合法律规定和相关条件,法院均会作出终止重整程序的裁定,不同之处在于重整计划未获得法院最终认可的债务人将被法院宣告破产。同时,《企业破产法》在重整计划执行部分规定,若出现执行不能的情况,法院将作出"终止重整计划的执行"的裁定,[1]并未采用"终止重整程序"的表述,故重整计划执行应处于重整程序之后。另一方面,《全国法院民商事审判工作会议纪要》(以下简称九民会议纪要)第114条存在"重整期间或者重整计划执行期间……重整程序因人民法院裁定批准重整计划草案而终止的,重整案件可作结案处理"的表述,故可以

---

[1] 《企业破产法》第93条规定:"债务人不能执行或者不执行重整计划的,人民法院经管理人或者利害关系人请求,应当裁定终止重整计划的执行,并宣告债务人破产。"

判断重整期间与重整计划执行期间是相互独立的期间。根据上述法律规定，在重整程序终止后，不同企业将根据法院作出的裁定步入重整计划执行阶段或破产清算阶段。因此，通过对破产法与九民会议纪要不同规定的体系解释进行逻辑判断与整合后，可以得出破产重整计划执行阶段属于一个独立且特殊的期间的结论。经推理，破产重整程序分为两个期间——破产重整期间和重整计划执行期间，其中破产重整期间包括重整计划尚未制定、制定以及等待批准通过的期间，而不包括重整计划执行期间。在本案二审过程中，根据兴隆百货提出的质证意见里“兴隆百货已经纳入全省92家实质性合并重整范围内，有必要为投资人保留税务的相关账户”“如果将来有投资人入驻兴隆百货，那么通过协商也可以要求投资人将1月20日之后的上述税款予以补缴”的表述，可以发现兴隆百货已经开始合并重整，进入重整计划执行期间。

第一，关于破产重整期间新生税款的清偿位次。

由于重整目的是挽救企业，管理人工作和债权人会议会紧凑进行，重整计划尚未制定、制定以及等待批准通过的时间不会很长。根据《企业破产法》第79条的规定，“债务人或者管理人应当自人民法院裁定债务人重整之日起六个月内，同时向人民法院和债权人会议提交重整计划草案”。若存在正当理由，重整债务人或管理人可以请求人民法院“裁定延期三个月”，因此破产重整期间最长仅达9个月，超过9个月还未提交重整计划草案的债务人企业将被法院终止重整，最终走向破产。破产重整期间较短，其间重整企业主要任务为召开债权人会议，制定重整计划，积极应税行为发生较少，基本皆因企业资产的持续持有而产生房产税和城镇土地使用税等税款。破产重整执行期间可能会很漫长，新生税款不仅包括因持有资产而产生的税款，还包括为推动重整计划落实而继续履行合同、主动开展经营业务而产生的税款。本案中兴隆百货被法院裁定受理破产重整的日期为2020年1月20日，由于一审法院和二审法院判决书中未明确何时批准通过兴隆百货的重整执行计划，为便于直观展现时间的长短，假设兴隆百货制定重整计划经过了《企业破产法》第79条规定的最长期限——9个月，则兴隆百货破产重整计划执行期间从2020年10月20日开始。通过阅读判决书可知二审法院于2022年12月1日受理本案，2023年1月29日审结作出终审判决，说明至少在审结之日——2023年1月29日，兴隆百货执行破产重整计划期间已达2年零3个月之久且仍未结束。基于此,由于重整期间与重整计划执行期间的时长悬殊且税目存在差异,破产重整期间的新生税款数额在整个破产重整程序中所占比例并不高,因此通过法律规定将破产重整期间新生税款置于与其他类别破产费用和共益债务相同的优先清偿顺位具备合理性,不会明显影响破产债权、共益债务以及普通债权的清偿效率。若重整期间新生税款可得到优先清偿,税务机关对企业破产重整的支持程度将显著提高,税企矛盾将得到弱化,从而降低税务机关提起诉讼的概率。

第二,关于破产重整计划执行期间新生税款的清偿位次。

若破产重整计划执行顺利,企业将恢复正常经营状态。实际上,在破产重整计划执行期间,企业即进行资产和债务的重组,已经开始逐步恢复正常运营。[1]重整计划执行阶段可比作未出生婴儿的孕育阶段,重整企业在此阶段从事的业务皆在为达到新生企业的健康条件做准备,此时新产生的税款可享受税收优惠政策递延至企业恢复正常经营状态时再行缴纳。

若破产重整计划执行失败,企业将进入破产清算程序,相关破产费用、共益债务和一系列破产债权将依次获得清偿。如前文所述,破产重整计划执行期间是一个独立的期间,在本案中截至二审结案,被告兴隆百货破产重整计划期间已经执行2年零3个月,税目的增多和应税行为的持续发生导致税款数额不断增加。如果将该阶段产生的税款作为破产费用或共益债务享受随时优先清偿的待遇,可能会出现以下情况:一是若兴隆百货破产财产无法全面覆盖破产费用和共益债务,那么除高新区税务局外其他债权人的利益也将无法得到充分的保障,新生税款的负担实际上由清偿顺位在后的普通债权、税收债权和职工债权的债权人承担,[2]严重影响了债权人推动破产重整工作的积极性。二是若兴隆百货破产财产不足以清偿包含新生税款在内的破产费用,根据《企业破产法》第120条的规定,法院将根据破产管理人的申请裁定终结破产程序,企业将被注销,高新区税务局主张的税款将无从追偿。因此,破产重整计划执行期间新

〔1〕 参见陈岱松、高雁:《破产重整涉税的理论思考与制度优化》,载《上海市经济管理干部学院学报》2022年第3期。

〔2〕 参见朱华军、蒋文军、张奕君:《浅议破产清算程序中的"新生税款"》,载《中国注册会计师》2022年第6期。

生税款不可直接与其他类别破产费用和共益债务位于相同的顺位获得优先清偿。

当前我国于《企业破产法》第43条第2款、第3款中规定了破产费用和共益债务之间的清偿顺位:“债务人财产不足以清偿所有破产费用和共益债务的,先行清偿破产费用。债务人财产不足以清偿所有破产费用或者共益债务的,按照比例清偿。”但是破产费用和共益债务内部具体的清偿顺位尚不明确。对此,域外的立法思路具有参考价值,《日本破产法》中规定的财团债权类似我国的破产费用和共益债务,与普通债权相比可以优先得到清偿。《日本破产法》第148条详细罗列了财团债权的类别,[1]其中包括租税债权,同时在第152条中明确了破产程序新产生税款的劣后地位,即除租税债权以外的类似破产费用、共益债务性质的财团债权清偿位次优先于租税债权。此外,美国《破产法典》第11章中规定破产案件受理后,当税务机关征收其后发生的税款时,不能损害债务重组计划的实施。[2] 该规定体现税收权力在企业利益面前应当作出让步的立法精神。

日本对于财团债权清偿位次的明确突出了对债权人利益的保护,美国通过法律规定降低税款对破产受理后企业重组的影响程度体现了对企业利益的保护。申言之,为更好发挥破产重整程序的“救亡”作用,国家税收利益作出适当让步有助于社会经济的良性循环。因此,我国可以正常认定破产重整执行期间新生税款属于破产费用和共益债务,但应在法律规范中尝试设置不同种类破产费用和共益债务的具体清偿顺位,将作为破产费用和共益债务的新生税款置于劣后地位,在清偿时优先考虑其他破产费用和共益债务,如此才可以更好地保护市场主体利益,通过促进企业存续以期获得未来的税收利益,避免国家税源流失。回归本案,兴隆百货在破产重整计划执行期间因持有经营地块而产生的城镇土地使用税和房产税归于破产费用,因经营产生的个人所得税归于共益债务,高新区税务局可要求兴隆百货清偿该部分破产费

---

〔1〕《日本破产法》第5章“财团债权”第148条第1款规定:“下列请求权为财团债权:(1)为破产债权人的共同利益而支出的裁定上的费用;(2)破产财团的管理、变价及分配费用;(3)依国税征收法和国税征收条例可以征收的租税债权。”

〔2〕参见罗敏:《破产程序新生税费之性质省思及税务处理调适》,载《财会月刊》2021年第6期。

用和共益债务,但是为保证重整程序正常进行,应当处于破产费用和共益债务劣后顺位主张权利。

综上所述:第一,关于破产重整新生税款的性质。我国应在《企业破产法》第41条和第42条中设新项列入破产重整新生税款,在法律规定层面明确认定:破产重整程序中因"管理、变价和分配债务人财产"而产生的新生税款属于破产费用,因"债务人继续营业而产生债务"引发的新生税款属于共益债务。第二,关于破产重整新生税款的清偿位次。在《企业破产法》明确定性破产重整新生税款后,立法者可在破产法司法解释中增设关于不同类别破产费用和共益债务的清偿顺位的规定,重点明确将破产重整计划执行期间新生税款置于劣后地位进行清偿,从而保障破产重整程序的正常进行。

2. 明确破产重整新生税款滞纳金的税务处理方式

当前法律规定中针对破产受理后新生税款的性质尚且存在争议,新生税款产生的滞纳金性质更加模糊。本文将通过分析税收滞纳金的属性,并进一步延伸到破产重整领域新生税款滞纳金的认定问题,理解破产受理前后税收滞纳金现行规定的立法意图,从而探寻新生税款滞纳金税务处理的规律,以此为基础推动出台破产重整新生税款滞纳金的法律规范。

(1)破产重整新生税款滞纳金的性质

我国《税收征收管理法》第32条规定:"纳税人未按照规定期限缴纳税款的,扣缴义务人未按照规定期限解缴税款的,税务机关除责令限期缴纳外,从滞纳税款之日起,按日加收滞纳税款万分之五的滞纳金。"从本条可以发现税收滞纳金性质不同于行政滞纳金。行政强制法上的滞纳金通常具备惩罚性质,行政机关通过加收滞纳金的方式督促被采取强制措施的义务人尽快履行逾期未履行的行政强制义务。虽然征收税收滞纳金的税务机关也是行政机关,但税收滞纳金是法律规定未按期履行纳税义务的纳税人为弥补其对国家税收征管工作造成的影响所做的金钱补偿,税收滞纳金体现的补偿性更符合利息特征,而不具备惩戒特征。因此,当前的税收滞纳金具有利息性质,可以称其为"税收利息"。

在对税收滞纳金性质作出判断后,下文将进一步分析破产重整新生税款滞纳金这一特殊税收滞纳金的归类问题。第一,新生税款滞纳金不属于破产债权。最高人民法院早在2012年于《关于税务机关就破产企业欠缴税款产生的滞纳金提起的债权确认之诉应否受理问题的批复》中指出:“对于破产案件受理后因欠缴税款产生的滞纳金,人民法院应当依照最高人民法院《关于审理企业破产案件若干问题的规定》第六十一条规定处理。”该规定第61条详细列举了不属于破产债权的债权类别,第2款“人民法院受理破产案件后债务人未支付应付款项的滞纳金”的规定也表明最高人民法院持有破产受理后新生税款滞纳金不属于破产债权的观点。本案二审法院遵循最高人民法院的观点,认定兴隆百货在破产重整受理日之后未支付应付新生税款的滞纳金不属于破产债权于法有据。第二,新生税款滞纳金不宜作为破产费用和共益债务。破产重整程序中的新生税款本就可能因重整执行期间过长导致税额过高,若具有利息性质的新生税款滞纳金与新生税款同属于破产费用和共益债务进行优先清偿,那么普通债权人获得清偿的概率会更低,破产案件债权人之间的矛盾将进一步加剧。如此看来,破产重整新生税款滞纳金是否还需计算值得商榷。

(2)破产重整新生税款滞纳金于破产受理后不再计算

国税总局2019年48号文件规定了破产受理前欠缴税款产生的滞纳金问题,第4条明确规定破产清算程序企业欠缴的税款和滞纳金“以人民法院裁定受理破产申请之日为截止日计算确定”,申言之,因破产受理前逾期未缴税款产生的滞纳金在破产受理日后便已停止计算,不存在于破产受理后,不属于破产债权。[1]虽然该法条是针对破产清算程序的规定,但其立法精神可沿用至破产重整程序,滞纳金在破产重整受理后停止计算有助于减轻重整企业财务负担,可将破产财产用于清偿破产费用、共益债务和破产债权,维护债权人利益。

新生税款滞纳金应借鉴破产受理前欠缴税款产生的滞纳金规则,在破产重整受理后停止计算。作为挽救企业的特殊程序,破产重整所肩负的任务艰巨,管理人需要整理剩余不多的企业财产清偿各类债权人,进行债务重组和豁免,利息性质的新生税款滞纳金不应成为阻碍债权清偿的负累。不管是破产受理前所欠税款产生的滞纳金还是破产重整新生税款滞纳金,在破产受理后都应停

〔1〕 参见孙永国、周平:《破产重整程序中涉税清偿探析》,载《中国注册会计师》2022年第5期。

止计算,税务机关的适当让步将有助于重整成功概率的提升。在本案中,兴隆百货于破产重整程序中产生的税款滞纳金也具有利息性质,且前文已述破产重整新生税款滞纳金不属于破产债权,不宜作为破产费用和共益债务,应借鉴国税总局2019年48号文件的精神,在破产受理后不再计算。虽然二审法院不支持高新区税务局对于继续行使新生税款滞纳金追缴权的请求恰好与破产重整受理后不计算新生税款滞纳金的结果一致,但是判例并不能成为滞纳金不予追缴的根据,在法律层面明确破产重整新生税款滞纳金不予计算才可以确保裁判的稳定性。

综上所述,鉴于破产重整新生税款滞纳金的"税收利息"性质,立法者应当参照国税总局2019年48号文件,在出台新的公告文件时设专条解决企业破产重整程序中的税收征管问题,强调破产重整新生税款滞纳金不属于破产债权且不宜作为破产费用和共益债务,并且在法院裁定受理破产重整后不再计算新生税款滞纳金。

四、结论

作为破产程序中的重要部分,破产重整程序肩负着企业存续的希望,新生税款问题一直横亘其中,成为税务机关和重整企业争议的焦点,本文通过界定税款债权和新生税款,明确新生税款及其滞纳金的性质,得出以下制度建议,希冀破解新生税款清偿困境。

第一,针对破产重整程序新生税款的清偿问题。新生税款在破产重整受理后产生,不同于破产税款债权。整个破产重整程序分为破产重整期间和重整计划执行期间,重整计划执行期间的新生税款数额往往更高。应当在企业破产法司法解释中明确破产重整程序新生税款在不同情况下分属于破产费用和共益债务获得优先清偿,但是破产重整计划执行期间的新生税款应当位于破产费用和共益债务的劣后位置获得清偿。

第二,针对因破产重整程序新生税款引起的滞纳金清偿问题。新生税款的滞纳金与破产受理前欠缴税款产生的滞纳金同属于利息性质,而不具备惩罚性质,既不属于破产债权,也不宜作为破产费用和共益债务。未来新生税款滞纳金的法律规定应与国税总局2019年48号文件破产清算程序中的滞纳金税务处理规定保持一致，在破产重整受理日后不再计算，税务机关理应在破产财产清偿问题上作出让步，维护市场主体利益，给予企业更多的信心，以期保障国家税源之稳定。

提供虚假资料以核定征收方式申请企业所得税税务稽查案例评析

张　阳*

一、前言

公司制企业在申请企业所得税时通过提供虚假资料以“核定征收”方式进行股权转让、资产转让等筹划“避税”，不仅涉税金额巨大并且税收筹划方案颇为专业、复杂，近年来此类涉税案件频出。钻所谓税收法规漏洞的筹划方案终究难逃税收管控的法眼，不仅无法达到降低税负的目的，甚至有可能最终被认定为违反税收法律法规被予以惩罚，反而加重税收负担，文中案例便是一个典型的代表。实务中此类型案件税务稽查处理结果不尽相同，这引起了笔者的深度思考。本文通过对此种筹划行为相关税法、税理进行深度剖析，既警醒将企业所得税“核定征收”方式作为“税收优惠”方式的纳税人，同时也为立法机关今后制定完善相关法规提供参考。

当企业有大额的政策性搬迁所得、股权转让所得、资产出售、资产评估增值以及接受非货币资产捐赠等一次性大额所得事项时，当年按查账征收计算的应纳税所得税率远远高于核定的应纳税所得税率时，企业会谋求以核定征收的方式来达到节税的目标。

本案例有其特别的现实意义：自然人股权转让一般是通过搭建合伙企业持股平台来进行税筹，该案例独辟蹊径运用了多种“避税”手法，但其核心、关键的

* 张阳，河南凯信会计师事务所有限公司合伙人。

举措是将个人所得变换为企业所得，利用公司制企业申请企业所得税核定征收的征税方式，适用核定的低征收率对大额股权转让所得进行“降低税负”处理。近年来，此筹划方法在实务中屡见不鲜，适用场景有两种：一为工业园区招商，对园区内企业核定征收；二为有大额所得、无票成本占比较多等情形。现有的法律法规虽规定“特定行业、特定类型”的纳税人不得事先核定，但对账务是否健全的规定较为笼统，主要由纳税人举证，税务人员审查核实，但由于双方掌握纳税信息天然不对等的固有缺陷，税务人员在确定核实的过程中承担很大的执法风险，而纳税人通过递交虚假资料核定应纳税所得额或应纳税额增减变化达到20%未申报调整的，不仅该补缴的税款“逃不掉”，还可能涉及税收罚款等处罚措施。本文对此类型案例进行探讨研究，主要是因为税收“筹划”实务倒逼税收法规对企业所得税核定征收的适用条件及惩罚条款等规定中尚不明晰的地方，予以进一步的规定。明确核定征收的适用条件，便于税务人员进行日常核定操作，按章办理，对需要核定的企业予以核定，可防止税款流失，对不具备条件核实的，税企双方有法可循也可不予核定，一方面防范执法风险，另一方面让不法筹划在惩罚条款前望而却步，纳税人主动履行应尽的纳税义务；惩罚条款将提供虚假资料进行核定的法律责任明确后，此类型税收筹划会随之减少，有助于形成诚信纳税的社会氛围。

二、案情简介

本稽查案例系2016～2017年陕西省3家公司在陕西品格蒙特梭利企业管理服务有限公司（以下简称陕西品格）股权转让过程中的涉税事宜，首次股权转让明细列示如下（见表1）：

表1　首次股权转让明细

转让方	被转让方	股权比例/%	投资成本/万元	投资转让收入（合同额）/万元
股东严某某	陕西某餐饮管理有限公司	17	850	12 474
股东李某某	陕西某教育科技有限公司	30	1500	21 105
股东高某某	西安某娱乐发展有限公司	18	900	11 781

因本案例运用了3家壳企业作为税收筹划的主体,其操作手法均相同,国家税务总局西安市税务局第一稽查局于2022年4月28日公告送达《税务处理决定书》。本文仅以陕西某餐饮管理有限公司(以下简称餐饮管理公司)为例,文书内容简述如下:

(一)违法事实

2016年11月21日餐饮管理公司以8 500 000元收购陕西品格股东严某某持有的陕西品格17%的股权,并于2016年11月24日办理了股权变更登记。2016年11月28日餐饮管理公司与磐信(上海)投资中心(有限合伙)(投资公司)(以下简称磐信投资)签订股权转让协议,将所持有的陕西品格17%的股权转让给磐信投资,转让金额为124 740 000元。餐饮管理公司在2016年12月6日收取磐信投资转让定金24 948 000元(2017年12月31日入账)。2017年11月29日餐饮管理公司与磐信投资2017年1月投资成立的子公司中育品格(上海)企业管理中心(有限合伙)(以下简称中育品格)签订股权转让协议,继续执行与磐信投资的转让协议。2017年12月4日餐饮管理公司办理了股权变更登记,将持有的陕西品格17%股权转让给中育品格。2017年12月8日餐饮管理公司收取中育品格股权转让金81 081 000元。截至检查之日,餐饮管理公司共计取得股权转让金106 029 000元,余额18 711 000元至今未收到。

餐饮管理公司与磐信投资签订陕西品格股权转让协议,收取股权转让定金24 948 000元,未按照财务制度规定及时入账(2017年12月31日补记入账)。餐饮管理公司在知道股权转让业务将引起2017年度收入发生巨大变化的情况下,于2017年3月向主管税务机关申请企业所得税由查账征收方式变更为核定征收方式,申请期间没有报备审核陕西品格股权转让事项。2017年4月取得西安市地方税务局高新技术产业开发区分局批准按定率征收方式征收企业所得税。根据国家税务总局《关于印发〈企业所得税核定征收办法〉(试行)的通知》(国税发〔2008〕30号)第4条、第5条,国家税务总局陕西省税务局《关于发布修订后的〈企业所得税核定征收管理办法(试行)〉的公告》第11条,《企业所得税法》第6条第3项的规定,餐饮管理公司未提供真实的经营信息和相关的涉税资料,且账务完整,收入、成本可以准确核算,应按照查账征收方式缴纳企业所得税。经计算,餐饮管理公司2017年少缴企业所得税25 909 077.78元。

(二)处理决定及依据

1. 针对上述违法事实,根据国家税务总局《关于印发〈企业所得税核定征收办法〉(试行)的通知》(国税发〔2008〕30号,以下简称30号文)第4条"推进纳税人建帐建制工作。税务机关应积极督促核定征收企业所得税的纳税人建帐建制,改善经营管理,引导纳税人向查账征收方式过渡。对符合查账征收条件的纳税人,要及时调整征收方式,实行查账征收"、第5条"加强对核定征收方式纳税人的检查工作。对实行核定征收企业所得税方式的纳税人,要加大检查力度,将汇算清缴的审核检查和日常征管检查结合起来,合理确定年度稽查面,防止纳税人有意通过核定征收方式降低税负",国家税务总局陕西省税务局《关于发布修订后的〈企业所得税核定征收管理办法(试行)〉的公告》(国家税务总局陕西省税务局公告2019年8号)第11条"税务机关在核定应纳所得税额和应税所得率过程中,对纳税人提供经营信息和相关涉税资料不真实,造成核定征收应纳税额偏低的,或者采取核定应税所得率征收的,在纳税申报中隐瞒收入或实际发生的成本费用等,应按照《中华人民共和国征收管理法》及其实施细则的有关规定处理",《企业所得税法》第6条"企业以货币形式和非货币形式从各种来源取得的收入,为收入总额。包括……(三)转让财产收入……"及《企业所得税法实施条例》第16条"企业所得税法第六条第(三)项所称转让财产收入,是指企业转让固定资产、生物资产、无形资产、股权、债权等财产取得的收入"的规定,对餐饮管理公司按查账征收企业所得税方式计算应补缴企业所得税25 909 077.78元。

2. 根据《税收征收管理法》第52条第1款"因税务机关的责任,致使纳税人、扣缴义务人未缴或者少缴税款的,税务机关在三年内可以要求纳税人、扣缴义务人补缴税款,但是不得加收滞纳金"的规定,对上述应补缴的企业所得税25 909 077.78元依法追缴入库。

限餐饮管理公司自收到决定书之日起15日内到国家税务总局西安高新技术产业开发区税务局将上述税款及滞纳金缴纳入库,并按照规定进行相关账务调整。逾期未缴清的,将依照《税收征收管理法》第40条规定强制执行。

餐饮管理公司若同税务机关在纳税上有争议,必须先依照本决定的期限缴纳税款及滞纳金或者提供相应的担保,然后可自上述款项缴清或者提供相应担保被税务机关确认之日起60日内依法向国家税务总局西安市税务局申请行政复议。

三、法理评析

(一)股权转让定金的财税处理规定及实务操作

对股权转让行为收取定金是上市公司或私募公司等常用的操作手法,适用于合同法的定金法则,因股权投资属于重大重组事项,需要进行公告。交纳定金既可以锁定股权价值,防止其他交易对手同时介入,又能够约束双方的交易行为按照时间节点顺利进行。

笔者找到上市公司关于股权转让定金约定事项的3个公告,列示如下(见表2):

表2　相关公告内容

公告日期	转让方	受让方	标的公司	股权比例/%	股权转让交易价/万元	定金/万元
2015年6月15日	海南国升投资有限公司	绿地集团海口置业有限公司	海口绿创置业有限公司	100	68 000	5000
2021年8月2日	北京千禧世豪和北京中胜世纪	中天金融或其指定的控股子公司	华夏人寿	21～25	3 100 000	700 000
2022年5月26日	刘某	北京新时空科技股份有限公司	捷安泊有限公司	47.8	10 200	3000

股权转让定金会计核算处理:

转让方:收到的股权定金计入"其他应付款"科目,交易完成后,转入"实收资本"科目。

受让方:最普遍的是购货合同、施工合同等合同中支付的定金,"定金"的作用有两种:一是当合同正常履行时,定金充作价款。二是在合同不能正常履行时,定金则作为罚则。从会计核算的角度来讲,正常履约的合同占绝大部分,因此一般情形下支付的定金按合同履行后入账的会计科目入账，付定金属于预付账款性质，回头充抵预付的货款或工程款，因此支付定金计入“预付账款”科目较为常见。对应的收到定金计入“预收账款”科目。也有实务中支付的定金计入“其他应收款”科目，相应的收到定金方计入“其他应付款”科目。

支付的股权定金通常计入“其他应收款”科目，笔者查阅到关于华夏人寿转让股权定金的处理方式：2022 年 3 月 23 日中天金融集团股份有限公司关于对深圳证券交易所关注函阶段性回复的公告中提及，截至 2021 年 12 月 31 日，公司购买华夏人寿保险股份有限公司股权重大资产重组事项仍在推进中，公司将 70 亿元定金暂列入“其他流动资产”核算和列报，“其他非流动资产”核算和列报，暂未对 70 亿元定金计提减值准备。由于重组方案能否获得行业监管部门的行政审核批准存在不确定性，公司将根据重组进展情况及获取的进一步信息按照企业会计准则、公司会计政策和会计估计等对 70 亿元定金进行会计处理。因此，会计实务中可能将支付的股权定金依具体情况列示，如列为“其他流动资产”等资产类会计科目。

餐饮管理公司与磐信投资签订陕西品格股权转让协议，收取股权转让定金 24 948 000 元，未按照财务制度规定及时入账（2017 年 12 月 31 日补记入账）。笔者分析，因企业未及时将收到股权定金事项入账，故 2016 年年终报送给税务机关的财务报表未包含此笔交易事项，金税三期系统从财务指标变动是分析不到该事项的。但从现金流量表上可以看到这笔款项的流入，然而现金流量表并不是每个企业每个季度必报的报表，各地规定略有不同。从企业类型来划分，规模以上企业（如一般纳税人）及上市公司需要报送现金流量表；从报送频率来讲，每年至少报送一次。若实行企业所得税核定征收的纳税人不报送现金流量表，那么税局就无从发现企业的股权变更动向和动态。因为这三家公司既然未将收到股权定金事项及时入账，那么从现金变动匹配的逻辑关系来看，现金流量表也不会反映此笔事项，因此即使报送现金流量表也无从发现。

(二)本案例需向税务机关报备的节点及税法规定

1. 法人股东股权转让行为是否应向税务机关报备

笔者未查询到法人股东股权转让应向税务机关提前报备的相关规定。

《股权转让所得个人所得税管理办法(试行)》(国家税务总局公告2014年第67号,以下简称67号文)第6条规定:扣缴义务人应于股权转让相关协议签订后5个工作日内,将股权转让的有关情况报告主管税务机关。被投资企业应当详细记录股东持有本企业股权的相关成本,如实向税务机关提供与股权转让有关的信息,协助税务机关依法执行公务。

2. 企业应该就核定征收期间的重大变化向税局报备

《企业所得税核定征收办法(试行)》第9条规定:纳税人的生产经营范围、主营业务发生重大变化,或者应纳税所得额或应纳税额增减变化达到20%的,应及时向税务机关申报调整已确定的应纳税额或应税所得率。第15条规定:对违反该办法规定的行为,按照《税收征收管理法》及其实施细则的有关规定处理。在本案例中企业2017年股权转让收入引起应纳税所得额增幅远超20%,因此有义务及时报备并按照调整后的应税所得率补交企业所得税。第9条明确了应履行报备义务的条件、报备的期限等关键事项,应是"必须"的法律含义,"申报调整"即在下一个申报期就应履行报备义务,但该条文未明晰未及时报备企业应承担的法律责任。

(三)企业股权转让纳税义务时间的确定

国家税务总局《关于贯彻落实企业所得税法若干税收问题的通知》(国税函〔2010〕79号,以下简称79号文)第3条规定:企业转让股权收入,应于转让协议生效、且完成股权变更手续时,确认收入的实现。

本案例送达公告中显示从签订协议到正式的股权变更历时1年有余,具体操作及策划过程梳理如下:

2016年11月28日餐饮管理公司与磐信投资签订股权转让协议→2016年12月6日收取磐信投资转让定金→2017年3月餐饮管理公司向主管税务机关申请企业所得税由查账征收方式变更为核定征收方式→2017年11月29日餐

饮管理公司与磐信投资2017年1月投资成立的子公司中育品格签订股权转让协议,继续执行与磐信投资的转让协议→2017年12月4日餐饮管理公司办理了股权变更登记→2017年12月8日餐饮管理公司收取中育品格股权转让金(尚余尾款)。

此项股权转让协议于2016年11月28日生效,2017年12月4日完成股权变更手续,按照79号文的规定,企业转让股权收入,应于转让协议生效且完成股权变更手续时,确认收入的实现。那么2017年12月4日应为企业此项股权转让缴纳企业所得税的纳税义务时点。

79号文规定企业股权转让收入纳税义务时点应在转让协议生效、完成股权变更手续2个条件同时达到才确认实现。在本案例中,股权变更与签订协议之间历时较长,会因此给企业税收筹划留出较为充裕的时间与空间。

笔者关注到,企业股东与个人股东转让股权行为的纳税义务时点不尽相同。67号文第20条规定:“具有下列情形之一的,扣缴义务人、纳税人应当依法在次月15日内向主管税务机关申报纳税:(一)受让方已支付或部分支付股权转让价款的;(二)股权转让协议已签订生效的;(三)受让方已经实际履行股东职责或者享受股东权益的;(四)国家有关部门判决、登记或公告生效的;(五)本办法第三条第四至第七项行为已完成的;(六)税务机关认定的其他有证据表明股权已发生转移的情形。”个人股东股权转让纳税义务时点规定的条件较为多样,如本案例,按照67号文规定收到股权定金或股权转让协议生效,就会被认定为达到纳税义务时点。

(四)自然人股东转让股权作价明显偏低的认定及处理

在本案例中3个自然人股东转让股权,均是以低价转让给自己控制的公司,然后由该公司以核定征收方式申请企业所得税后,转让给收购方,以降低税负。此税务筹划经过多步骤操作,笔者分析,在第一次股权收购环节即存在被认定为自然人股东转让股权作价明显偏低的瑕疵。

67号文第12条规定:“符合下列情形之一,视为股权转让收入明显偏低……(三)申报的股权转让收入低于相同或类似条件下同一企业同一股东或其他股东股权转让收入的;(四)申报的股权转让收入低于相同或类似条件下同类行业的企业股权转让收入的……”

2016年11月21日，餐饮管理公司以8 500 000元收购陕西品格股东严某某持有的陕西品格17%的股权，并于2016年11月24日办理了股权变更登记。2016年11月28日餐饮管理公司与磐信投资签订股权转让协议，将所持有的陕西品格17%的股权转让给磐信投资，转让金额为124 740 000元。

第一次收购从支付股权收购款项到办理股权变更登记仅间隔4天，又间隔4天企业即将收购的股权再次转让，而再次股权转让的价款竟为上次转让价款的13.67倍，按照67号文第12条第4项，申报的股权转让收入低于相同或类似条件下同类行业的企业股权转让收入的，可认定股东严某某转让股权价值明显偏低。

67号文第14条规定了核定的方法：“主管税务机关应依次按照下列方法核定股权转让收入：(一)净资产核定法 股权转让收入按照每股净资产或股权对应的净资产份额核定……6个月内再次发生股权转让且被投资企业净资产未发生重大变化的，主管税务机关可参照上一次股权转让时被投资企业的资产评估报告核定此次股权转让收入。(二)类比法 1.参照相同或类似条件下同一企业同一股东或其他股东股权转让收入核定；2.参照相同或类似条件下同类行业企业股权转让收入核定。(三)其他合理方法 主管税务机关采用以上方法核定股权转让收入存在困难的，可以采取其他合理方法核定。”

既然同一时期同一股权作价差异巨大，自然人股东需举证原股权转让价款作价的标准，申报的股权转让收入是否低于股权对应的净资产份额。企业股权转让方也可举证在短期内大幅增长变化的原因。如果无合适的理由，那么第一次股权转让的价款应视为明显偏低，税务机关可按照合理的方法核定股权转让收入，即以股权的公允价值或者第二次股权转让价款调整此次股权转让个税的计税依据。

(五)认定核定征收的条件及本案例适用性分析

企业不得以核定征收方式申报企业所得税的规定散见于多个税法法规，主要为国家税务总局《关于企业所得税核定征收若干问题的通知》(国税函〔2009〕377号，以下简称377号函)和《关于企业所得税核定征收有关问题的公告》(国家税务总局公告2012年第27号,以下简称27号文),其中涉及本案例的情形列示如下:(1)以投资为主要经营业务的企业。(2)上年度企业所得税应税收入超过以下规定规模的企业,特殊情况除外:①以制造业或加工、修理修配业为主营项目、上年度应税收入达到或超过1000万元的企业;②以建筑业或饮食业为主营项目、上年度应税收入达到或超过3000万元的企业;③除上述行业外,其他行业的上年度应税收入达到或超过2000万元的企业。(3)上年度企业的利润率高于行业应税所得率规定幅度最高标准的企业。

本案例用于股权转让的3个壳企业,分别属于餐饮行业、教育培训行业、娱乐业,3个壳企业的经营范围无投资项目,也不是规模以上企业,因此避开了不得核定征收企业所得税的范围限制。笔者从“企查查”查询了解到,除被公告的3家需补税企业外,其余公告中涉及的主体均为投资公司,列示如下(见表3):

表3　公告相关内容

企业名称	成立时间	认缴出资额/万元	经营范围	股东
陕西品格	2006年11月23日	5000	企业经营项目管理、投资管理;商务代理的策划咨询	中育品格90%、李某某5%、严某某5%
磐信投资	2016年3月24日	1 218 000	实业投资,投资管理,资产管理	长城人寿保险股份有限公司、西藏磐信夹层投资管理有限公司、中银投资资产管理有限公司等38家企业法人股东
中育品格	2017年1月17日	100	企业管理服务,商务信息咨询(依法须经批准的项目,经相关部门批准后方可开展经营活动)	磐信投资99%、上海磐信夹层投资管理有限公司1%

27号文第2条规定:依法按核定应税所得率方式核定征收企业所得税的企业,取得的转让股权(股票)收入等转让财产收入,应全额计入应税收入额,按照主营项目(业务)确定适用的应税所得率计算征税;若主营项目(业务)发生变化,应在当年汇算清缴时,按照变化后的主营项目(业务)重新确定适用的应税

所得率计算征税。从法理上分析,27号文认为非以投资为主营业务的企业,其取得转让股权(股票)收入等转让财产收入具有偶发性,并且在收入中占比较低,因此应按主营项目(业务)确定适用的应税所得率计算征税。但本案例所涉企业的股权转让收入金额巨大,远超其正常主业经营收入所得。

笔者查阅了诸如财政部、国家税务总局、国家发展改革委《关于延续西部大开发企业所得税政策的公告》(财政部、国家税务总局、国家发展改革委公告2020年第23号)、国家税务总局《关于固定资产加速折旧税收政策有关问题的公告》等税收优惠政策的规定(国家税务总局公告2014年第64号),主营业务收入占企业收入总额的比重有3个最低比例档次,分别为50%、60%、70%,这意味着从税法概念来讲,主营业务最少至占比50%以上。那么以此比例推定,2017年3家壳企业原有的主业占比很难在50%以上,反而是投资业务收入占比非常高,极有可能超过50%的比例。核定征收企业一般是1年核定1次,在此情形下,2017年3家壳企业有以下2个因素影响次年的征收方式:(1)3家企业投资收入占比大,很可能投资被认定为主业;(2)2017年收入巨额增长,远超规模以上企业收入认定标准。67号文规定,若主营项目(业务)发生变化,应在当年汇算清缴时,按照变化后的主营项目(业务)重新确定适用的应税所得率计算征税。按上述规定分析,即使2017年也不应再适用核定征收,因3家壳企业主营项目(业务)发生变化,已不再符合核定征收企业所得税的标准,应按查账征收予以汇算清缴当年的企业所得税。

(六)企业提供虚假资料申请变更核定征收方式的法律责任分析

为加强税收监管,企业所得税征收方式一般为查账征收。377号函规定,对其中达不到查账征收条件的企业核定征收企业所得税,并促使其完善会计核算和财务管理,达到查账征收条件后要及时转为查账征收。综观税收法规并无关于由查账征收方式变更为核定征收方式适用条件的规定,而该案例恰恰属于这种特殊情形。变更征收方式,税务机关需要根据企业提供的资料预判未来1年是否符合核定征收的适用条件,并且基于信息不对等的原因,企业有掌握全部财务税务资料的天然优势,税务机关获取的资料是片面的,不完整的,很容易埋伏下执法风险。公告中提及的“你单位未提供真实的经营信息和相关的涉税资料，且账务完整，收入、成本可以准确核算，应按照查账征收方式缴纳企业所得税”很有力地证明了此论断，并且企业不提供真实涉税资料的违法成本是相当低的。

《税收征收管理法实施细则》第 96 条规定：“纳税人、扣缴义务人有下列情形之一的，依照税收征管法第七十条的规定处罚：(一)提供虚假资料，不如实反映情况，或者拒绝提供有关资料的……”《税收征收管理法》第 70 条规定：“纳税人、扣缴义务人逃避、拒绝或者以其他方式阻挠税务机关检查的，由税务机关责令改正，可以处一万元以下的罚款；情节严重的，处一万元以上五万元以下的罚款。”区区万元罚款相较于核定征收后获取的“节税效益”而言是微不足道的，从本质上讲此为处罚，非提供虚假资料带来的“少缴”税款后果的实质性处罚。

笔者找到一个与此极其类似的案件，广西某大药房有限责任公司的《行政处罚决定书》(南市税一稽罚〔2022〕55 号)载明：“1. 经检查，2016 年、2017 年及 2019 年均按照查账征收方式申报企业所得税，2018 年不存在《中华人民共和国税收征收管理法》第三十五条规定的‘账证不健全，或税前扣除凭证残缺不全、难以查账’等可以核定征收的情形。2. 你公司办理核定征收过程中未报告重大资产转让的情况。对你公司及分支机构在财务管理和会计核算没有发生实质性变化的情况下，虚假变更核算方式，取消汇总纳税，在申请企业所得税核定征收方式过程中未向税务机关报告重大资产转让的情况，取得了企业所得税按应税所得率 4% 核定征收的征收方式，进行企业所得税虚假纳税申报，造成少缴企业所得税 24 148 811.93 元的偷税行为，处少缴税款 2 倍的罚款，罚款金额 48 297 623.86 元。处罚生效期 2022 年 10 月 25 日，处罚截至 2022 年 11 月 09 日。”

笔者分析了这 2 个案件，均是利用提供虚假变更材料以核定征收方式进行税收筹划，在核定征收期间发生一次性的巨额资产(股权)转让收入，“享受”核定的应税所得率。该案例税务处罚以“实质重于形式”的原理还原事实本质，依据虚假纳税申报将其认定为偷税性质，不仅企业要补缴税款，对其进行罚款也有理有据，并且是处以少缴税款 2 倍的罚款，处罚力度较大。

四、结论与启示

(一)重视会计核算与企业税收风险内控的关联

企业应加强日常税务管理,规范会计核算,如实向税务机关报送真实的财务资料。《税收征收管理法》第63条规定:纳税人伪造、变造、隐匿、擅自销毁账簿、记账凭证,或者在账簿上多列支出或者不列、少列收入,或者经税务机关通知申报而拒不申报或者进行虚假的纳税申报,不缴或者少缴应纳税款的,是偷税。国家税务总局陕西省税务局《关于发布修订后的〈企业所得税核定征收管理办法(试行)〉的公告》(国家税务总局陕西省税务局公告2019年8号)第11条规定:税务机关在核定应纳所得税额和应税所得率过程中,对纳税人提供经营信息和相关涉税资料不真实,造成核定征收应纳税额偏低的,或者采取核定应税所得率征收的,在纳税申报中隐瞒收入或实际发生的成本费用等,应按照《税收征收管理法》及其实施细则的有关规定处理。上述两个税法规范,均关注账务处理和纳税申报中的收入、成本费用的处理。本文讨论的案例中收取的股权转让定金未按照财务制度规定及时入账,虽不涉及利润表上的项目,但其如果在正确及时入账的情形下,利用金税三期系统指标比对应能及时提示风险,从而及时跟进企业股权转让事项并实时予以提醒,保证纳税人及时履行纳税义务。笔者分析,企业财务人员认为只要税不少缴、晚缴,财务记账不甚规范影响不大,有关处罚力度较轻甚至没有处罚也容易导致思想麻痹。财税不分家,财务规范核算是正确履行纳税义务的基石。企业想防范纳税风险,应梳理业务流程和财税核算关键点,才能防患于未然。税务机关设定纳税评估和日常监管分析指标时,除关注利润表各项目和利润表与资产负债表关联项目勾稽关系外,也应关注资产负债表各科目及现金流量表投融资特殊事项的大幅变动情况,有助于发现企业潜在的纳税风险点。

(二)加强税收征管前置,企业股权纳税义务时点可考虑与个税趋同

67号文第20条规定了达到个人股权转让纳税义务时点的情形,从实际收款权利的实现、合同的签订确立、政府法律文书关于股权转让权属生效到享有股权转让后的实际利益等,这中间既有实质性条款,也有实质重于形式的认定,

对个人达到股权纳税义务时点的要求比较严格,既方便自然人判断纳税义务时点是否达到,也有利于税务机关的日常监管,特别是报备制度提高了征管的效率。相较于企业股权转让的纳税义务时点,转让协议生效且完成股权变更手续,两个条件同时达到特别是以登记为准的硬性规定,导致纳税义务时点可能相对滞后。基于此,税务机关需关注企业股权转让事项的蛛丝马迹,在正式股权变更的时点前,持续追踪,加强服务与监管,保证税款及时足额入库。

(三)企业进行纳税筹划应具有合理的商业目的

本文的案例中,自然人为了降低本应承担的税负,精心地进行了一系列的纳税筹划,设计了不必要的多次交易环节,拉长交易链条和时间,让简单的股权转让变得扑朔迷离;用了很多所谓的节税政策,比如,自然人平价抑或低价转让股权,提供虚假资料进行企业所得税的核定认定,运用非投资主营的壳为主体企业进行投资主体股权的转让,会计核算不规范以绕开金税三期系统财务报表风险比对的追踪,环节设计复杂,节税政策多层次运用等,看似滴水不漏,实则漏洞百出,税务机关从多个环节都能分析比对出该企业有违税法规定。近年来高净值人群的交易行为是税务机关关注的重点,不公允交易价款会被税务机关重新核定价格,报备不真实的财税资料需承担相应的法律责任,无合理商业目的的税收行为最终会被"实质重于形式"的穿透原则重新认定等,因此企业进行纳税筹划应具有合理的商业目的并且符合交易主体、应税行为等的税收法律规范。本文讨论的案例中,自然人转让股权本可以按照20%的税率缴纳个人所得税,通过一系列的筹划,最终需按照25%的企业所得税税率缴纳企业所得税,反而增加了税收负担,并且还有可能被追征罚款和滞纳金,也影响企业(自然人)的纳税信用和声誉,因此本案例提示广大纳税人,钻所谓的税收政策"优惠"漏洞非常不可取,按国家税收政策正确理解并合法纳税,提高税收遵从度是每个纳税人应尽的法律义务。

(四)核定征收系税收征管措施,非税收"优惠"政策

企业所得税核定征收系在一些特殊情形下因难以确定应税所得额而采用的一种税收征管手段,也是一些工业园区为增加区域投资、扶持企业而实施的

简化税收征管措施。近年来,一部分纳税义务主体甚至包括所谓的“税收中介”把企业所得税核定征收归类于“税收洼地”,作为一种常规的税收“优惠”措施是非常不可取的。

《企业所得税核定征收办法(试行)》第11条规定:税务机关应在每年6月底前对上年度实行核定征收企业所得税的纳税人进行重新鉴定。重新鉴定工作完成前,纳税人可暂按上年度的核定征收方式预缴企业所得税;重新鉴定工作完成后,按重新鉴定的结果进行调整。30号文第5条规定:加强对核定征收方式纳税人的检查工作。对实行核定征收企业所得税方式的纳税人,要加大检查力度,将汇算清缴的审核检查和日常征管检查结合起来,合理确定年度稽查面,防止纳税人有意通过核定征收方式降低税负。

采用变更企业所得税征收方式,看似简单粗暴却有企业前仆后继,笔者建议通过修订税法予以规范,包括但不限于:(1)制定从查账征收变更为核定征收的详细适用条件,做到税企双方有章可循。因查账征收的企业其会计核算已较健全,重新以账务不健全为由逆向操作转为核定征收缺少法理支撑,可考虑收紧甚至禁止这种变更形式。(2)基于诚实守信原则,提供虚假资料变更企业所得税征收方式,需明确因提供不真实资料形成税收减项应承担的法律责任。

(五)税务稽查规定的时间节点对税务处罚认定的实质性影响

国家税务总局《关于印发〈税务稽查工作规程〉的通知》(国税发〔2009〕157号,2021年8月11日废止)第22条规定:检查应当自实施检查之日起60日内完成;确需延长检查时间的,应当经稽查局局长批准。

《税务稽查案件办理程序规定》(国家税务总局令第52号,2021年8月11日施行)第47条规定:“稽查局应当自立案之日起90日内作出行政处理、处罚决定或者无税收违法行为结论。案情复杂需要延期的,经税务局局长批准,可以延长不超过90日;特殊情况或者发生不可抗力需要继续延期的,应当经上一级税务局分管副局长批准,并确定合理的延长期限。但下列时间不计算在内:(一)中止检查的时间;(二)请示上级机关或者征求有权机关意见的时间;(三)提请重大税务案件审理的时间;(四)因其他方式无法送达,公告送达文书的时间;(五)组织听证的时间;(六)纳税人、扣缴义务人超期提供资料的时间；（七）移送司法机关后，税务机关需根据司法文书决定是否处罚的案件，从司法机关接受移送到司法文书生效的时间。”

本文讨论的税收稽查案例企业在 2017 年采用核定征收方式，稽查局于 2018 年 12 月 26 日进行稽查，从时间脉络分析，30 号文在征管实务中得到了及时有效的执行。稽查截至 2022 年 4 月 13 日，时间长达 3 年有余，可能与案件涉案金额高，案情曲折复杂有关。因本案例有稽查局出具的《税务处理决定书》，文书内容中并无稽查期间相关描述，原因不知而知，但笔者提醒行政程序应注重案件处理的时效要求。

《税收征收管理法》第 52 条第 1 款规定：“因税务机关的责任，致使纳税人、扣缴义务人未缴或者少缴税款的，税务机关在三年内可以要求纳税人、扣缴义务人补缴税款，但是不得加收滞纳金”，因此税款追征期起算点的确定十分重要。全国人民代表大会常务委员会法制工作委员会《关于提请明确对行政处罚追诉时效“二年未被发现”认定问题的函的研究意见》（法工委复字〔2004〕27 号）规定：“任何一个机关对律师违法违纪行为只要启动调查、取证和立案程序，均可视为‘发现’；群众举报后被认定属实的，发现时效以举报时间为准。”也就是说，对举报案件以举报时间为发现时间，其他案件，以稽查立案时间为发现时间。如果以 2018 年 12 月 26 日立案稽查为起始点，至 2022 年 4 月 28 日发布处理公告，时间上略超 3 年，稍显瑕疵。

《税收征收管理法实施细则》第 80 条规定：税务机关的责任是指税务机关适用的税收法律、行政法规不当，或者执法违法。笔者分析，此案例所称的“税务机关的责任”仅是作为“不得加收滞纳金”的法律依据，并非通常意义上此案例筹划形成税款流失系税务机关的责任，如仅仅因为税务稽查规定的时间节点影响对税务处罚的实质性认定有待商榷，也期待理论界、实务界对此予以更多的研究与关注。

共同共有房产涉税案例评析*

石大英　王　茜**

一、前言

当前,由于个人购买力不足及限购政策、共有产权住房政策等原因,共有房产已成为一种新的购房趋势。房屋共有还是独有,按份共有还是共同共有决定了所有权人能够享有的权利和所需承担的义务,影响第三人对权利人权能的判断,进而影响交易安全和交易秩序。在购买、出租或出售共同共有房产时,出现了房产权属不清晰、财产分割或共有份额分配不明确等诸多问题。本文以两宗共有房产涉税案为例,在对姚某案和雷某案的异同点进行对比分析的基础上,阐述了共同共有和按份共有的区别,并根据案件的争议焦点提出了切实可行的建议,以期解决共有产权住房存在的争议及涉税问题。

二、案情简介

(一)姚某出租共同共有房屋涉税案(以下简称姚某案)

姚某与王某为母子关系,二人于2017年共同购买了1间商铺,2017年4月二人签订委托书,协议规定姚某为王某的代理人,在2017年4月20日至2027年4月19日姚某有权代理王某对该房屋进行处置。姚某与G公司在2018年

---

* 本文已被录入2022年中国法学会财税法学研究会论文集。本文的两个案例都是真实发生且存在争议的,涉及共同共有房屋购买、出租或出售时增值税主体如何确定、先分后税还是先税后分等民法和税法之间的关系问题。这些问题是税收争议热点问题,因而向研究会提交并进行研讨交流。

** 石大英,兰州财经大学研究生;王茜,兰州财经大学研究生。

10 月签订商铺租赁合同,租期从 2018 年 11 月 1 日开始计算,到 2019 年 10 月 30 日届满,租金约定为每年 54 万元(含税费),合同注明租金转入姚某银行账户。2018 年 11 月 14 日,姚某在代开房屋租金发票时对税务局向其征收的增值税 25 714.28 元、城建税 1800 元、教育费附加 771.43 元、地方教育费附加 514.28 元提出异议,姚某向税务局提供了与 G 公司签订的租房合同、房产证及王某的委托公证书,并表示依据国家出台的相关税收优惠政策,税务机关不应该对其征收上述税款,理由是出租的房屋为王某、姚某共同共有的房屋,按增值税相关优惠政策,二人取得的租赁收入未超过每人每月 3 万元的免税标准,因此不应该征收增值税及相关附加税费。对此,姚某向税务局提出了退税申请并要求税务局计算退付不应征收的增值税及相关附加税费的税收利息。同时,姚某表示根据国家六税两费相关优惠政策规定,税务局应退还 2019 年 1 月 1 日至 2019 年 10 月 31 日已缴纳的房产税 49 400 元、城镇土地使用税 600 元、印花税 450 元的 50%。[1]

(二)雷某按份共有房屋案(以下简称雷某案)

2018 年,雷某和朋友林某共同购买了一栋物流用房,总面积共计 272.08 平方米,两人商量后决定:物流房前面部分 150.15 平方米归林某使用,由林某出资 2 415 000 元;后面部分 121.93 平方米归雷某使用,由雷某出资 1 693 500 元。2018 年 3 月 26 日,2 人交完房款后到房产局办理房产证,由于不知道“共同共有”和“按份共有”的区别,雷某与林某根据当时工作人员的建议,暂时先为二人办理了“共同共有”房产证,等两人协商好各自比例后再去房产公证处公证各自的份额。

雷某把房产登记在儿子名下,而林某则把该房产登记为自己和妻子二人共同共有。这张“共同共有”的房产证下,共登记了 3 个人的名字。在两星期后,雷某拿着房产证去银行贷款时,却被客户经理告知共有情况为“共同共有”的房产,需要所有共有权人一起办理手续并承担风险;房产产生纠纷进行产权分割时,原则上 3 个人均分,每人按照约 33.33% 的比例进行分割。也就是说,雷某

〔1〕 姚某出租共同共有房屋涉税案来源于笔者导师代理的案件。

和儿子虽然出了40%以上的钱,拥有40%以上的产权,但在法律意义上,只拥有约33%的产权。

雷某去房屋登记机构要求把共有情况改为“按份共有”。但是由于已经认定为“共同共有”的房子要变更为“按份共有”不仅需要所有共有产权人同意,还要通过买卖的方式。林某及其妻子徐女士作为共有产权人,如果不同意雷某变更,或者不同意转让部分产权,雷某就很难变更共有情况。经过双方沟通后,林某夫妇愿意陪同雷某一家办理相关手续,用买卖的方式终于将房产证上房屋的共有情况改成了“按份共有”。双方约定,雷某占41.22%的份额,林某和徐女士各占29.39%,并在房产证上注明了共有份额。为了变更房产证上的共有情况,雷某还缴了2万多元的税费,对于雷某多缴的税费是否退回,以及林某少缴的税款是否要缴纳等问题产生了争议。

三、案件异同对比分析

姚某案和雷某案这两个案件所涉及的房产类型和税收争议相同,都是住房产权共有导致的一系列争议,姚某案件是出租共同共有房屋产生收益后的涉税问题,雷某案件是因当事人合资购买房屋,不理解共同共有与按份共有的区别,把按份共有登记为“共同共有”引起的税收争议。但两个案件中也存在一些异同:

(一)相同之处分析

1.增值税纳税主体认定

在姚某案中,姚某认为该商铺是其与儿子王某的共有房产,且姚某持有王某对该商铺的委托公证书,在与G公司签订的房屋租赁合同中,姚某与王某均签字确认,姚某表示此次租赁取得的收入由二人共同拥有,所以增值税的纳税主体应该是姚某与王某两个人,二人应当分别缴纳税费。但税务机关认为合同已注明租金收入均转入姚某账户,从合同形式来看,取得租金的人是姚某,因此姚某有义务就该笔收入缴纳相关税费,且没有证据证明王某是否取得了收入,因此判定姚某为增值税纳税主体。

在雷某案中,工作人员称可以先办理“共同共有”房产证,等雷某与林某协商好各自比例后，再去房产公证处公证各自的份额。由于雷某与林某不知道“共同共有”和“按份共有”的区别，所以按工作人员的建议办了1张“共同共有”的房产证。从房产证来看，该房屋属于“共同共有”，如果作为共同共有人的雷某和林某出租该房屋取得租金收入，房产证上的3个人有义务就该笔收入缴纳增值税。增值税的征税对象是增值额，共同共有人需要对出租房屋的增值额进行纳税。

两个案件中税务机关都认为共同共有人为增值税纳税主体，但是姚某作为其儿子王某的委托代理人，取得房屋租金收入时因没有证据证明王某取得了收入，故被认定为增值税纳税主体。在雷某案中，若雷某与林某出租该房屋且未变更房屋所有权形式，则共有人应对该房屋整体纳税。

2. 能否申请退税

2019年1月，国家出台的政策中对小规模纳税人涉及的六项税费以及两项附加费作出了减免规定，各个地区可以根据实际情况需要对小规模纳税人在50%的范围内减免六项税费与两项附加费，即“六税两费”。姚某案中，姚某认为其符合该项优惠政策规定的条件，因此税务局应退还2019年1月1日至2019年10月31日已缴纳的房产税49 400元、城镇土地使用税600元、印花税450元50%的部分。税务局认为法律不溯及既往原则已经对新法和旧法如何适用作出了详细阐述，此案中纳税人发生纳税义务的时间均为2018年，但是“六税两费”减半征收开始于2019年1月1日，纳税人纳税义务发生在政策颁布之前，因此纳税人不能享受新政策，只能沿用旧政策，所以纳税人不符合退税条件。

在雷某案中，雷某在共同共有的情况下占有的份额为33.33%，共有房屋份额由33.33%变更为41.22%，需要补缴相应的税款，林某夫妇的份额会因此变少，由原来的66.66%变为58.78%，产权份额减少后，林某以及缴纳的税款能否退回就成了双方争议焦点。

两个共同共有案件都存在是否要退税的争议。姚某认为已缴纳的税款符合退税条件，税务局应该退税，但税务局查证后认为姚某申请退税的理由不成立，所以不符合退税条件；在雷某案中，共同共有房产证被改为按份共有房产证后雷某的份额减少，所以双方对缴纳的税款是否退回产生了争议。

(二)区别分析

1. 共同共有和按份共有房屋份额认定

在雷某案中,雷某把房产登记在儿子名下,而林某把该房产登记为和妻子两人共同拥有。这张"共同共有"的房产证,共登记了雷某儿子、林某夫妻三人的名字。在产生纠纷进行产权分割时,原则上是三个人均分,也就是说,雷某及其儿子虽然出了40%以上的钱,拥有40%以上的产权,但在法律意义上,只相当于拥有33%左右的产权。按照原来的出资比例,也就是按份共有,至少占有41%份额,但现在只有1/3的份额,折算成现在的房价,就相差了30余万元。

由于雷某和林某在合作买房时,未分清按份共有和共同共有房产证的区别,导致办理房产证时错将按份共有房产证登记为共同共有,导致后续涉税问题。但在姚某案件中,不存在按份共有房屋的情形,这是两个案件的本质区别。

2. 姚某与王某能否"先分后税"

在姚某案中,姚某认为该商铺为二人共有房产,应当先将取得的54万元租金在二人之间平分,平分后姚某与王某各获得租金收入27万元,分摊至12个月,则每人每月取得收入2.25万元,二人每月所取得的租金收入均未超过3万元,所以根据小微企业增值税相关优惠政策规定此次租赁行为并不应该缴纳增值税。税务机关认为,房屋租赁行为在计算增值税时是以合同为主,计税依据是以合同上规定的租赁金额为主,并不考虑该合同签订人数,姚某与王某只签订了1份租赁合同,且合同上只有1个金额,所以应当以该金额为计税依据缴纳增值税,相关成本费用二人可在纳税后自行分配。

由于姚某与其儿子存在委托代理的关系,在取得租金后存在"先分后税"还是"先税后分"的问题,但在雷某案件中,不存在共同共有房屋出租、出售等收益涉税问题,所以不存在"先分后税"的争议,这是2个案件的区别之一。

四、案件涉税问题评析

(一)姚某案分析

1. 关于增值税纳税主体认定分析

《增值税暂行条例》第1条规定,"在中华人民共和国境内销售货物或者加工、修理修配劳务(以下简称劳务),销售服务、无形资产、不动产以及进口货物的单位和个人,为增值税的纳税人,应当依照本条例缴纳增值税"。该条明确了纳税主体,指出当销售服务或劳务的行为发生时,相应主体就成为增值税纳税主体。该案中涉及的不动产租赁属于销售服务中的现代生活服务,因此属于增值税纳税主体。《税务机关代开增值税专用发票管理办法(试行)》第10条第1款第5项规定:"备注栏内注明增值税纳税人的名称和纳税人识别号。"在姚某案中,增值税发票的备注栏只填写了姚某一人的相关信息。姚某与G公司签订的租赁合同中明确规定租金均转入姚某一人的账户,没有相关证据证明事后该租金收入在王某和姚某之间被平均分配,综上所述,增值税纳税主体只能确认为姚某一人。

2. 关于姚某与王某能否"先分后税"分析

从法律的角度来说,《民法典》第297条规定,不动产或者动产可以由两个以上单位、个人共有。共有包括按份共有和共同共有。第308条规定,共有人对共有的动产和不动产没有约定按份共有或者共同共有,或者约定不明确的,除共有人具有家庭关系外,视为按份共有。这两个条款分别界定了什么是按份共有什么是共同共有,以及共同共有和按份共有的适用范围,即有约定的按照约定,没有约定的按照共有人之间的关系来确定,若二人没有家庭关系则为按份共有,反之为共同共有。在该案中王某是姚某的儿子,二人属于母子关系,因此该共有行为应当判定为共同共有,且姚某提供的房屋产权证中也已经注明该房产的所有情况为共同共有。《民法典》第302条规定:共有人对共有物的管理费用以及其他负担,有约定的,按照其约定;没有约定的或约定不明确的,按份共有人按照其份额负担,共同共有人共同负担。该条明确了共有物产生的相关费用应当如何负担。姚某与王某并未对该共有房产的相关费用如何分配作出约定,按照相关法律规定,共有物所产生的费用应由共有人共同负担。施正文教授指出,税收法律关系实质上是公法上的一种债权债务关系。[1]《民法典》第307条规定:因共有的不动产或者动产产生的债权债务,在对外关系上,共有人享有连带债权、承担连带债务,但法律另有规定或者第三人知道共有人不具

〔1〕 参见施正文:《税收债法论》,中国政法大学出版社2008年版。

有连带债权债务关系的除外;在共有人内部关系上,除共有人另有约定外,按份共有人按照份额享有债权、承担债务,共同共有人共同享有债权、承担债务。偿还债务超过自己应当承担份额的按份共有人,有权向其他共有人追偿。该规定明确了共有人承担的债权债务应当如何分配,此案中王某与姚某对该房屋均享有所有权,因此对债务的承担应当适用共同共有的规定,即共同承担债务。

从税收的角度来说,国家税务总局《关于小规模纳税人免征增值税政策有关征管问题的公告》(已失效)规定了《增值税暂行条例实施细则》第9条明确了所称的其他个人取得年租金收入后应当如何分摊收入以及如何确认是否能免税。此项规定表明在增值税计税时,租金仅可以在对应的租赁期内分摊,并未表明租金可以在个人之间分摊,租赁行为在确定增值税计税依据时是以合同为主,并不考虑该合同签订人数。该案中姚某与王某并未分别就自己应当分配的租金与G公司签订合同,因此,姚某应当先将房屋作为一个整体缴纳增值税,而后再与王某对相应的收入费用进行分配,其提出的"先分后税"并不成立。根据财政部、国家税务总局《关于全面推开营业税改征增值税试点的通知》(财税〔2016〕36号)有关规定,对于个体工商户和其他个人出租非住房的,应按照5%的征收率计算应纳税额,其增值税应纳税额 = 租金收入 ÷ (1 + 5%) ×5%,姚某与王某应当缴纳的税额 = 取得的54万元(含税费)租金收入 ÷ (1 +5%) ×5%。

3.关于姚某能否享受六税两费减免优惠政策分析

2019年1月,国家税务总局发布的《关于实施小微企业普惠性税收减免政策的通知》(财税〔2019〕13号)第3条明确规定:"由省、自治区、直辖市人民政府根据本地区实际情况,以及宏观调控需要确定,对增值税小规模纳税人可以在50%的税额幅度内减征资源税、城市维护建设税、房产税、城镇土地使用税、印花税(不含证券交易印花税)、耕地占用税和教育费附加、地方教育附加。"该案中纳税人提出的退税申请涉及的税种包括印花税、城镇土地使用税以及房产税。从这3个税种的征税范围来看:房产税是对在城市、县城、建制镇和工矿区范围内的房产征收的一种税;城镇土地使用税是对使用土地的单位和个人(在城市、县城、建制镇、工矿区范围内)按照实际使用的土地面积征收的一种税;印花税是对经济交往和经济活动中适用、领受和书立的应税凭证所征收的一种税。从上述规定来看,姚某的租赁行为均在这 3 种税的征税范围内。

要确定纳税人能否享受该优惠政策,就要明确该租赁行为所涉及税种的纳税义务发生时间。印花税的纳税义务发生时间是自合同签订时纳税义务发生,该案中租赁合同签订时间为 2018 年 11 月 13 日,所以纳税义务发生时间应当为 2018 年 11 月 13 日,早于该优惠政策颁布时间,因此该租赁行为涉及的印花税不能适用此项优惠政策。城镇土地使用税与房产税在房屋对外出租时,同时产生纳税义务,均规定从交付该房产的下月开始计算这两项税费,该案中要姚某交付该出租房产的时间为 2018 年 10 月 31 日,所以纳税义务发生时间应当为 2018 年 11 月,早于该优惠政策颁布时间,因此房产税和城镇土地使用税不能享受此项优惠政策。

综上所述,纳税人的纳税义务均产生于 2018 年,而"六税两费"优惠征收政策颁布于 2019 年 1 月,根据税法中的法律不溯及既往适用原则,该租赁行为只能以之前的旧法作为依据,而不能适用新颁布的政策。综上所述,纳税人无法享受该优惠政策,因此姚某的退税申请不成立。

(二)雷某案分析

1. 按份共有和共同共有房屋的区别

房屋共同共有是指两个及两个以上的单位或个人对同一房屋平等地、不分份额地享有权利和承担义务。共同共有一般基于一定的关系而产生,如夫妻、家庭等。各共有人对共有的房屋享有的权利是平等的,每个共有人都不能排斥其他共有人使用权利。房屋按份共有是指两个及两个以上的单位或个人按照各自的份额,分别对共同所有的房屋享有权利并承担义务。这个份额并不是指把共有房屋划分为若干份,各自拥有部分的所有权,而是共有人对房屋整体按照份额享有权利和义务。

房屋按份共有和共同共有都是对同一房屋共同拥有所有权的形式,但二者却存在着差异:共同共有是基于共同关系而存在的,如家庭、夫妻等关系为共同共有关系存在的必要条件。按份共有只需要按照共有人的意志发生即可。因此,二者的不同更多地表现为共有人享受的权利范围不同。

在共同共有中,共有房屋是不分份额的,只要存在共同关系就不能划分共有的房产份额,在共有关系终止时,才能进行划分。例如A、B是夫妻,他们在夫妻关系存续期间共同购买的房屋不能分割。如果二人离婚,可依法分割。按份共有则按照各自份额享有权利,如A、B按份共有1套房屋并约定每个人有一半份额,则每个人拥有50%的权利,不因其他因素而发生变化。

综上,雷某若没有把共同共有变为按份共有,则根据《民法典》第307条:因共有的不动产或者动产产生的债权债务,在对外关系上,共有人享有连带债权并承担连带债务,但是法律另有规定或者第三人知道共有人不具有连带债权债务关系的除外;在共有人内部关系上,除共有人另有约定外,按份共有人按照份额享有债权、承担债务,共同共有人共同享有债权、承担债务。偿还债务超过自己应当承担份额的按份共有人,有权向其他共有人追偿。此种情况下,雷某是需要所有共有权人一起来办理手续,一起承担风险的。

2. 共同共有改为按份共有需要补缴税款

根据《民法典》关于"共有"的规定,共同共有人对共有的不动产或者动产共同享有所有权。共有人对共有物的管理费用以及其他负担,没有约定或者约定不明确的,由共同共有人共同负担。共同共有转为按份共有是对共有物权的处分行为,共同共有人平等地享受权利、承担义务,因此非家庭成员之间的共同共有房产变更为不等额共有的,需要按与等额共有之间的差额缴纳契税。

雷某与林某夫妇只是朋友关系,在实际操作中,将共同共有视为等额按份共有,因此共同共有变更为非等额按份共有时,需要按照转移的份额缴纳契税。也就是说,案例中,原本三方共同共有,现在改为按份共有,即雷某占41.22%的份额,林某和徐女士各占29.39%,雷某应当按照41.22%的份额缴纳契税。林某份额变少,是否退税的问题没有说明。

3. 共同共有房屋出租增值税纳税主体认定分析

《增值税暂行条例》第1条已经明确对纳税主体作出了规定,当销售服务或劳务的行为发生时,就可以判定相应主体为增值税纳税主体。该案中,若该房产未变更为按份共有,出租该房屋属于销售服务中的现代生活服务中的不动产租赁服务,因此符合增值税纳税主体的标准。在增值税代开发票时,若没有相关证据证明事后该租金收入在雷某与林某夫妻之间分配,他们三人将共同承担增值税纳税义务,增值税的纳税对象为该房屋,三人将承担连带责任。

五、案件启示与思考

（一）购房人需明确共同共有和按份共有

当今社会，“共有”概念已经越来越普遍，“共有”行为涉及的问题越来越多，明确共有人对房屋是共同共有还是按份共有对后期房屋转让、出租行为产生的收益涉税问题的解决具有重要意义。从法律角度出发，《民法典》第 297 条规定，不动产或者动产可以由两个以上单位、个人共有，共有包括按份共有和共同共有。第 308 条规定，共有人对共有的动产和不动产没有约定按份共有或者共同共有，或者约定不明确的，除共有人具有家庭关系外，视为按份共有。雷某案中，林某和雷某对共有的房屋有明确的约定，且房屋产权证中也注明该房产的所有情况为共同共有，因此该共有行为应当判定为共同共有。《民法典》第 300 条规定：共有人按照约定管理共有的不动产或者动产；没有约定或者约定不明确的，各共有人都有管理的权利和义务。根据该规定，所谓管理，是指日常生活中对于共有物的一般维护行为，如对房屋的看护、打扫、小额修补等，也包括出租、借用等发挥共有物正常使用价值的行为。《民法典》明确了共有物产生的相关费用应当如何负担，即有约定按照约定，如果共有人之间没有约定，则共有人按照份额负担相关费用。双方在确定对房屋是共同共有还是按份共有时可以学习或者向相关机构咨询与之相关的法律法规，而房屋产权登记部门也应该询问房屋相关情况，并予以告知。

（二）共同共有更改为按份共有后的税收缴纳

在雷某案中，雷某为了取得银行贷款将共有行为改为按份共有后，从法律角度来说雷某产权变多，而林某夫妻产权减少，由此雷某需要补缴 2 万元左右的税款，林某多缴纳了相对应的税款，但现在是否要退回多缴税款该案例也未明确说明。根据财政部、国家税务总局《关于贯彻实施契税法若干事项执行口径的公告》（财政部、国家税务总局公告 2021 年第 23 号）关于土地、房屋权属转移的规定，征收契税的土地、房屋权属，具体为土地使用权、房屋所有权。下列情形发生土地、房屋权属转移的，承受方应当依法缴纳契税：因共有不动产份额变化的；因共有人增加或者减少的。根据《民法典》对“共有”的规定，共同共有人对共有的不动产或者动产共同享有所有权。共有人对共有物的管理费用以及其他负担,没有约定或者约定不明确的,共同共有人共同负担。共同共有转为按份共有是对共有物权的处分行为,共同共有人平等地享受权利、承担义务,因此非家庭成员之间的共同共有房产变更为不等额共有的,需要按与等额共有之间的差额缴纳契税。雷某案中,雷某和林某由非家庭成员之间的共同共有房产变更为不等额共有,雷某应按与等额共有之间的差额缴纳契税。除此之外,对于"共有"行为涉及的增值税等其他税种并未作出相关纳税规定。"共有"行为在税收制度中的缺失导致税务机关与纳税人之间产生争议,因此,国家应当弥补这种制度缺失,对"共有"关系涉税事项作出明确规定,保证税务机关在处理此类案件时有相关政策作为依据,以减少税务机关与纳税人之间的争议。

(三)明确共同共有房屋出租增值税纳税主体认定

《增值税暂行条例》仅对增值税征税主体进行了范围规定,并未作出数量上的规定,对于"共有"这种特殊应税行为,也没有明确的政策文件或法律法规为税务机关征税作出指导,这就使税务机关在处理相关涉税事项时容易与纳税人产生矛盾。比如,一辆汽车是三人共同拥有,当该汽车对外出售后,三人对产生的税额应当如何缴纳,应当以一个纳税主体计算相关税费,三人事后分摊,还是在缴纳时就确认以三个纳税主体计算相关税费,按照所确认的比例三人分别向税务机关缴纳?

刘剑文教授指出:"税法与民法在早期就已经相辅相成,税法中的概念分为自有和借用,而借用的大量概念均来源于民法。"[1]对于"共有"关系涉税事项,我国可以参照《民法典》制定相关政策,为税务机关的工作提供指导。《民法典》对"共有"行为作出了相关规定,其中明确指出按份共有与共同共有中的共有人如何界定。增值税对"共有"关系中的纳税主体可以《民法典》相关规定为基础,对共同共有和按份共有纳税人数量进行规定,如对三人共有小汽车进行出售时,先判断是共同共有还是按份共有,若为共同共有则三人作为一个整体

---

〔1〕《"第1期中国税法和税务律师沙龙——民法典与税法"综述》,载知乎网2020年9月18日,https://zhuanlan.zhihu.com/p/258026218。

缴纳相关税费,先以出售小汽车的总额作为计税依据缴纳相关税费,缴纳完成后对所负担的税费依照取得收入的比例进行内部分摊;若为按份共有的,则允许三个人分别作为纳税主体,按照各自取得的收入比例分别向主管税务机关缴纳税费。

(四)妥善处理纳税争议

由于法律制度不完善,纳税人与税务机关之间的纳税争议是不可避免的,为了有效避免矛盾的产生,税务机关在积极改进的同时还需要纳税人的积极配合,从税务机关的“单一式”治理向全民参与的“合作式”治理转变。

从纳税人的角度来说,应当与税务机关打好配合,按时履行纳税人应尽的义务,在遇到税收政策理解障碍时应当积极主动向专业人员咨询,当纳税人不满意税务机关作出的决定时,可以在履行完毕相应的缴款义务后行使纳税人权利,即向其上一级税务机关提起行政复议或者向人民法院提起诉讼。人民法院在受理纳税人的诉讼后,在涉及一些非常专业的问题时,法院不了解相关政策以及实务处理方式也属于常态,若税务机关发现法院提出的执法要求与税法规定不相符,应当及时与法院协调沟通,以便法院决策。从税务机关的角度来说,税务机关在处理与纳税人之间的争议时应当注意方式方法,对纳税人所提出的异议确保做到每一件事情都有着落、每一点异议都有回应。首先,税务机关的工作人员应当具备扎实的专业基础,能够有效地帮助纳税人解决问题,在纳税人对涉税事项提出异议时,能够依据相关法律条文与政策规定向纳税人解释。其次,在处理纳税争议时,税务机关应当重视,不能偏袒“自家人”敷衍了事,不能损害纳税人的合法权利,发现税务工作及服务中存在的办事效率、服务质量、诚信纳税、执法规范等方面的问题,应积极改正其不足之处,在放管结合的同时提高服务质量、提高纳税人的税收遵从度。对纳税争议的妥善处理有利于避免税务机关和纳税人之间产生矛盾,能够进一步提升纳税人内心的满意度并加快税收治理从税务机关的“单一式”治理向全民参与的“合作式”治理的转变。

(五)明确房屋登记机构的告知责任

在房屋购买人进行房地产登记时,房屋登记机构应尽到告知责任。在雷某案件中,工作人员称雷某与林某可以先办理“共同共有”房产证,等协商好各自的比例后,再去房产公证处公证各自的份额。因为雷某与林某不知道“共同共有”和“按份共有”具体区别在哪里,就按这个建议办好了“共同共有”的房产证。房产管理局未尽到告知责任并未征询办证人意见,导致后续雷某办理贷款以及补缴税款出现问题。在实际操作中,若购房人缺乏“共同共有”与“按份共有”的知识,房产管理局工作人员是否应尽到告知责任再进行房产登记?从法律层面而言,因没有明确告知而产生的纠纷可能导致购房人作出错误的行为是否可以被判定无效、部分无效或被撤销,如确认房产管理局存在未履行告知责任或者告知内容违法造成购房人损失的,则应当承担赔偿责任。因此,房屋登记机构应完善对房屋是否共有以及共有类型的受理询问、收件审查流程,使房屋的共有情况信息完整、资料齐全、证明材料符合法定形式。

六、结语

近几年,受新冠疫情影响,居民收入和住房之间的矛盾更加尖锐,尤其是对于购买能力不足、个人资金不足的低收入居民来说更是如此。共有产权住房的出现和兴起为解决、保障中低收入人群的住房问题发挥了重要作用。但是在购买或出租、出售共有产权住房时存在的共同共有和按份共有认定不明确、纳税主体不确定、多缴税款等一系列问题引起了各界关注。明确共同共有和按份共有及其涉税问题对完善我国住房保障机制、解决中低收入群众住房问题具有一定的实际意义。

土地增值税清算中结建人防车位的税务处理案例分析

庞跃华　马念谊　母三民*

一、问题提出

房地产是国民经济的支柱产业。中银证券2022年的研究表明，预计未来10年我国新增住房需求合计仍有每年12.2亿平方米。机遇与挑战并存，中央坚持“房住不炒”，维持房价平稳的调控基调不会变，房地产开发企业过去依赖土地升值获得利润的发展模式难以维持，必须贯彻对外保质量，对内求管理的方式。房地产开发企业的整体税负是10%，而土地增值税是其特色和重点税种，一般税负占比为4%，[1]在中国税制结构中排名仅次于增值税、企业所得税、消费税、个人所得税。当下房企现金流量紧张，土地增值税清算中无法扣除相应成本和费用的问题，给房企带来了沉重负担，尤其结建人防车位产权归属立法缺失、司法混乱，导致不同地区间土地增值税清算税务处理差异巨大，本研究主题正是响应此需求开展的。

二、结建人防车位产权归属的“一缺三乱”

人防工程含结合民用建筑修建的防空地下室首次出现于财政部、国家人防委员会1983年联合发布的《关于平时使用人民防空工程的若干规定》，结建，指

---

* 庞跃华，广西财经学院法学院副教授；马念谊，广西财经学院财政与公共管理学院硕士生导师；母三民，北京市盈科南宁律师事务所律师。

〔1〕 参见《税收学》编写组编：《税收学》，高等教育出版社、中国税务出版社2021年版，第83页。

结合城市民用建筑修建防空地下室工作。此时,并未出现“结建”简称。通过中国知网搜索关键词“结建”可知,“结建”概念首次被缪泽江(1997 年)提及。

截至 2022 年 6 月,全国机动车保有量达 4.06 亿辆,其中汽车 3.1 亿辆,汽车产销量连续 5 年超过 2800 万辆,汽车需求市场的旺盛对小区车位数量提出了要求,但实际上,车位配比越来越接近 1,甚至有些经济发达地区的小区已经小于 1。随着我国城市化进程不断加快,在城市兴建的民用建筑必须配备相应的地下人防工程,国家允许在非战时将地下人防工程改造为车位(库),[1]结建人防工程的主要表现形式是结建人防车位,从而缓解战备用地和经济用地的矛盾,也缓解了城市车位紧张、停车困难的社会痼疾。由于政策的要求和车位的可收益性,人防工程由以前的国家单一出资,逐渐演变成国家、企业和个人的多元出资或共同出资方式,从而发挥资金的标杆作用,实现战备、人民需求和经济效益共赢的投资建设模式。单建人防工程基本由国家出资建设,立法明确,产权清晰,而结建人防工程的产权归属问题常年处于模糊地带。经梳理,与结建人防车位相关产权上位法主要包括《民法典》、《人民防空法》和《国防法》,详见表 1。

表 1　与结建人防车位相关的上位法统计

《民法典》	《人民防空法》	《国防法》
2007 年《物权法》通过,第 74 条第 3 款规定:占用业主共有的道路或者其他场地用于停放汽车的车位,属于业主共有	1996 年立法通过,第 5 条规定:人民防空工程平时由投资者使用管理,收益归投资者所有	1997 年立法通过,第 37 条规定:国防资产属于国家所有
2021 年相关内容被纳入《民法典》,规定于第 275 条,上述条文内容保持不变	2009 年修订,该条内容保持不变	2021 年修订,该内容保持不变规定于第 40 条

从表 1 可以看出,三大法律均没有对结建人防工程产权或所有权问题作出直接的规定,也没有对应的解释可以证成。立法者最初制定时考虑还不成熟或

〔1〕 车库指隶属于整个小区,具有独立的空间,以存放车辆为目的的附属建筑物。在结建人防工程中车位和车库可以明确区分。

者争议较大,上面三法经过 10 至 20 多年分别进行了修订,并且全国出现了不少的纠纷与诉讼,肯定有回避之嫌,或不想蹚这混水,[1]"让子弹再多飞一会儿"。以《人民防空法》为例,其是规范我国人防工程的特别法,1996 年立法时其离规范结建人防工程的产权仅一步之遥,但运行了 26 年,仍然是一步难跨。目前之现状究其原因,皆因上位法缺失,[2]此处上位法的制定机关包括全国人大及其常委会和国务院,国务院部门规章占位甚高,[3]尤其在司法方面,但从结建人防工程的法律渊源来判断仍然属于下位法,从而引起了下位法立法混乱、司法混乱和学理混乱。

在立法性质上,结建人防工程的产权属于民事基本制度。根据《立法法》第 8 条的规定,民事基本制度只能制定法律。《立法法》第 12 条规定:"本法第十一条规定的事项尚未制定法律的,全国人民代表大会及其常务委员会有权作出决定,授权国务院可以根据实际需要,对其中的部分事项先制定行政法规……"全国人大及其常务委员会始终没有授权国务院制定结建人防工程行政法规。

(一)立法混乱

上位法律规范缺失,下位制度规章冲突。[4] 上位法立法空白,毋庸赘述。下位制度规章呈现三派分化:第一派是国家所有权派,此派数量稀少,如《沈阳市人防工程国有资产管理规定》(2016 年)第 7 条第 2 款规定,按照国家和省有关规定,结合城市民用建筑修建的人防工程,产权为国有。第二派是投资者所有派,开发商、业主或投资者可以办理产权的地区,如湖南省、重庆市、广州市和上海市,详见表 2。第三派是萧规曹随派,即秉承三部上位法的回避做法,对于结建人防工程,没有明确产权归属,如《北京市人民防空工程建设与使用管理规

---

〔1〕 参见王利明:《论物权法中车库的归属及相关法律问题》,载《现代法学》2006 年第 5 期。

〔2〕 此处用上位法法律法规缺失,有失严谨。上位法是效力较高的法律,而国务院部门规章对于湖南省人民政府 2004 年公布的《湖南省人民防空工程产权管理办法》来说是上位法还是下位法,显而易见。

〔3〕 由于国家人民防空办公室设在解放军总参谋部,由军队直接领导,不是国务院行政部门或直属机构,其出台的规范性文件不具备规章的形式条件。一般认为,国家人民防空办公室公布的许多重要文件,可作为军事规章,在效力方面视为国务院部门规章,可称为类规章。

〔4〕 何丽新、池聘:《结建人防车库物权归属法律问题研究》,载《北方法学》2018 年第 4 期。

定》(2010年修正)、《广西壮族自治区人民防空工程建设与维护管理办法》(2013年)、《深圳市实施〈中华人民共和国人民防空法〉办法》(2021年修正)等。

表2 可以办理产权登记的地方法规和规章

年份	名称	具体规定
2004	《湖南省人民防空工程产权管理办法》(湖南省人民政府制定)	第4条规定:人防工程实行谁投资、谁所有的原则。战时服从人民政府统一调用
2010	《重庆市人民防空条例》(重庆市人大常委会制定)	第7条第2款规定:鼓励企业事业单位、社会团体和个人,以多种方式投资建设和利用人民防空设施,其所有权和收益归投资者
2013	《广州市人民防空管理规定》(广州市人大常委会制定)	第25条规定:人民防空工程可以依照有关规定办理产权登记
2018	《上海市民防工程建设和使用管理办法》(上海市人民政府制定)	第20条规定:民防工程的投资者可以按照房地产管理的有关规定取得民防工程的所有权。民防工程的所有权登记,按照本市房地产登记的有关规定执行

从下位法的立法者和其制定的规范性文件来看,基本上都是所属省人大及其常委会制定的地方性法规,或少量设区的市人民政府所制订的规章,从立法态度上看缺乏严谨性与系统性,从立法技术上看尚欠火候,第一派和第二派观点都没有遵从最起码的原则——地方法规或规章不可以制定民事基本制度,即不可制定结建人防工程的产权确权规定。对于违反上位法的规定应及时修订、废止,避免破坏国家的法律秩序。

我国(除港、澳、台地区)有23个省、5个自治区和4个直辖市,如果按省级行政区对结建人防工程的立法划分,国家所有派为0个,投资者所有派为3个,萧规曹随派29个。从这个比例可以看出,绝大部分省(自治区、直辖市)紧跟上位法,不做越雷池半步之事。

(二)司法混乱

对于结建人防工程的产权归属,出现了3种截然不同的规范性文件,从表面上看应当为各地司法人员提供了裁判依据，但经过对检索的 47 个裁判文书逐一比较，发现实际上并非如此，此总结与何丽新（2018 年）等人的观点有所不同，其认为法院在上位法缺失的情况下只能援引各地方立法作为裁判依据。

笔者在“中国裁判文书网”中以“民事案由”为案由，“结建人防工程”“所有权”“车位”“车库”“归属”为关键词递进搜索，剔除不符合本文要求和内容重复的 2 份裁判文书，共查询到可供参考研究的案例样本 47 个。

国家所有权派认为其产权属于国有，如沈阳市中级人民法院（2016）辽 01 民终 5142 号、长沙市中级人民法院（2020）湘 01 民终 1463 号。值得注意的是，沈阳市中级人民法院认为结建人防工程属于国有，在裁判过程中，虽然结论与地方立法相同，但法官并没有适用《沈阳市人防工程国有资产管理规定》（2016 年）；湖南省地方规章认为其属于投资者所有，但法官在裁判时也不适用《湖南省人民防空工程产权管理办法》，而是直接套用上位法的观点，认为其应属国家所有。

投资者所有派支持全体业主拥有结建人防工程产权，如青岛市中级人民法院（2021）鲁 02 民终 2821 号、江西省抚州市中级人民法院（2020）赣 10 民终 991 号等。

萧规曹随派的主要观点是我国对结建人防车位的所有权归属并无明确规定，各地地方性规章及规范性文件千差万别，相关法律、行政法规、部门规章亦未对包括结建人防车位在内的人民防空工程的流转交易行为予以明令禁止，如福建省龙岩市中级人民法院（2021）闽 08 民终 2284 号、河南省安阳市中级人民法院（2022）豫 05 民终 195 号、韶关市中级人民法院（2019）粤 02 民终 141 号等。

值得一提的是，四川省成都市中级人民法院在（2020）川 01 民终 1635 号案中认为，人防地下室平时当作车位使用是利用人防工程的方式，不能将人防地下室直接等同于车位，也不能用建筑区划内普通车位权属的规范来确定人防地下室的权属。商品房买受人与出卖人建立买卖合同关系，转移的是房屋的所有权，不发生建设主体的变更。以该案绿城业委会和一审判决的逻辑，因购买支付对价发生身份变化，则购买商品房的业主转化为开发商，显然不合逻辑。目前国家准备启动人民防空法的修订工作，在法律未规定前，司法裁判不能作为创设物权的依据,对案涉人防地下室的所有权,法院不作认定,投资人不能作为物的所有权人要求返还原物。从此可以看出成都市中级人民法院属于第三种学派。反对投资者所有派中包括业主共有或业主所有的观点。

何丽新等检索到的36个案例样本中,其中法院是国家所有权派的有13个,开发商所有派的有14个,业主所有派的有5个,不表明观点的有4个(与上位法保持一致)。笔者统计的47份案例样本与上述统计略有差别。整体而言,在司法实践中支持开发商所有派的略占上风,此结论与国家代表一般不会主动主张产权有关,此方面诉讼大部分发生在开发商和业主之间。

(三)学理混乱

对于结建人防工程的产权归属在立法和司法方面分歧很大,学理上分歧更为激烈,主要有国家所有说、开发商所有说和业主所有说。

1. 国家所有说

罗佳意是国家所有说的主要代表之一,因其在成都市房屋产权监理处工作,具有相关的从业经历。罗佳意主张结建人防工程应归国家所有,其主要理由如下:第一,结建人防工程属于国防资产的组成部分,其功能决定所有权只能由国家来行使。第二,结建人防工程作为国有资产有多项法律依据,如《人民防空国有资产管理规定》第2条、第12条,《关于平时使用人民防空工程的若干规定》第1条、第2条,《关于加强人民防空工作的决定》第25条,《物权法》(已失效)第52条〔1〕以及地方立法中《沈阳市民防管理规定》第27条等。第三,结建人防工程的修建是开发商的法定义务,产权属于国家,国家为此支付了相应的间接对价和直接对价,如国家对市政配套设施等多种规费免予征收,是因为国家支付了间接对价,赋予投资者使用与收益权则是直接支付对价。〔2〕 主要代表性人物还有何丽新、池骋,他们认为结建人防工程所有权的最初取得人是国家,由此创新性地提出了结建人防车库物权归属从国有到私有的分阶段所有理论,该理论分为两种情况。情况1:开发商可以缴纳人防工程易地建设费从国

〔1〕 对应《民法典》第254条。

〔2〕 参见罗佳意:《结建人防工程的所有权归属》,载《中国房地产》2009年第2期。

家获得产权,开发商将成本分摊到业主,则全体业主成为产权人。情况 2:开发商不缴纳人防工程易地建设费,则不能从国家获得产权,无论开发商是否将成本分摊到业主,全体业主都不能成为产权人。实质上,这两种情况无论如何变化,国家实质上都是产权人,只是情况 1 给了开发商购买选择权,国家因此获得相应的对价。

按建筑物的用途通常可以将建筑物分为民用建筑、工业建筑和农业建筑。[1]对于结建民用建筑和结建工业建筑,海宁市的态度截然不同。其一,认为依法结建民用建筑属于国有,2022 年在废止三个文件的基础上整合成《海宁市人民防空工程和国有人防资产管理办法》,继续保持了海宁市依法结建人防工程产权归国有,投资修建归投资者所有的做法,规范了产权登记等程序。其二,认为依法结建工业建筑属于投资者,确认浙江艾诺纺织科技有限公司新建结建式建筑,系存量土地再开发项目,海宁市不动产登记服务中心于 2020 年 11 月 10 日向其颁发了海宁市首本工业用地地下空间不动产权证,艾诺纺织于领证当天通过网上银行办理了首笔地下空间的抵押登记,并获得逾 5000 万元融资额度。

2. 开发商所有说

认为结建人防工程产权属于开发商的理由如下:其一,结建人防工程由开发商投资建设,开发商是最初的建造者,也是事实上的投资者;其二,结建人防工程属于附属公共配套设施,根据《商品房销售面积计算及公用建筑面积分摊规则(试行)》不计入公摊建筑面积;[2]其三,《城市地下空间开发利用管理规定》第 25 条[3]规定,开发商作为投资者,应该享有所有权。李婷[4]认为,主要理由是谁投资、谁所有、谁受益、谁维护;高彬文[5]认为,主要理由是开发商支

---

〔1〕 参见全国一级建造师执业资格考试用书编写委员会:《建筑工程管理与实务》,中国建筑工业出版社 2018 年版,第 1 页。

〔2〕 参见刘阅春:《区分所有建筑物的人防工程归属论》,载《法学》2013 年第 2 期。

〔3〕 第 25 条规定,地下工程应本着“谁投资、谁所有、谁受益、谁维护”的原则,允许建设单位对其投资开发建设的地下工程自营或者依法进行转让、租赁。

〔4〕 参见李婷:《土地增值税清算中地下人防车位的税务处理研究》,湖南大学 2019 年硕士学位论文,第 13 页。

〔5〕 参见高彬文:《B 房地产开发企业人防车位土地增值税税务处理研究》,湖南大学 2021 年硕士学位论文,第 13 页。

付对价获得土地使用权,但分摊时未把成本费用分摊给公共面积。

如果开发商与全体业主对结建人防工程建筑成本的分摊进行了约定,但违反了《商品房销售面积计算及公用建筑面积分摊规则(试行)》第4条“地下室作为人防工程的,应从整栋商品房的建筑面积中扣除”和第9条“作为人防工程的地下室也不计入公用建筑面积”的规定,这个约定是否违反了法律的强制性规定?《商品房销售面积计算及公用建筑面积分摊规则(试行)》由原建设部发布,属于部门规章,根据《全国法院民商事审判工作会议纪要》第31条,违反规章一般情况下不影响合同效力,但该规章的内容涉及金融安全、市场秩序、国家宏观政策等公序良俗的,应当认定合同无效。建筑成本的分摊如果直接加到原已制定的房价会导致该小区的房价小幅上涨,但很多开发商对销售房价的确定是全面考虑的,因而对房地产市场价格略有影响或者影响不大,从整体来说不会对市场秩序造成影响,不能认定合同无效。全国人大法制委工作委员会民法室也持同样的观点,即开发商是否将建造成为分摊进入建筑成本,与开发商的定价没有必然联系。[1] 仅从法理上剖析可知,开发商所有说认为分摊约定是合法有效的。

3.业主所有说

支持业主所有说的主要是学界人士。《民法典》第345条规定的“建设用地使用权可以在土地的地表、地上或者地下分别设立”,奠定了地下车位产权的基础。[2] 刘阅春提出结建人防工程没有分摊相应的土地使用权份额,无法办理相应的权属证书,应当属于业主共有。[3] 其于2012年在《学术论坛》、2013年在《清华法学》《法学》《法律科学》《法律适用》等期刊上发表的多篇文章均持有相同观点,2016年刘阅春在《检察日报》发表的文章中指出民用建筑人防工程归民用建筑所有权人,即业主共有。另外,高圣平于2008年发表在《政治与法律》《法学家》等期刊中的文章主张结建人防工程是全体业主投资建设的,应由小区

〔1〕 参见全国人大常委会法制工作委员会民法室编:《中华人民共和国物权法条文说明、立法理由及相关规定》,北京大学出版社2007年版,第114页。

〔2〕 参见华税律师事务所:《房地产行业土地增值税合规报告》(2023年),第18页。

〔3〕 参见刘阅春:《论小区停车位及车库的归属》,载《当代法学》2007年第5期。

业主共有。[1]

除了以上三种学说,有学者在承认国内学者总结的三种学说的基础上,指出对于结建人防工程的权属问题,开发商和业主可以进行约定,从而提出"约定归属说":对于车位(库)的归属,有约定的,按照约定;没有约定或者约定不明的,除建设单位能够证明其享有所有权外,属于业主共有。笔者认为此种提法明显不妥,因为"约定归属"隐含一个前提条件,即约定归属的停车位必须是专有权的标的。上面仔细论述了三种学说,但产权未定,约定无从谈起。第一,对于国家所有说,一般是不能进行约定的,这是由产权法定决定的;第二,对于开发商所有说和业主所有说实质已经包括约定归属说。房地产开发商都是非常精明的商人,尤其近年经过几轮大的行业洗牌,能够生存下来的开发商变得比以往任何时间都更加注重对法律法规和国家政策的运用,如果按照约定归属说的理论,开发商在格式合同中会保留产权,随后条款中的"没有约定或者约定不明的"则形同虚设。

(四)小结

法无解释,不得适用。对于主张国家所有权说者,其主要理由在于行政部门担心其归业主所有会影响战时功能的发挥。[2] 投资者所有说和业主所有说主张其应当为投资者或小区业主共有,由于国家并没有投入任何资金,也没有经过国有化征收或征用程序,更没有给予补偿,不可能归国家所有。国家减免人防工程的土地使用费和其他税费只是国家取得战时人防工程使用权的对价,并不是取得所有权的对价。

笔者认为,按照部门规章,结建人防车位的面积不用计入公摊面积,但经调查万科、保利、绿地、恒大等国内十强房地产企业发现,结建人防车位的建造成本已经计入房地产核算成本,而非结建人防车位的成本不分摊建造成本。由此可知,小区业主才是结建人防车位的实质投资者和产权拥有者。对于建成后结建人防车位,经过全体业主、业主大会或业主委员会书面请求无偿移交给政府、公用事业单位用于非营利性社会公共事业的,属于国家所有。

---

〔1〕 参见高圣平:《解释论视野下的车库、车位权利归属规则》,载《政治与法律》2008 年第 10 期。

〔2〕 参见刘阅春:《区分所有建筑物的人防工程归属论》,载《法学》2013 年第 2 期。

三、土地增值税清算中结建人防车位的法理分析和政策解析

土地增值税是主要针对房地产开发公司所征收的特殊税种,也是房地产开发公司被征收的第二道流转税。在土地增值税立法中,上位法包括《土地增值税暂行条例》(2011年)、《土地增值税暂行条例实施细则》(1995年),下位法包括《关于房地产开发企业土地增值税清算管理有关问题的通知》(国税发〔2006〕187号)、《房地产开发经营业务企业所得税处理办法》(国税发〔2009〕31号)、《土地增值税清算管理规程》(国税发〔2009〕91号)、《关于营改增后土地增值税若干征管规定的公告》(国家税务总局公告2016年70号)以及省(自治区、直辖市)税务局土地增值税管理办法等。从表面上看,我国土地增值税已经形成较为完备的法律体系,但实际上我国税收立法权高度集中在中央,土地增值税国家层面的规定略显粗放,实践中存在操作上的障碍,需要由地方性法规来补充以保证土地增值税清算与征收的可操作性。在立法性质上,结建人防工程土地增值税的确定属于民事基本制度。根据《立法法》第8条第6项的规定,税种的设立、税率的确定和税收征收管理等税收基本制度只能制定法律。

根据《土地增值税暂行条例》(2011年)第2条[1]规定可知:凡是纳税人转让房地产(包括国有土地使用权、地上的建筑物及其附着物)的行为都是土地增值税的征税对象,即土地增值税仅对转让国有土地使用权征税,对集体土地使用权不征税;凡是纳税人转让房地产(包括国有土地使用权、地上的建筑物及其附着物)并取得收入都是土地增值税的征税范围,即只有转让行为同时满足产权转移和取得收入2个条件,税务机关才对该种行为征收土地增值税。

对于结建人防车位,根据国税发〔2006〕187号文第4条第3款[2]规定可

---

〔1〕《土地增值税暂行条例》第2条规定:"转让国有土地使用权、地上的建筑物及其附着物(以下简称转让房地产)并取得收入的单位和个人,为土地增值税的纳税义务人(以下简称纳税人),应当依照本条例缴纳土地增值税。"

〔2〕国税发〔2006〕187号第4条第3项规定,"房地产开发企业开发建造的与清算项目配套的居委会和派出所用房、会所、停车场(库)、物业管理场所、变电站、热力站、水厂、文体场馆、学校、幼儿园、托儿所、医院、邮电通讯等公共设施,按以下原则处理:1. 建成后产权属于全体业主所有的,其成本、费用可以扣除;2. 建成后无偿移交给政府、公用事业单位用于非营利性社会公共事业的,其成本、费用可以扣除;3. 建成后有偿转让的,应计算收入,并准予扣除成本、费用"。

知,房地产开发企业开发建造的与清算项目配套的会所、停车场(库)等公共设施,产权属于全体业主的、无偿交给国家的、建成后有偿转让的,成本费用可以扣除。要全面理解并认真执行此款,必须要厘清以下几个问题:在上位法缺失的情况下,转让结建人防车位,税务局征收土地增值税分为几种类型?结建人防车位产权归属到底如何?结建人防车位是公共设施还是公用设施?

(一)转让结建人防车位时,征收的土地增值税分为哪几种类型?

转让结建人防车位,税务机关根据其产权性质征收土地增值税。转让结建人防车位分为3种情况:有产权转让、无产权的永久使用权转让和视同销售的无产权的永久使用权转让。

1. 有产权转让

有产权的结建人防车位属于非普通住宅类型项目,土地增值税清算与转让普通车位的处理方式一样,将转让取得的收入确认为土地增值税应税收入,同时扣除相应的成本费用。对于结建人防车位,有些地方法规或规章允许办理产权登记,不包括以继承、赠与方式转让房地产的行为,如表2中的相关规定。

2. 无产权的永久使用权转让

开发商与业主签订长达20年的租赁合同的,应无条件与业主续签合同,或者到期后不用重新签订合同,自动续期。根据国税发〔2006〕187号文第3条第2款的规定可知,房地产开发企业将开发的房地产用于出租,产权未发生转移,不征收土地增值税,此规定也符合《土地增值税暂行条例》(2011)第2条规定,征收土地增值税=产权转移+取得收入,虽然取得了租金收入,但没有产权转移,故不征收土地增值税,属于经济法上的法律规定。[1]

以合作建房为例来验证上面2个条件,A公司有存量土地10亩,B房地产开发公司有货币资产1000万元,双方约定,共同开发普通住宅,A公司出资土地10亩为双方共有,房地产项目竣工后双方分别初始确权。对于此案例,A公司转让土地为双方共有,属有产权转移,但没有取得收入,故此环节免征土地增

〔1〕 参见王军仁:《我国民法中的法律拟制与注意规定》,载《南京理工大学学报(社会科学报)》2006年第4期。

值税;B 公司向 A 公司分配房产,属有产权转移,但没有取得收入,故此环节亦免征土地增值税;B 公司向 A 公司以外的第三方销售房产,此环节虽然从源头来说是合作建房,但既有产权转移,又取得相关收入,故要纳入土地增值税的预征及清算管理。[1]

3. 视同销售的无产权的永久使用权转让

我国企业会计准则体系包括基本准则、具体准则、应用指南和解释公告等,该准则体系自 2007 年 1 月 1 日起在上市公司范围内施行。在整个会计准则体系中均没有提到视同销售的概念。视同销售是指在会计处理上不作为销售行为,但在税务处理上作为销售,确认收入缴纳税金的商品或劳务的转移行为。[2] 该概念包括几层含义:其一,会计上不认可的销售行为,在税法上视同销售行为;其二,会计上的销售行为,在税法上一定是销售行为;其三,在税法上的销售行为,如果不属于免征或不征的,则一定要缴纳对应的税收。

视同销售跨越不同税种,牵涉不同用途,要厘清其定义和边界是有难度的。不同的视同销售业务对应不同的税种,主要涉及增值税、消费税、企业所得税和个人所得税,其目的有所不同:对于增值税视同销售业务,其目的是保证增值税抵扣制度的实施,防止出现逃避纳税的现象,体现增值税配比原则;对于消费税视同销售业务,其目的是强调最终消费环节要缴税;对于所得税视同销售业务,是为了避免税款的流失,减少税收漏洞,防止偷税漏税。

对于为纳税人转让房地产专门开设的土地增值税,会计上没有规定视同销售行为,无产权的人防工程转让永久使用权,会计上作为出租收入进行核算,财政部和国家税务总局联合发布的《关于全面推开营业税改征增值税试点的通知》的附件 1 第 3 条第 4 款规定:转让建筑物有限产权或者永久使用权的,转让在建的建筑物或者构筑物所有权的,以及在转让建筑物或者构筑物时一并转让其所占土地的使用权的,按照销售不动产缴纳增值税。省级地税局按照此文件制定相应规范性文件,如浙江省、湖北省、海南省和天津市,其中海南省的规定已于 2021 年全文废止。以浙江省为例,《关于土地增值税若干政策问题的公

---

〔1〕 参见吴健:《土地增值税实务与案例》,立信会计出版社 2022 年版,第 13 页。

〔2〕 参见裴玉、梁鑫:《视同销售行为的涉税会计处理分析》,载《财会月刊》2013 年第 17 期。

告》(浙江省地方税务局公告2014年第16号)第5条第1款规定,“对房地产开发企业以转让使用权或提供长期使用权的形式,有偿让渡无产权车库(车位)、储藏室(以下简称无产权房产)等使用权的,其取得的让渡收入应按以下规定计算征收土地增值税”。税法上视同销售,相关成本费用准予扣除。

(二)土地增值税清算中收入的确认

根据《关于土地增值税清算有关问题的通知》(国税函〔2010〕220号)第1条规定可知清算收入的一般规定,确定“以票定税”的原则,但未全额开具发票或未开票的,则以销售合同为准。此清算收入为含税收入,对于按简易计税[1]缴纳增值税的,清算收入=含税收入÷(1+5%)。

(三)土地增值税清算中成本费用的扣除项目

《土地增值税暂行条例》第6条规定,计算增值额的扣除项目有5项,每一项都有对应的多个小项,具体请见表3。

表3 土地增值税清算环节成本费用等扣除项目

项目	内容及明细
扣除项目1	取得土地使用权所支付的金额(地价款和有关费用)
扣除项目2	房地产的开发成本(土地征拆费、前期工程费、建安费、设施费)
扣除项目3	房地产的开发费用(销售费用、管理费用和财务费用)
扣除项目4	与转让房地产相关的税金(城建税、教育附加、印花税)
扣除项目5	其他扣除项目(按扣除项目1和项目2之和的20%加计扣除)

其中需要关注地价款和出让金的辨析问题。土地征用及拆迁补偿费(以下简称土地征拆费)是指为土地开发使用权而发生的土地买价或出让金、契税、耕

〔1〕 根据《营业税改征增值税试点有关事项的规定》的规定,一般纳税人销售其2016年4月30日前取得(不含自建)的不动产,可以选择适用简易计税方法,以取得的全部价款和价外费用减去该项不动产购置原价或者取得不动产时的作价后的余额为销售额,按照5%的征收率计算应纳税额。纳税人应按照上述计税方法在不动产所在地预缴税款后,向机构所在地主管税务机关进行纳税申报。

地占有税、大市政配套费等12项费用。现把容易混淆的表3中的扣除项目1中的地价款和扣除项目2中的出让金进行区分,从出售对象来看,地价款主要是自然人、公司之间的土地转让,而出让金主要是当地政府或土地储备部门转让土地给个人或公司按规定收取土地出让的全部价款。但在计算土地增值税增值额时,把扣除项目2中的土地买价或出让金、契税单独作为"取得土地使用权所支付的金额"即放在扣除项目1进行扣除,即视同扣除项目1。

四、土地增值税清算中结建人防车位税务处理的案例分析

(一)甲公司基本情况

甲房地产股份有限公司(以下简称甲公司)于2005年6月在深圳证券交易所正式挂牌上市。2011年,甲公司在B市开发了C项目,C项目分为X区和Y区,总占地面积13.1万平方米,总建筑面积27万平方米,具体指标及计算见表4;分别取得四证,即土地使用权证(2011年8月)、建设用地规划许可证(2012年4月)和建设工程规划许可证(2015年9月)。C项目的开发成本为42 114万元,此外,C项目中地下人防车位面积7万平方米,开发成本为180万元。

表4 C项目中X区和Y区具体指标及计算

区域	建筑性质	占地面积/平方米	占地面积占比/%	建筑面积/平方米	建筑面积占比/%	可售建筑面积/平方米	可售建筑面积占比/%	转让含税收入/万元	转让不含税收入/万元
X区	普通住宅	91 000	65	180 000	66.7	190 000	90.1	62 770	59 781
Y区	酒店和写字楼	40 000	28.6	90 000	33.3	20 000	9.5	10 370	9876
共同区域	其他	9000[1]	6.4	—	—	900	0.4	3559	3389
小计	3类	140 000	100	2 700 000	100	210 900[2]	100	76 699	73 046

[1]非住宅占地面积9000平方米,开发用地总面积=91 000+40 000+9000=140 000平方米。本案属于单独作为过渡性成本对象核算的公共配套设施开发成本,应按建筑面积法进行分配。

[2]计算可售面积占比时,分母要考虑可售地下人防车位面积900平方米,即190 000+20 000+900=210 900。

(二)有产权地下人防车位的土地增值税的税务处理

《房地产开发经营业务企业所得税处理办法》(国税发〔2009〕31号文)提供了2种成本分摊的思路。结合土地增值税税务实践,原则上要求按方法1来分摊成本。根据国税发〔2006〕187号文第1条规定,开发项目中同时包含普通住宅和非普通住宅的,应分别计算增值额。根据本文第2部分的观点,能办理产权的地下人防车位属于可供销售建筑面积,本文认为其销售收入应并入非住宅类,并允许扣除相应的成本费用。

1. 对于扣除项目1的扣除方法选择

根据《房地产开发经营业务企业所得税处理办法》第30条的规定可知,土地成本一般按照占地面积进行分配,指按已动工开发成本占地面积占开发用地总面积的比例进行分配。

普通住宅取得土地使用权支付金额 $=8495\times65\%\approx5522$ 万元

非普通住宅取得土地使用权支付金额 $=8495\times29\%\approx2464$ 万元

说明:(1)非普通住宅不包括绿地、广场等公共设施占地面积为9000平方米。(2)房地产开发企业为支付土地使用权支付的金额,应视同"按国家统一规定缴纳的有关费用",计入"取得土地使用权所支付的金额"中扣除,该土地使用权支付金额8495万元,已包括所支付的契税。

2. 对于扣除项目2的扣除方法选择

根据国税发〔2006〕187号文第4条第5项、《土地增值税清算管理规程》(国税发〔2009〕91号)第21条第5款的规定,对于土地增值税共同成本费用的清算房地产开发公司可在5种方法中自由选择,分别是占地面积法、建筑面积法、层高系数法、售价系数法、预算成本法。但在实务中,有多个地方对房地产开发公司成本费用分摊方法作出限制,如天津市、宁波市、青岛市、江苏省、海南省、浙江省、大连市、神州市、湖南省等,其中浙江省、海南省、大连市规定同一清算单位内不同类型房地产的成本费用分摊只能采用建筑面积法。建筑面积法,是指按已动工开发的建筑面积占开发用地总建筑面积的比例进行分配。笔者对于甲公司的扣除项目2采用建筑面积法进行成本费用分摊。

普通住宅的房地产开发成本 =42 114 ×90% ≈37 903 万元

非普通住宅的房地产开发成本 =42 114 ×10% +180 ×850 ÷900≈4381 万元

3. 对于扣除项目3 的扣除方法选择

根据《关于土地增值税清算有关问题的通知》(国税函〔2010〕220 号)第3 条第1 项、第2 项的规定,结合企业能否提供金融机构的证明,房地产开发费用的扣除有2 种选择,笔者对于甲公司的扣除项目3 采用第2 项规定:凡不能按转让房地产项目计算分摊利息支出或不能提供金融机构证明的,房地产开发费用在按“取得土地使用权所支付的金额”与“房地产开发成本”金额之和的10%以内计算扣除。

普通住宅的房地产开发费用 =(5522 +37 903) ×10% ≈4343 万元

非普通住宅的房地产开发费用 =(2464 +4381) ×10% ≈683 万元

4. 对于扣除项目4 的扣除方法选择

本项为与转让房地产相关的税金,包括城建税、教育附加、印花税,由于“营改增”的影响,增值税不能再在土地增值税清算时扣除,又由于甲公司属于房地产开发公司,印花税不允许在土地增值税清算时扣除,如果甲公司不属于房地产开发公司,则印花税可按签订商品房销售合同的,按产权转让金额的0.05%缴纳。

普通住宅与转让房地产相关的税金 =59 781 ×5% ×(7% +3% +2%) ≈359 万元

非普通住宅与转让房地产相关的税金 =13 266 ×5% ×(7% +3% +2%) ≈80 万元

备注:非普通住宅的应税收入 =9876 +3389≈13 265 万元

5. 对于扣除项目5 的扣除方法选择

根据《土地增值税暂行条例实施细则》第7 条第6 款的规定,按照扣除项目1 和扣除项目2 之和的20% 扣除。

普通住宅其他加计扣除项目 =(5522 +37 903) ×20% ≈8685 万元

非普通住宅其他加计扣除项目 =(2464 +4381) ×20% ≈1369 万元

6. 扣除项目费用合计

(1)普通住宅

扣除项目合计 = 5522 + 37 903 + 4343 + 359 + 8685 ≈ 56 812 万元

增值率 = (59 781 - 56 812) ÷ 56 812 ≈ 5% < 20%

对于普通住宅增查率小于20%的,可以免征土地增值税。

(2)非住宅项目

扣除项目合计 = 2464 + 4381 + 683 + 80 + 1369 ≈ 8977 万元

增值额 = 13 265 - 8977 ≈ 4288 万元

增值率 = (13 265 - 8977) ÷ 8977 ≈ 48% > 20%

应纳土地增值税 = 4288 × 30% ≈ 1286 万元

(三)无产权地下人防车位的土地增值税的税务处理

从省级层面看,目前可以给地下人防车位的开发商、业主或投资者办理产权的地区不多,仅有湖南省、贵州省、重庆市、广州市和上海市等,其他大部分地区都不能办理产权证。对于不能办理产权的人防车位,也就是归属不明的车位,开发商作为率先投资且强势的一方,以有权占有对人防车位物尽其用、各出奇招,部分开发商在专业人士的指导下使用拆分方法谋求利益,具体操作方法如下:国内有产权的车位使用权是70年,无产权车位的使用权是20年,精明的开发商利用此等式即将70年 = 20年租赁合同 + 无偿占有50年来移花接木,从而达到资金快速回笼的目的,相同点是2种产权均要一次性支付全部款项。通过市场调查,两种车位的售价也相当,这样开发商收回了投资并获得了超额回报,其他开发商依葫芦画瓢。

对于地下人防车位,湖南省、贵州省、重庆市、广州市和上海市等在土地增值税清算时规定,没有转移所有权,就不用征收土地增值税,即所谓的无产权地下车位的转移,实质上只是使用权的转移,而不是所有权的转移,不属于土地增值税的征税范围,不是纳税人转移房地产所取得的收入。此种销售有限使用权,按"服务业中的租赁业"进行税务处理。在这种情况下,视为自用固定资产,当然不用进行土地增值税的清算,而成本也不能作为土地增值税的扣除项目。

从表5可知,在无产权车位土地增值税清算过程中,无产权车位普通住宅的清算与有产权车位土地增值税清算一样,均不用缴纳土地增值税;对于非普通住宅,无产权车位非普通住宅的清算与有产权车位非普通住宅的土地增值税清算存在较大的差异,主要是后者均不用确认无产权车位销售收入,也不能扣除相应的成本费用所致。

表5　无产权车位土地增值税清算税务处理

项目	普通住宅	非普通住宅
应税收入/万元	59 781	9876
扣除项目1/万元	8495×65%≈5522	8495×29%≈2464
扣除项目2/万元	42 114×90%≈37 903	42 114×10%≈4211
扣除项目3/万元	(5522+37 903)×10%≈4343	(2464+4381)×10%≈683
扣除项目4/万元	59 781×5%×12%≈359	9876×5%×12%≈59
扣除项目5/万元	(5522+37 903)×20%≈8685	(2464+4381)×20%≈1369
扣除项目合计/万元	56 812	8786
增值额/万元	2969	1090
增值率/%	5	11
应交土地增值税/万元	0	147

(四)无产权地下人防车位视同销售的土地增值税税务处理

国家税务工作周报显示,转让无产权地下车位永久使用权,应纳入土地增值税清算范围,需要计算收入,并扣除相应成本费用。无产权地下人防车位原则上应分摊土地成本。与本文"四、(三)"在数据处理方面的唯一区别是本部分对于地下人防工程的销售视同销售,并且确认相关的成本费用。根据国税发〔2009〕91号第21条第5款规定可知,对于无产权地下人防车位视同销售中建设该人防车位所发生的成本费用,应进行共同分摊,其中,应税收入按可售建筑面积与总可售建筑面积之比核算,开发成本按已售车位面积与可售车位面积之比核算。

分摊后的普通住宅收入=不含地下人防车位的普通住宅收入+无产权车

位的收入×普通住宅可售面积÷总可售面积=59 781+3559×19 000÷210 000≈63 001 万元

分摊后的非住宅收入=不含地下人防车位的非普通住宅收入+无产权车位的收入×普通住宅可售面积÷总可售面积=9876+3559×20 000÷210 000≈10 215 万元

分摊后的普通住宅的房地产开发成本=42 114×90%+180×900÷1000≈38 065 万元

分摊后的非普通住宅的房地产开发成本=42 114×10%+180×850÷900≈4381 万元

(五)小结

为了方便表述,本文把有产权销售模式称为方式1、无产权租赁模式称为方式2、无产权视同销售模式称为方式3。对比三个方式,可发现普通住宅土地增值税的增值率均小于20%,故应缴土地增值税均为0;对于非普通住宅,方式2税负最低。甲公司应从整体考虑税负率,经计算,方式2税负率最低(见表6),此结果与常识一致,即无产权租赁不用缴土地增值税,也不进行相应扣除,故土地增值率税负率最低。

表6 3种方式土地增值税的综合税负比较

项目	方式1	方式2	方式3
应税收入/万元	73 046	69 657	73 215
土地增值税/万元	0+1287=1287	0+147=147	0+177=177
土地增值税税负率/%	1.76	0.21	0.24

五、结语

上位法律规范缺失,导致结建人防车位产权归属不明,引起下位法立法混乱、司法混乱和学理混乱,概括表现为“一缺三乱”。实务中,地下人防车位产权的争议从未间断,当务之急应加强上位法人民防空法的立法修订。运用法理论证和法解释学,小区业主才是结建人防车位的实质投资者,界定产权最基本的原则应当是投资者享有产权,对于结建人防工程在平时实行"谁投资、谁所有、谁受益、谁维护"的基本原则,战时由人民政府统一调配,故小区业主是产权拥有者。对于建成后结建人防车位,经过全体业主、业主大会或业主委员会等书面请求无偿移交给政府、公用事业单位用于非营利性社会公共事业的,依法接收后属于国家所有。地下人防车位产权未定,导致销售方式从理论上的一种变成实际上的三种,并且各地补充法规不一致,也成为土地增值税清算过算中必须面对、分歧较多的"土地争执税"。

对于结建人防车位,房地产开发公司面临产权不清晰、土地增值税清算不明确的问题,并且二者之间具有一定的因果关系,可能增加房企面临集中清算、清算积极性不高及其他严峻的土地增值税风险。本文在案例分析基础上对三种销售方式的土地增值税清算进行比较分析,认为无产权车位销售整体税负率最低,同时也给了房企公司重大提示,即理解和运用好土地增值税清算政策非常重要;应做好土地增值税预缴和材料完备,以避免核定征收使企业的土地增值税税负大幅提高。

虚开增值税专用发票罪案例评析

韩丹英*

一、前言

随着经济市场化水平的不断提高,国家相关部门对特殊行业经营许可又有不同程度的限制,挂靠经营行为层出不穷。因挂靠经营行为带来的风险无处不在,其中的涉嫌虚开增值税专用发票罪最为典型。笔者曾代理数起涉嫌虚开增值税专用发票罪的刑事案件,其中不乏数额上亿元甚至几十亿元的特大案件,如某案例即是挂靠经营10亿余元的,涉嫌虚开增值税专用发票罪,笔者作为被挂靠方被告人的辩护人,经笔者的无罪辩护工作,被告人在审查起诉阶段被不起诉无罪释放。然而近几年在司法实践中,对于挂靠行为引发的虚开增值税专用发票罪的定罪问题,也出现了重要的变化,对于不以骗取税款为目的的挂靠经营行为,不再认定为虚开增值税专用发票罪。但目前立法相对滞后,需根据经济市场化趋势发展作出相应调整。

二、什么是挂靠经营

挂靠经营是挂靠方以被挂靠方的名义对外经营,被挂靠方对外签订合同、收取款项并开具发票,在扣除管理费或者合理利润后,将剩余款项支付给挂靠方。[1] 挂靠经营行为常见的模式是被挂靠方先取得某种资质或通过招投标拿到项目,然后与挂靠方签订挂靠协议,由被挂靠人与上游的销售方与下游的购

* 韩丹英,北京市炜衡(太原)律师事务所律师主任,山西省律协财税专业委员会委员。

〔1〕 参见樊建英、钟斐:《建筑承包方式不同款项支付处理》,载《中国税务报》2013年2月18日。

买方之间签订协议,以被挂靠人的名义收货、发货、收款、付款,产生纠纷时,只能由被挂靠人参与诉讼、承担责任。

三、挂靠经营相关法律规定

(一)税法方面的相关规定及政策

1.《税收征收管理法实施细则》第49条

承包人或者承租人有独立的生产经营权,在财务上独立核算,并定期向发包人或者出租人上缴承包费或者租金的,承包人或者承租人应当就其生产、经营收入和所得纳税,并接受税务管理;但是,法律、行政法规另有规定的除外。

发包人或者出租人应当自发包或者出租之日起30日内将承包人或者承租人的有关情况向主管税务机关报告。发包人或者出租人不报告的,发包人或者出租人与承包人或者承租人承担纳税连带责任。

2.《营业税改征增值税试点实施办法》第2条

单位以承包、承租、挂靠方式经营的,承包人、承租人、挂靠人(以下统称承包人)以发包人、出租人、被挂靠人(以下统称发包人)名义对外经营并由发包人承担相关法律责任的,以该发包人为纳税人,否则以承包人为纳税人。

3. 国家税务总局《关于纳税人对外开具增值税专用发票有关问题的公告》的政策解读

以挂靠方式开展经营活动在社会经济生活中普遍存在,如果挂靠方以被挂靠方名义,向受票方纳税人销售货物、提供增值税应税劳务或者应税服务,应以被挂靠方为纳税人。被挂靠方作为货物的销售方或者应税劳务、应税服务的提供方,按照相关规定向受票方开具增值税专用发票,属于本公告规定的情形。

4. 国家税务总局《关于纳税人对外开具增值税专用发票有关问题的公告》(国家税务总局公告2014年第39号)

该公告规定了虚开行为的判定标准:"纳税人通过虚增增值税进项税额偷逃税款,但对外开具增值税专用发票同时符合以下情形的,不属于对外虚开增值税专用发票:一、纳税人向受票方纳税人销售了货物,或者提供了增值税应税劳务、应税服务;二、纳税人向受票方纳税人收取了所销售货物、所提供应税劳务或者应税服务的款项,或者取得了索取销售款项的凭据;三、纳税人按规定向受票方纳税人开具的增值税专用发票相关内容，与所销售货物、所提供应税劳务或者应税服务相符，且该增值税专用发票是纳税人合法取得、并以自己名义开具的。受票方纳税人取得的符合上述情形的增值税专用发票，可以作为增值税扣税凭证抵扣进项税额。”

5. 财政部、国家税务总局《关于全面推开营业税改征增值税试点的通知》

对于挂靠经营，财政部、国家税务总局《关于全面推开营业税改征增值税试点的通知》（财税〔2016〕36 号）规定，单位以承包、承租、挂靠方式经营的，承包人、承租人、挂靠人以发包人、出租人、被挂靠人名义对外经营并由发包人承担相关法律责任的，以该发包人为纳税人，否则以承包人为纳税人。

（二）司法解释相关规定及政策

1. 最高人民法院研究室《关于如何认定以“挂靠”有关公司名义实施经营活动并让有关公司为自己虚开增值税专用发票行为的性质的复函》（法研〔2015〕58 号）

（1）挂靠方以挂靠形式向受票方实际销售货物，被挂靠方向受票方开具增值税专用发票的，不属于《刑法》第 205 条规定的“虚开增值税专用发票”。（2）行为人利用他人的名义从事经营活动，并以他人名义开具增值税专用发票的，即便行为人与该他人之间不存在挂靠关系，但如行为人进行了实际的经营活动，主观上并无骗取抵扣税款的故意，客观上也未造成国家增值税款损失的，不宜认定为《刑法》第 205 条规定的“虚开增值税专用发票”；符合逃税罪等其他犯罪构成条件的，可以其他犯罪论处。

2.《全国法院经济犯罪案件审判工作座谈会综述》

虚开犯罪侵犯的是复杂客体：一是增值税专用发票管理秩序，二是国家税收征管制度，二者缺一不可；国家税收征管制度应当属于主要客体。因此，如果虚开行为仅仅破坏了增值税专用发票管理秩序，但未实际危及国家正常的税收活动，只能属于一般的行政违法行为。

四、从税法角度分析挂靠经营行为

所谓“挂靠经营”，是指挂靠方与被挂靠方达成挂靠协议，挂靠方以被挂靠方的名义和经营资格对外进行经营活动,并向挂靠方支付挂靠费的经营方式。

在陈某甲、刘某乙涉嫌虚开增值税专用发票一案中,公诉机关认为:被告人陈某甲于 2010 年至 2011 年从许某某、孙某某等人手中购买增值税专用发票开往自己的业务单位,均已抵扣完毕。被告人刘某乙于 2010 年至 2011 年从许某某等人手中购买增值税专用发票开往自己的业务单位,均已抵扣。人民法院经审理认为,陈某甲、刘某乙分别挂靠精某公司、钢某公司以被挂靠单位名义向某江公司、某泰玻业销售货物,被挂靠方精某公司、钢某公司作为货物的销售方按合同金额向受票方某江公司、某泰玻业开具增值税专用发票,税额分别为 8 216 631. 37 元、3 858 685. 1 元。法院认为上述交易应认定为正常货物交易行为,因此开具的发票不属于虚开增值税专用发票,认为不构成本罪。

结合上述案例并参考 2015 年 6 月最高人民法院研究室发布的法研〔2015〕58 号文的规定,挂靠方通过挂靠的形式与受票方发生实际业务往来,且通过被挂靠方向受票方开具增值税专用发票的行为,不应被认定为本罪。一方面,“挂靠经营”在实践中大量存在,是一种常见的经营方式,相关法律法规并未明确禁止以挂靠形式从事经营活动,民事领域法无禁止即可为。另一方面,虚开增值税专用发票罪属于行政犯,对虚开增值税专用发票行为入罪要件的判断,应当依据和参照相关行政法规、部门规章等规定。根据国家税务总局《关于纳税人对外开具增值税专用发票有关问题的公告》(国家税务总局公告 2014 年第 39 号)(以下简称 39 号公告)的规定,挂靠方向受票方实际销售货物,被挂靠方向受票方开具增值税专用发票的,不属于虚开。故挂靠经营方式属于正常交易行为,不属于虚开行为,将“挂靠经营”入罪,不符合行政法规、部门规章的相关规定,不应当认定构成本罪。

但上述虚开行为虽然在形式角度上存在一定“假”的成分,但从实质角度分析均不会使国家税收利益陷入被骗取的危险状态。对于不会造成国家税款损失的虚开行为,不应当适用严厉的刑法对其进行苛责。如果行为人的行为构成其他违法或犯罪的,可依据案件事实及证据情况,对行为人进行行政处罚或依法认定构成其他罪名并进行定罪量刑。

挂靠经营行为为何不构成虚开增值税专用发票罪?本文认为,在挂靠经营行为中,被挂靠方对外签订合同,挂靠方交付货物,被挂靠方收取款项并开具发票符合税法“三流一致”增值税抵扣原则,因此不构成虚开增值税专用发票罪。

（一）挂靠经营行为符合税法“三流一致”增值税抵扣原则

“三流一致”的增值税抵扣原则是指货物流、资金流和发票流相互一致。标准的“三流一致”交易模式有两个主体:一是供货方;二是购货方。货物流、发票流由供货方(纳税人)指向购货方(受票方纳税人),资金流由购货方指向供货方。“三流一致”是绝对理想化的模式,只有在简单经济的交易方式下才存在。随着专业分工的进一步细化,物流产业迅猛发展,资金结算方式日益复杂,现实交易中出现很多变易行为,供货方不直接销售或提供货物,而是间接销售货物或“指示”第三方交付货物的情况常有发生。比如,在笔者办理的一起案件中,山西某某药业有限公司作为乙方(被挂靠方)指示甲方某某公司(挂靠方)向丙方某某公司(购货方、受票方)供货,实际上应该是乙方向丙方供货,该流程中简化了甲方向乙方供货的过程。这种“指示交付”是当事人出于市场交易方式作出的合理选择,在民法中是认可的,民法认为这是一种节约交易成本的有效的方式。挂靠经营行为就属于这种情况,当事人选择这种交易方式,并非出于少缴税款,骗取国家税款的目的。在本交易过程中,国家增值税税收收益也并未损失。笔者认为,对“三流一致”中的货物流要从宏观上进行把握,其指示交付的方式实质上就是供货方(开票人)的交付,完全符合“三流一致”交易模式。但在实际操作中指示交付还是存在涉税法律风险的。譬如,某公司即乙方是一家施工总承包企业,承揽甲方工程,在丙处购买钢材,三方协商一致签订了三方协议,就总承包合同中“甲定乙供”钢材事宜,明确约定乙方严格按照合同的约定履行钢材的验收及接收工作,甲方代乙方给付丙方每批次钢材购货款,此支付甲方视为向乙方等额支付了工程进度款,最后丙方开具专用发票给乙方。在民商法中,某公司完全可以凭据这个三方协议、甲方的代付凭据、丙方开具的专用发票、库房的送货单及出入库单等,抵扣这部分进项税。但对这样的实务操作,税务机构认为甲方供材是全部或部分设备、材料、动力由业主(发包方)自行采工企业自行采购的行为。三方协议约定采购业务的结算方式接近于甲供材料,但是实际的发票开具又靠近甲控材料购给总承包使用的行为;甲控材料是业主指定材料供应商或品牌,合同约定相对不明确,乙方取得发票存在不允许抵扣的风险,起码不符合“三流合一”的具体规定。如果选择发票直接开具给乙方,那么需要重新修订合同条款,改成甲控材料形式,并且要保证“三流合一”。其政策依据就是39号公告。

从开具发票增值税方的角度分析对外开具发票原则“三流合一”,即“货物、劳务及应税服务流”“资金流”“发票流”,必须都是同一受票方,具体包括:(1)纳税人向受票方纳税人销售了货物,或者提供了增值税应税劳务、应税服务(销售了货物或者劳务及服务);(2)纳税人向受票方纳税人收取了所销售货物、所提供应税劳务或者应税服务的款项,或者取得了索取销售款项的凭据(取得的款项或取得了收款的依据);(3)纳税人按规定向受票方纳税人开具的增值税专用发票相关内容,与所销售货物、所提供应税劳务或者应税服务相符,且该增值税专用发票是纳税人合法取得、并以自己名义开具的(开具了发票)。符合上述条件的情况下,受票方纳税人取得的符合上述情形的增值税专用发票,可以作为增值税扣税凭证抵扣进项税额。

(二)以谁的名义进行交易直接影响其合法性

在实际挂靠开票交易过程中,挂靠方以谁的名义进行交易,直接影响交易的合法性。如果挂靠方以被挂靠方名义,向受票方纳税人销售货物、提供增值税应税劳务或者应税服务,应以被挂靠方为纳税人。被挂靠方作为货物的销售方或者应税劳务、应税服务的提供方,按照相关规定向受票方开具增值税专用发票,属于39号公告、最高人民法院《关于如何认定以“挂靠”有关公司名义实施经营活动并让有关公司为自己虚开增值税专用发票行为的性质》规定的情形,不构成虚开增值税专用发票罪。如果挂靠方以自己名义,向受票方纳税人销售货物、提供增值税应税劳务或者应税服务,被挂靠方与此项业务无关,则应以挂靠方为纳税人。在这种情况下,被挂靠方向受票方纳税人就该项业务开具增值税专用发票,则不属39号公告规定的情形。

譬如,笔者作为辩护人办理一起被不起诉的涉嫌虚开增值税专用发票案,就是典型的挂靠经营涉嫌虚开增值税专用发票罪被立案侦查,在审查起诉阶段,笔者作为辩护人向公诉机关提出了本案为挂靠经营,有真实交易,且“三流一致”,如实纳税,没有给国家造成税款损失,不构成虚开增值税专用发票罪的法律意见,后当事人未被起诉,被无罪释放。具体为:某某堂药业公司(以下简称某某堂公司)与某予药业有限公司(以下简称某予公司)之间有真实的业务往来,并且某某堂公司向某予公司开具了增值税专用发票依法缴纳了相应的税款。

根据案卷中的材料,某某堂公司与某予公司的业务模式为:某予公司联系好上游厂家,沟通好药品的数量、品种及价格,随后将相应的货款转给某某堂公司,以某某堂公司名义与上游药厂发生实际交易。上游药厂收到某某堂公司的货款后直接向某予公司发货,并向某某堂公司开具增值税专用发票和随货通行单。某某堂公司将药品验收入库后,将货物加价卖给某予公司,同时给某予公司开具增值税发票和随货通行单。

案件实际情况是某予公司挂靠某某堂公司向上游药厂购进药品,后再向终端药企销售(含某予公司)。某予公司因此少缴纳了税款,并将缴税的负担转嫁给了某某堂公司。某某堂公司是按照加价后的价格向某予公司出具的增值税发票,但是实际增加的价格却以资金回流的方式回到了某予公司。某某堂公司的进项和销项差额增大,纳税增多。实际上相当于某某堂公司替某予公司缴纳了这部分增值税款。

由此可见,在某某堂公司和某予公司以及上游厂家之间是有真实的贸易发生的。只不过某某堂公司将加价后的价值回流给某予公司,并自己承担应当由某予公司缴纳的税款。所以某某堂公司要求某予公司承担相应的“开票费”(实际应当是某某堂公司替某予公司缴纳的税)。某某堂公司也达到了增加自己销货量和维护某予公司这个大客户的目的。某某堂公司将加价的增值部分(“资金回流”)返还某予公司的行为属于商事主体对财产的自由处分,不在刑事案件的考虑范围内。实际上就是某予公司挂靠某某堂公司从上游药厂购进了药品后销售给各终端客户,如实开具增值税专用发票并据实纳税,没有给国家造成税款损失。

虚开增值税专用发票罪,是指个人或者单位故意虚开增值税专用发票用于抵扣税款,使国家税收遭受损失的行为。本质上是侵害国家税收的一种犯罪行为,刑法打击虚开的目的在于防止国家税收的减少,这是理解本罪的核心所在,也是宏观把握本案的关键点。笔者作为辩护人认为,理解本案要从两点来把握:(1)是否属于刑法上的虚开;(2)是否造成国家税收的损失。根据上述案例事实及法律、司法解释的规定,某某堂公司或者某予公司明显不属于没有实际经营活动,让他人为自己代开增值税专用发票的情形。前述事实,说明某某堂公司与某予公司有真实交易关系,其行为不属于刑法上的虚开增值税专用发票行为。

前述案件事实说明某予公司确实通过某某堂公司加价的行为实现了其少缴纳税款的目的。但是因为某予公司的进项变大,进项和销项的差额变小,同时也意味着某某堂公司的销项变大,某某堂的进项、销项的差额变大。某予公司少缴纳的税款实际上由某某堂公司代缴了。所以,国家的税款并未遭受损失,国家的总体税收没有减少。

至于某某堂公司为什么愿意代某予公司缴纳相关税款:一是某予公司是某省规模最大的药企,想要维护好某予公司这个大客户;二是某某堂公司能够借此扩大自己的市场与销量,实现企业的声誉和排名的晋升。某某堂公司没有虚开增值税发票的故意和行为,也没有使国家损失税款。

总之,某某堂公司与某予公司之间存在真实的货物交易,某某堂公司的所有行为也不符合虚开增值税发票的构成要件,更没有使国家的税收遭受损失。依法不应以虚开增值税专用发票罪论处。

在实践中,区分这两类行为要厘清其交易模式和法律关系,[1]关键在于证明被挂靠人和购货方、受票方之间形成了事实上的法律关系,若因履行合同而产生纠纷,依法应当以被挂靠人的名义去行使权利、承担义务,而不是由挂靠人承担相应的法律责任。但要注意,实践中以挂靠形式进行"非法虚开"的情况也是存在的。比如,当事人明知甲单位无正常业务,完全是代开发票的公司,为了骗取、不缴税款,与甲单位签订了挂靠协议,由甲单位和购货方签订协议,在收到货款之后不依法缴纳税款,而是购买进项票来抵扣,这种行为肯定属于虚开。譬如,笔者办理的另一起虚开增值税专用发票案中,相对方虽然也与某单位签订了挂靠协议,和购货方签订了协议,但其在收到货款之后不依法缴纳税款,而

〔1〕 参见魏艳昭:《"如实代开"罪几何?——虚开增值税专用发票犯罪研究(一)》,载微信公众号"靖予霖律师事务所"2020年3月27日。

是购买进项票来抵扣,即向笔者代理的当事人方购买进项票来抵扣,涉嫌虚开增值税专用发票罪。最终,山西省某人民检察院起诉指控:“2012 年年初,经江西某医药有限责任公司实际控制人王某(另案处理)与被告人李某某当面商谈,并经被告人赵某同意后,约定在没有货物购销的情况下,由江西某医药有限责任公司给山西某医药有限公司开具增值税专用发票,山西某医药有限公司依票面金额按比例向江西某医药有限责任公司支付开票费用。之后,王某安排公司出纳王某平(另案处理)和被告人李某某具体对接。两公司采取对公账户转账,使用个人账户回流资金的方法,掩盖虚开增值税专用发票的犯罪事实,接收回流资金的个人银行卡由被告人李某某保管,江西某医药有限责任公司将虚开的增值税专用发票邮寄给山西某医药有限公司,被告人李某某安排公司会计将返回资金的情况记入公司内账中:2012 年至 2014 年,江西某医药有限责任公司累计给山西某医药有限公司虚开增值税专用发票 1058 份,金额 98 748 288. 75 元,税额 16 787 209. 61 元,价税合计 115 535 498. 36 元,上述发票山西某医药有限公司均已认证,税款已申报抵扣。江西某医药有限责任公司通过个人账户给山西医药有限公司个人账户回流资金共计 75 474 433 元。2012 年下半年,经被告人吕某某与被告人李某某联系,约定在没有货物购销的情况下,由山西某药业有限公司给山西某医药有限公司开具增值税专用发票,山西某医药有限公司依票面金额按比例向山西某药业有限公司支付开票费用。两公司采取对公账户转账、现金支付、支票付款,使用个人账户回流资金的方法,掩盖虚开增值税专用发票的犯罪事实,接收回流资金的个人银行卡由被告人李某某保管,虚开的增值税专用发票由被告人吕某某等人收取,被告人李某某安排公司会计将返回资金的情况记入公司内账中。2012 年下半年至 2014 年,山西某药业有限公司累计给山西某医药有限公司虚开增值税专用发票 125 份,金额 12 085 951. 28 元,税额 2 054 611. 72 元,价税合计 14 140 563 元,上述发票山西某医药有限公司均已认证,税款已申报抵扣山西某药业有限公司通过个人账户给山西某医药有限公司个人账户回流资金共计 1 938 543 元。”

最终,没有实际业务,名为挂靠实则虚开的相关当事人赵某被终审判决构成虚开增值税专用发票罪,被判处无期徒刑,剥夺政治权利终身。

五、立法建议

(一)明确虚开增值税专用发票罪的认定具备主观目的

从《刑法》第205条文义来看,虚开增值税专用发票罪属于行为犯,只要有虚开的行为,无论其是否有偷逃税款的目的或者客观上是否造成国家税收利益损害,都不影响本罪的成立。但是,在司法实践中出现的一些无罪判决使本罪的认定充满争议。最典型的是最高人民法院发布的第二批人民法院充分发挥审判职能作用保护产权和企业家合法权益典型案例中的张某强虚开增值税专用发票案。最高人民法院认定"本案张某强借用其他企业名义为其自己企业开具增值税专用发票,虽不符合当时的税收法律规定,但张某强并不具有偷逃税收的目的,其行为未对国家造成税收损失,不具有社会危害性",并据此判决张某强无罪。可见,"有货虚开""挂靠开具"等行为类型的虚开增值税发票,若不具备骗取国家税款的主观目的,客观上没有给国家增值税税收利益造成损失,则不构成本罪,这完全符合经济市场化发展趋势。

笔者认为,为了保证司法实践与刑法理论的一致性,适应经济市场化发展趋势,有必要对《刑法》第205条虚开增值税专用发票罪单独规定,并且要体现以骗取税款为目的。可以采取以下模式:以骗取税款为目的,虚开增值税专用发票骗取税款的,处3年以下有期徒刑或者拘役,并处2万元以上20万元以下罚金,骗取(原为"虚开的")税款数额较大或者有其他严重情节的,处3年以上10年以下有期徒刑,处5万元以上50万元以下罚金;骗取(原为"虚开的")税款数额巨大或者有其他特别严重情节的,处10年以上有期徒刑或者无期徒刑,并处5万元以上50万元以下罚金或者没收财产。单位犯本条规定之罪的,对单位判处罚金,并对其直接负责的主管人员和其他直接责任人员,处3年以下有期徒刑或者拘役;骗取(原为"虚开的")税款数额较大或者有其他严重情节的,处3年以上10年以下有期徒刑;骗取(原为"虚开的")税款数额巨大或者有其他特别严重情节的,处10年以上有期徒刑或者无期徒刑。[1]

---

〔1〕 参见陶维俊:《"虚开增值税专用发票行为"认定标准探析》,载《中国检察官》2015年第24期。

(二)"三流一致"的认定需考虑多种经济业态

39号公告出台距今已9年之久,近年随着经济、科技、互联网的高速发展,新生业务层出不穷,"在线支付"等新支付手段在社会经济生活中的使用越来越普遍。特别是手机作为支付载体的普及和"无现金日""网上支付红包"等互联网支付企业推出的优惠活动,推波助澜地使在线支付手段步入全民应用时代,而国家税务总局《关于加强增值税征收管理若干问题的通知》(国税发〔1995〕192号)(以下简称192号文)至今也仍然适用且明确:纳税人购进货物或应税劳务,支付运输费用,所支付款项的单位,必须与开具抵扣凭证的销货单位、提供劳务的单位一致,才能够申报抵扣进项税额,否则不予抵扣。2010年《发票管理办法》(中华人民共和国国务院令第587号,已被修改)第22条第2款,也明确了虚开普通发票行为的定义。

"三流一致"及伴生的"虚开"的概念就源于上述一公告、一通知、一办法。特别是192号文产生于改革开放后市场经济发展刚起步的阶段,资金结算方式较为单一,大多数交易都是以"钱货两清"的方式进行。近几年在线支付的普及,使其背离了现代市场经济对于资金多元化流转的发展要求,这关乎纳税人的切身利益。各种新的支付手段导致"三流不一"的问题凸显,虚开发票的风险隐患巨大。在"营改增"后,住宿服务可以抵扣进项税额,但接收住宿服务的是企业员工,实质是"企业"行为,即为企业经营所花费的日常支出。员工个人支付行为往往导致"三流不一致"情况的发生。现在出差网上订机票、订酒店95%会用到线上支付手段,相关差旅应用软件有"去哪儿""携程""艺龙"等,支付采用软件自带的支付系统或者"支付宝""微信"等主流的支付平台。在上述情况下,企业员工用个人账户网上支付之后,酒店、互联网企业开票后再行报销,同样导致"三流不一致"。

再以零星网上采购为例,企业人员通过淘宝、京东等电商平台购买的办公资产直接受益对象是企业本身。其购买的打印机等为企业日常经营业务所需且往往价格实惠,对企业有利。通过电商支付平台,员工往往采取个人线上支付开票报销的形式,也会存在上述问题。上述均属于"先支付、后报账"的情形,对于企业财务人员来讲,如果严格按照"三流一致"来报销,资金流与服务流就会存在不一致现象,往往影响其对涉税风险的判断。出差住宿、网上订票和采购的先行支付,完全符合财务管理制度和经济生活的基本规律,客观情况决定了全面做到公对公支付是不现实的。

笔者认为,如果严苛要求“三流一致”,在“营改增”后明显脱离了经济活动的客观现实。对于资金流的判断主要以经济实质为准,2016 年 5 月 26 日国家税务总局在一次视频会政策问题解答中回答了住宿费发票进项税额抵扣的问题:“纳税人取得服务品名为住宿费的增值税专用发票,但住宿费是以个人账户支付的,这种情况能否允许抵扣进项税? 是不是需要以单位对公账户转账付款才允许抵扣?”国家税务总局答复:“其实现行政策在住宿费的进项抵扣方面,从未做出过类似的限制性规定,纳税人无论通过私人账户还是对公账户支付住宿费,只要其购买的住宿服务符合现行规定,都可以抵扣进项税。而且,需要补充说明的是,不仅是住宿费,对纳税人购进的其他任何货物、服务,都没有因付款账户不同,就不可以抵扣进项税额。”但它只是一个问题答复。笔者建议,除企业积极应对和防范上述风险外,相关部门应尽快出台统一的适应新的发展变化的规范,解决不能适应现代支付形式多样的“三流一致”问题,以促进税收立法。

六、结语

虚开增值税专用发票犯罪具有危害国家税收利益的危险性,因此国家将其作为严重犯罪予以打击,而挂靠经营行为由于有实际经营活动,不具有骗取国家税款的主观目的,是当事人基于市场交易方式作出的合理选择,且符合税法“三流一致”的增值税抵扣原则。因此,不宜一律将挂靠行为认定为虚开增值税专用发票罪。本文从税法角度通过对挂靠经营行为进行浅析,并在此基础上提出立法建议,希望能够进一步完善立法,以促进市场经济的发展和繁荣。

附　录

行业动态

2022年9月至今，“广东律师税法大讲堂”已成功举办11期。为输出优质内容，提升广东律师税法服务水平，助力律师行业区域协调发展，广东省律师协会税务法律专业委员会联合各市律协专委会、工作委员会，邀请众多在税法领域深耕多年的知名税法专家学者、实务界人士作为讲座的主讲嘉宾，定期分享税法实务经验。如2022年12月17日“律师财税业务拓展分享与研讨暨律所税务合规”讲座、2023年2月18日“劳动争议中的个人所得税问题”讲座、2023年4月15日“虚开增值税专用发票无罪辩护的攻防策略”讲座、2023年4月13日“持股平台企业组织形式转换涉税问题”讲座、2023年8月5日“土地增值税清算有关问题研究”讲座等。大讲堂采用线上线下相结合的方式，吸引了许多行业人士和企业家代表参与其中，受到业界一致好评。（**广东省律师协会税务法律专业委员会供稿**）

2022年10月18日,浙江省律师协会财税法专业委员会在线上召开"律师从事税收法律服务业务操作指引"研讨会,并讨论浙江版指引的起草。(**浙江省律师协会财税法专业委员会供稿**)

2022年11月27日下午,江西省律协财税法律专业委员会线上举办"税收征管及税务合规法律实务"专题讲座,专委会主任蔡明主持活动,近百名律师参与了讲座。本次活动邀请了湖北省"楚天学者"、中南财经政法大学法学院教授侯卓和国浩律师事务所海关与税专委主任李繇分别就"税收征管中的法律问题——从案例看规则""新常态下的跨境电商进出口关税及其合规"两个主题进行了授课分享。侯卓围绕《税收征收管理法》中的10个条文,结合实务中的典型案例,进行了深入的剖析。李繇围绕跨境电商进口环节、出口环节易发的法律风险点及关税合规等事项进行了系统分析并就合规路径提出了有针对性的参考建议。(**江西省律师协会财税法律专业委员会供稿**)

2022年12月,由中华全国律师协会财税法专业委员会编写的《中国税务律师评论》(第9卷)在法律出版社出版发行,全书20万余字。本书收录了前沿税法案例实务文章共16篇,通过"以案说法"的形式剖析涉税争议,主题聚焦资本市场、并购重组、国际税收、虚开逃税、刑事合规、税务稽查等领域的最新涉税疑难复杂案例,内容展现税法专业分析视角和案件办理实务全貌。本书作为税务律师行业专业性连续出版物,案例典型,剖析深入,对于税法理论学者、税法实务界人士具有积极的学习借鉴和实践指导意义。(**中华全国律师协会财税法专业委员会供稿**)

为提升涉税领域法律实务人员的专业能力,促进西南地区财税法领域的实务交流,2022年12月3日,由云南省律师协会主办,云南省律协财税法律业务研究委员会、财务管理委员会承办,泰和泰(昆明)律师事务所协办的"2022云南省律师协会·法税律师能力升级会客厅"成功举办。本次活动以线上直播方式举行,共计近1500余人在线收看。最高人民检察院、全国工商联首批涉案企业合规第三方监督评估机制专业人员、中华全国律师协会财税法专业委员会主任、北京华税律师事务所主任刘天永律师应云南省律师协会邀请参加本次活动，并以“最新企业税务合规实务与案例”为题做专题分享，刘天永律师重点结合最新实务案例分析了当前企业税务合规建设中的难点和热点问题，强调了下一步智慧税务对企业税务合规提出了更高的要求。（**中华全国律师协会财税法专业委员会供稿**）

2022年12月25日，由中华全国律师协会、中国注册税务师协会共同主办，广东省律师协会、广东省注册税务师协会、中华全国律师协会财税法专业委员会、中国政法大学财税法研究中心、广东省律师协会税法专业委员会联合承办，华税律师事务所、华税税务师事务所有限公司、致同（北京）税务师事务所有限责任公司广东分所、北京华税教育科技有限公司协办的“2022中国税法论坛暨第十一届中国税务律师和税务师论坛”隆重举行，本届论坛以“奋进新征程与涉税服务创新”为主题，因受新冠疫情影响，本次论坛采取线上形式举行，同时在广州设置线下会场，各地律师、税务师、企业财税人员、税务干部、税法研究生等逾3万人在线观看了直播。（**中华全国律师协会财税法专业委员会供稿**）

为鼓励广大律师、税务师、学者、研究生等涉税人士积极开展税法案例研究，以案说法释法，提升执业水平、执法水平和研究水平，2022年12月～2023年6月，中华全国律师协会、中国注册税务师协会继续举办“2023年全国十佳优秀税法案例论文”评选活动。自启动报名以来，评选活动陆续收到全国律师、税务师、税务干部、专家学者等近百余人报名投稿，案例涵盖税务行政处罚、税务行政复议、税务行政诉讼、税务刑事诉讼、税务民事诉讼等多个领域。主办方按照公平公正、注重质量的原则，评选出“2023年全国十佳优秀税法案例论文”并择优录入《中国税务律师评论》（第10卷）。（**中华全国律师协会财税法专业委员会供稿**）

2023年2月19日，安徽省律师协会举办2023年首场培训——律师行业个税合规与涉税法律服务工作指引专题培训。活动由财税法专委会主任殷军主持，专委会全体委员等共计180余名律师参加现场培训，共计950余人参加线上培训。培训会上,专委会委员殷军、徐小华、陈茂鑫、耿亮亮分别就日常法律顾问服务中的税务拓展、虚开发票刑事辩护、企业重组中的土地增值税、破产税收4个方面开展经验交流。培训还邀请了国家税务总局安徽省税务局个人所得税处四级调研员周鹏飞作主题授课。周鹏飞以“个人所得税概述—律师事务所视角”为题,从个人所得税的前世今生、个人所得税法及其实施条例的具体规定、律师事务所个人所得税计算及纳税申报三个维度,对律师事务所以及律师执业过程中亟须了解的个人所得税知识、涉税风险展开详细论述。(安徽省律师协会财税法专业委员会供稿)

2023年4月13日,深圳市律协税务法律专业委员会联合广东省律协税务法律专业委员会召开了“持股平台企业组织形式转换被要求补税25亿元案例”的专题研讨会。会议线上、线下同步召开,深圳市律协曾迈副会长、创新委李军强主任、监事会沈志雄、广东省税委主任马晓艳、吕志合、唐高翔等五十多人现场参会。此次研讨会紧扣涉税热点话题,聚焦争议焦点,结合案例从不同视角深入评析,对全市律师提升涉税业务水平起到了很好的促进作用。(深圳市律师协会税务法律专业委员会供稿)

2023 年 4 月 15 日，由甘肃省律师协会主办的第二届敦煌税法论坛在兰州举行。来自全国各地的税务专家、学者和律师代表云集金城，围绕“政府法治营商环境优化与税收法律服务创新”这一论坛主题，聚焦涉税法律服务创新路径、税收征管改革、大数据税收治理与税收营商环境优化等焦点问题谈举措、话未来，共绘税收法治新蓝图。此次论坛形成的成果将有效运用于政府营商环境决策，有力推进税制改革与完善，为我国经济发展和社会稳定提供更加优质高效的税法保障。（甘肃省律师协会财税专业委员会供稿）

2023年4月15日下午,由杭州市律协第十届税务专业委员会举办的“全国律协律师从事税法服务业务操作指引”主题活动在杭州市律协10楼大会议室开展。本次讲座活动由税务专业委员会副主任熊岳律师主持,税务专业委员会委员、其他非委员执业律师、实习律师等共计60余人参会。

本次专业学习是在新版《全国律协律师从事税法服务业务操作指引》发布、杭州市律协业指委作出提升律师办案技能的业务学习有关工作指示背景下开展的。经税专委班子会议一致决定,通过指引学习,旨在厘清税务律师从业范围、把握风控要求、明确执业准则和提升执业水平。将第一次业务学习内容安排为指引学习,有利于税专委统领四年履职的工作基调,有利于委员们明确自身责任,有利于不同业务领会阶段、执业年限的税务从业律师了解税务领域的行业最新发展,不断培养和激发学习热情,起到引领、风控、研讨的办会作用。(杭州市律师协会税务专业委员会供稿)

2023 年 4 月 26 日，上海律协律师学院联合财税业务研究委员会、资产管理与财务委员会在华东政法大学长宁校区成功举办“深化税收征管改革背景下的税法热点问题探讨”线下培训班。本次培训班邀请到了上海律协副会长潘书鸿作开班动员，资深专家及业内知名律师分享税法相关热点问题。为便于本市律师以及律师事务所管理者进一步了解税法实务知识，掌握税务合规要求，讲师围绕发票、税务筹划、税务合规及税收法治化营商环境建设四个专题、十个主题展开讲述。本次培训共有近 150 名律师参加，议程紧凑，座无虚席，现场反响热烈。（**上海市律师协会财税业务研究委员会供稿**）

2023 年 6 月 4 日，安徽省律师协会财税法专业委员会举办虚开发票与骗税法律实务专题培训。活动由专委会主任殷军主持，专委会全体委员等共计 100 余名律师参加现场培训，共计 800 余人次进入线上直播间观看收听、互动交流。培训邀请了安徽财经大学法学院党委书记、教授张卫彬，国家税务总局合肥市税务局第一稽查局局长陶涛作主题授课。张卫彬教授以“OECD 支柱二 GloBe 规则及中国的应对”为题，对支柱二 GloBe 规则中关于跨国企业集团补足税政策进行了详细梳理,重点分析了该规则对来源国优先征税权的影响以及我国可能的应对方式。陶涛局长以“虚开增值税专用发票行为初探”为题,从增值税原理出发,从典型案例焦点分析、增值税发票制度的沿革、税务机关以及司法机关视角等多个维度,对虚开增值税专用发票、虚开发票、偷税骗税案件出现的一些新问题、新争议展开详细论述。(安徽省律师协会财税法专业委员会供稿)

2023年7月2日15:00~17:30,由重庆市律师协会、中国政法大学财税法研究中心、北京华税律师事务所主办,重庆市律师协会财税专业委员会、华税学院(直播支持)承办的“第3期中国税务律师沙龙——律师事务所税务合规管理”成功举办,本期沙龙采取线上+线下方式,同时在重庆设置线下分会场,超过8000人次线上参与了本期沙龙。本期沙龙由全国律协财税法专业委员会委员、重庆律协财税专业委员会副主任、重庆海力律师事务所主任周隼律师主持,中国政法大学教授、博士生导师、中国法学会财税法学研究会副会长施正文先生,西南政法大学教授、博士生导师、法务会计与财税合规研究中心主任胡耘通先生,北京市盈科(海口)律师事务所高级合伙人、原国家税务总局干部学院(党校)教授袁森庚先生,重庆税通律师事务所主任、重庆市律协财税专业委员会主任任志刚先生,北京华税律师事务所主任、国家税务总局“首批全国税务领军人才”刘天永先生先后以“近期律师(会计师)事务所涉税案件解析”“律所合规的‘财’‘税’之道”“‘以数治税’背景下律师事务所及律师税务风险防范”“律所

税务优化与提升建议”“律师业税务合规管理建议”为主题进行了精彩的发言。17 时 30 分许，沙龙完满落下帷幕。本期沙龙突出了前沿性、专业性、实务性的特征，对深入理解律师业财税政策、开展税务合规建设、促进律师行业健康发展具有重要的意义，受到了与会律师的高度肯定。今后中国税务律师沙龙将继续关注重点领域和行业的重要理论和实务问题，以探索新时代中国税收法治建设中的重大前沿课题为己任，助力国家高质量发展！（重庆市律师协会财税专业委员会供稿）

2023 年 7 月 9 ~ 12 日，由中国注册税务师协会培训部主办，华税律师事务所、华税税务师事务所共同承办的“第八届中国税务律师、税务师和税法研究生暑期培训班(2023)”在北京隆重举行。本届暑期培训班自面向全国范围接受报名后，得到各地律协、税协、律师事务所、税务师事务所及律师、税务师、高校法学院系及税法研究生、企业及税务经理、税务机关及税务干部等的广泛响应。基于公平竞争、择优录取、综合平衡、生源多样性的原则，最终录取学员 210 人。本届暑期培训班是在全面贯彻落实党的二十大精神的开局之年的大背景下举办的，着眼于推进涉税服务创新和升级，培养适应国家税收管理体制改革发展的涉税专业人才。（中国注册税务师协会培训部供稿）

2023年7月22日下午,由江苏省律师协会主办,南京市律师协会、南京市建邺区工商联协办,江苏省律师协会财税法律业务委员会承办,北京市盈科(南京)律师事务所支持的“税企同行　合规护航——企业税务合规论坛”在南京举办。本次论坛邀请了资深财税专家学者,以及来自全省乃至全国的律师代表们、企业家们200余人,并以网络直播的方式同步进行,网络视频直播有3000多人参与,聚焦财税法一体化发展,共话企业财税合规的未来趋势。(**江苏省律师协会财税法律业务委员会供稿**)

2023年8月12日,山西省律师协会财税法专业委员会、公司法专业委员会在山西晋商律师事务所举办了“优化营商环境,维护公司权益”法务与税务问题研讨会。来自全省各律所、研究机构以及实务部门的财税法研究者和实务工作者近千人在线上线下参会。研讨会安排公司法务和税务两个单元,并组织8名分享嘉宾进行了主题发言。本次研讨会旨在落实山西省委、省政府和省司法厅关于优化营商环境的部署要求,进一步提升全省税务律师业务能力和服务水平,以更优法律服务护航区域高质量发展。(**山西省律师协会财税法专业委员会供稿**)

2023 年 8 月 14 日,浙江省律师协会财税法专业委员会召开主任会议,省律协冯坚副会长莅临泽大所与省律协财税委徐起平主任、副主任王忠涨、许玉灵、夏世毅、秘书处负责人张通以及市律协税专委王敏志主任一起就“金税四期”对律师行业的影响及省律协财税委下一步的工作开展进行专题讨论。冯坚副会长要求财税委根据沈会长的工作部署,发挥专业优势,将“金税四期”全方位、全业务、全流程、全智能的监控带来的新变化与律所当下暴露出来的财税问题结合起来,形成教案,与全省各地律协合作,通过授课等形式普及“金税四期”的知识,提升律所的税务合规管理意识。会后浙江省律师协会财税法专业委员会向浙江省律师协会提交了《“金税四期”对我省律所的影响及规范建议》。(**浙江省律师协会财税法专业委员会供稿**)

为积极落实省律协工作部署,更好地发挥专委会职责,2023年8月16日下午,陕西省律师协会第八届财税法专业委员会第一次主任会议在海普瑞诚律师事务所会议室顺利召开。陕西省律师协会名誉会长赵黎明、陕西省律师协会分管副会长屈金冈应邀出席了会议,会议由杨喜涛主任主持,副主任李莉、李锦波、黄文辉、雒毅、刘世权等参加了会议。会议进行了四个议题:一是由屈金冈副会长代表省律协给各位副主任颁发了聘书;二是讨论通过了财税委秘书长、副秘书长人选名单;三是研究决定了各副主任分工安排;四是讨论了下半年财税委工作计划,并就业务培训工作、社会公益活动、律师行业税务风险防控和外联工作进行了讨论。(陕西省律师协会财税法专业委员会供稿)

2023年8月20日，由江西省律师协会主办、江西省律师协会财税法律专业委员会承办的涉税法律风险案例分享会在国浩律师（南昌）事务所举行。本次会议邀请了那晓冰、陈娜、陶姗、刘静以及何启霞五位首都律师担任嘉宾。会议由专委会主任蔡明主持，近50名律师现场参与本次案例分享会。会议围绕个案，聚焦征税管辖权、组织形式变更是否需清算、清算义务主体、税务机关应追缴税款的性质、优先债权、税收债权的诉讼时效、税务机关补缴税款途径、滞纳金的法律风险、是否构成偷税、是否存在刑事风险、如何确定禁售股的公允价值11个涉税法律问题开展研讨，深入剖析了如何在类似情况下做好风险预防和应对。（**江西省律师协会财税法律专业委员会供稿**）

2023年9月5日下午，杭州市律协税务专业委员会“走进浙江12366”交流活动在杭州市税务局纳税服务和宣传中心举行。本次交流活动是本届税专委为响应国家建设税收共治新体系，积极参与杭州市税务局有关税法宣传活动，进一步提升委员专业水平和履职能力以及打造对外专业形象的重要活动之一。经过前期认真细致的对接，本次活动受到杭州市税务局纳税服务和宣传中心（“浙江12366”）的高度重视、精心安排和热情接待。交流活动由参观、座谈和合作事项讨论等环节组成。本次活动是本届税专委的第二次对外交流活动，交流实践让税专委成员对纳税服务、税法宣传、征管日常以及绩效成就等加深了认识，也为本届税专委主动融入国家税收治理体系，将来参与税法宣传、课题研究

和共治实践创造了条件,成为税专委委员提升专业技能、拓展服务影响力的有益尝试。(杭州市律师协会税务专业委员会供稿)

后　记

本书能够顺利付梓，离不开国家财税部门领导、专家学者、税务律师等广大税法专业人士的慷慨赐稿。在此对向本书投稿、赐稿的作者表示衷心的感谢。另外，由于编者的水平有限，本书存在疏漏与不妥之处在所难免，编者真诚欢迎广大读者批评与指正，以供再版修订完善。

今后希望广大读者继续关注《中国税务律师评论》，您如有佳作且论文编排符合学术论文要求，请发邮箱：liutianyong@huashui.com，或邮寄至以下地址：北京市朝阳区东三环北路霞光里18号佳程广场B座17层（邮编：100027）。编者诚挚希望收到您的赐稿。我们会根据论文质量以及未来举办的中国税务律师论坛的主题安排，邀请部分作者参加中国税务律师论坛，与会发布高见，共襄盛举。

编　者

2023年9月